종교의 현상학

Phänomenologie der Religion
Richard Schaeffler, Phänomenologie der Religion. Grundzüge ihrer Fragestellungen © ©
Verlag Karl Alber part of Nomos Verlagsgesellschaft mbh & Co. KG Baden-Baden 2018
Korean translation rights © Hawoo Publishing INC 2023
All rights reserved.

종교의 현상학

발행일	1판 1쇄 2023년 9월 15일
지은이	리하르트 셰플러
옮긴이	이종진
펴낸이	박영호
기획팀	송인성, 김선명, 김선호
편집팀	박우진, 김영주, 김정아, 최미라, 전혜련
관리팀	임선희, 정철호, 김성언, 권주련
펴낸곳	(주)도서출판 하우
주소	서울시 중랑구 망우로68길 48
전화	(02)922-7090
팩스	(02)922-7092
홈페이지	http://www.hawoo.co.kr
e-mail	hawoo@hawoo.co.kr
등록번호	제2016-000017호

ISBN 979-11-6748-111-5 93200

값 17,000원

종교의
현상학

Phänomenologie
der Religion

리하르트 셰플러 지음
이종진 옮김

도서
출판 夏雨

역자 일러두기

1. 이 책은 독일의 칼 알베르Karl Alber 출판사가 발행한 리하르트 셰플러Richard Schaeffler의 Phänomenologie der Religion (Freiburg/München 2017)을 완역한 것이다.

2. 번역상의 일반적인 원칙은 원문에 충실하게 직역하는 것이었다. 다만, 원문에서 잘못 인용된 표기나, 본문에서 생략된 어휘로 인해서 문법적으로 의미가 통하지 않는 부분은 역자가 바로 잡았고, 그리스 원어의 음역으로 인해서 의미가 불분명한 문장은 역자가 문맥에 맞게 의역하였다. 이 책이 91세라는 노령에 집필한 저자의 마지막 저서라는 점을 고려한다면, 그 이전의 다른 저서들과는 달리 형식에 있어서 몇몇 오류가 발견되는 것은 이해할 만한 일이다.

3. 사용된 부호와 표기들, 가령, ( ), [ ], " " 등은 모두 저자에 의한 것이다. 단, 역자의 첨언이나 주석이 필요한 경우에는 [*역자 첨언:], [*역자 주]로 표기하였다.

4. 역자가 본문의 이해를 위해서 필요하다고 판단한 경우에, 본문에 소개된 사상가들이나 중요한 개념들에 대해서 독일어 병기를 하였고, 라틴어 문장이나 그리스어 문장도 저자의 의도에 따라 번역문 옆에 원문을 그대로 인용하였다. *이탤릭체*로 표기된 것(주로, 단어들)은 모두 원서의 표기원칙에 따른 것이다. 원서에서 문단의 제목이 이탤릭체로 되어 있는 것들은 번역문에서는 모두 정체로 표기하였다. 저자가 관련된 내용을 지시하기 위해서 괄호 안에 본문의 쪽 번호를 표기한 것은 번역문에서는 생략하였다.

5. 각주는 모두 저자에 의한 것이다. 단, 각주의 내용을 처음부터 우리말로 번역한 경우에는, '참조'라는 말로 시작하거나 끝마쳤다. 나머지는 독일어 원문 그대로 표기하였다.

종교의 현상학

문제제기의 기본특징들

종교철학에 적용된 방법론적인 접근들을 비판적으로 검토한 후에, 저자는 종교현상학의 방법론을 선택했다(1장). 종교가 자신을 묘사하는 방식 안에서 종교현상학은 종교적 행위의 특수한 구조를 그리고 이 행위들 안에서 지향된 대상들과 그 행위와의 관계를 읽어낸다.

종교적 행위들의 특수한 고유성의 가장 분명한 표현은 종교적 언어이다(2장). 하지만 거기서 표현되고 있는 구조들은 종교적인 행위들에서도, 무엇보다도 의례의 행위들에서, 재발견된다(3장). 이때 종교적 직관, 사유, 그리고 행위의 특수한 형식들은 단순히 타고난 것이 아니라, 종교적인 전승공동체들 안에서 습득되고 양육된다(4장).

종교적인 행위들이 관계 맺는 그리고 이 행위들에만 "원본적으로 부여된" 저 현실들 가운데서, 신 내지는 신들은 탁월한 의미를 지닌다. 신 내지는 신들이 종교적 숭배의, 그러나 또한 철학적 논변의 대상이 되는 방식에서, 종교적 행위들과 종교적 대상들 간의 특수한 종교적 관계규정의 고유성이 분명해진다 — 바로 세속적─철학적인 견해와 다르게(5장).

차례

4장   종교적인 전통들과 제도들 – 과제들과 그들의 평가의 척도들

1983년 칼 알베르Karl Alber 출판사에서 본인의 "종교철학"이 출간되었다. 이 책은 그 이후 2판을 더 체험했고, 일곱 개의 외국어들로 번역되었다. 그런데도 내가 여기서 계속되는 종교철학적인 저서를 내놓는다면, 그것은 지금까지 출간된 나의 "종교철학"이 엘리자베트 슈트뢰커Elisabeth Ströker와 볼프강 빌란트Wolfgang Wieland에 의해서 출판된 "철학 개론서Handbuch Philosophie"의 프로그램에 속했어야 했다는 점에 기인해 있다. 그런 이유로 이 저서는, 개론서-시리즈에 상응하는 것처럼, 가능한 한 중립적으로, 출판 시점에 종교철학 안에서 대변된 상이한 입장들을 제시해야만 했다. 그것은 저자인 나에게 나의 고유한 입장표명과 관련해서 높은 정도의 자제를 요구했다. 이로부터 곧 개론서-시리즈와 별개로 "나의 고유한" 종교철학을 또 다른 간행 안에서 제시하고자 하는 바람이 생겨났다.

이를 위해서 나는 "종교의 현상학"이라는 제목을 선택했는데, 그 이유는 종교철학적인 문제들을 다루기 위해서 제안되고 있는 방법들 가운데서 나로서는 계속 발전된 현상학에 우위를 두기 때문이다.[1] 내

---

1   1장 "종교철학의 방법들"에서 나는 이 결정의 근거를 댈 것이다.

신념에 따르면 종교철학은 종교의 자기-진술들을 가로막고, 선천적인 논증들로써 신, 세계 그리고 인간에 대해서 종교가 어떻게 말해야 할지를 종교에 지시하는 과제를 갖지 않는다. 오히려 관건이 되는 것은, 종교가 자기 자신을 어떻게 표명하는지를 경청하고 인지하는 것이다. 종교적인 언어에 접해서 종교적 노에시스의 특수한 구조가 알려지고, 그런 연후에 오직 종교적 행위에만 이 행위가 관련 맺는 저 현실이 "원본적으로originär 개시되어" 있음이 제시된다. 그런 다음에서야 종교에 특유한 저 노에시스와 노에마의 상관관계가 기술될 수 있으며, 이 상관관계가 종교의 현상학의 주제이다.

이 과제가 이행된다면, 그때 제시되는 것은, 종교에 특유한 노에시스와 노에마 간의 저 상관관계는 종교의 비-언어적인 표명들에 접해서도, 무엇보다도 특수하게 종교적인 예배의 실천에 접해서도, 알려진다는 것이다. 그렇게 해서 이제 앞에 놓인 본서의 첫 세 장의 주제들이 생겨난다: "종교철학의 방법들", "종교적 언어", "종교적인 세계이해의 표현으로서의 예배".

이때 제시되는 것은 이렇다: 종교적인 언사의 방식이든 종교적인 행위의 종류이든 이것들은 인간에게 단순히 생득적이지 않다는 점이다. 이것들은 종교적인 전승공동체들 안에서 배워지고 양육되며, 이 전승공동체들 내에서 제도화된다. 다시 말해서 그것들은 관여한 개인들과 마주해서 독립하도록, 그리고 이를 통해서 비로소 전승능력이 있도록 그렇게 형성된다. 그렇게 해서 네 번째 장의 주제가 생겨난다: "종교적인 전통들과 제도들".

그와 같은 관찰은 늘 새롭게 종교가 언어적인 그리고 비-언어적인 표명들 안에서 자기 자신을 진술하는 방식에 방향을 맞춘다. 그러나 그것은 철학자가 그저 종교가 자신에게 앞서 말하는 것을 따라서 말할 수 있을 뿐이라는 점을 의미하지는 않는다. 철학은 다른 영역들에서처럼 이 주제영역에서도 해석학적이며, 그런데 바로 그 때문에 동시에 현상들과 마주해서 비판적이다.

종교현상학을 위해서 이것은 다음을 의미한다: 종교현상학은 해석학적인데, 그것은 종교현상학이 종교적인 화자들(예를 들면, 기도하는 자들)이나 종교적인 행위자들(예를 들면, "열심한 참여actuosa participatio"라는 의미에서 예배에 참여하는 자들)에게 늘 의식되지 않는 종교적인 언사와 행위의 조건들을 밝혀내면서이다. 기도하는 자들과 예배에 참여하는 자들은 늘 그들의 언사와 행위의 구조적인 고유성을 반성하지 않으며, 그 때문에 종종 이 언사와 행위가 모종의 오류형태들(사이비형태들)을 취하는 위험에 내맡겨져 있음을 알아차리지 못한다. 그런데 현상학자는 잘못 형성된 노에시스가 그것의 노에마와의 관계를 상실할 수 있음을 보여줄 수 있다. 신에게 시도된 맹세의 오류형태를 취하는 기도는 그 수취인들을 그르치며, 종종 그것을 알아차림이 없이, 인간이 스스로 고안해 낸 우상에게로 향한다. 주술(다시 말해서, 초인간적인 힘들을 인간적인 목적을 위해서 사용하려는 시도)의 오류형태를 취하는 예배의 의례는, 신의 작용에다 저마다 새로운 그의 현재의 경험가능한 형태들을 마련하려는 목적을 그르친다. 그렇게 수행된 의례는 그런 이유로 종교적인 경험들을 중재하는 것이 아니라, 종교를 빙자하여 세계와 인간들에 대한 월권적인 힘의 환영들을 만들어낸다.

종교현상학은 바로 그 때문에 비판적인데, 그 이유는 그것이, 종교적인 것의 그와 같은 오류형태들이 종교적인 행위의 의미논리를 파괴하고 이를 통해서 종교적인 현실과의 관련을 그 행위에서 빼앗는다는 점을 보여줄 수 있기 때문이다. 그런데 현상학적인 비판은 해석학적이다; 그것은 종교적인 현상들을 판단하는 척도들을 외부로부터 이 현상들을 향해서 가져오는 것이 아니라, 곧 종교를 종교-외부적인 척도들에 접해서 측정하는 것이 아니라, 종교에 고유한 노에시스와 노에마 간의 연관의 구조적인 조건들에 접해서 측정한다. 그런 이유로 이하에서 시도될 것은, 종교적인 언사와 행위의, 종교적인 전통들과 제도들의 특수한 구조법칙들로부터 동시에 이들의 판단을 위한 척도들을 얻는 일이다.

칼 알베르 출판사와 그 대표인 루카스 트라베르트Lukas Trabert 씨에게 본서의 간행을 자신의 프로그램에 수용해주신 것에 대해서 감사드린다.

뮌헨, 2017년 10월에

1장

종교철학의 방법들

1장. 종교철학의 방법들

주제에 대한 예비적인 소견

종교철학은 철학적 신학이 아니다.

- 종교의 사실은 논쟁의 여지가 없는 것이다 – 신의 실존은 그렇지 않다.
- 구해지고 있는 것은 종교의 "본질"이다.
- 경험과학들은 종교들이 어떠한지를 기술하며, 종교철학은 종교가 무엇인지를 묻는다.
- 종교철학의 목적:

  종교의 현상형식들의 다양성을 이해하는 것,

  그것들을 판단하는 척도들을 얻는 것,

  종교들 내부에서 종교적인 것의 사이비형태들을 본질에 적합한 실현형식들과 구분하는 것.

1. 종교철학의 첫 번째 방법적 단초는, 철학이 종교로부터 유래하였다는 관찰에 의거한다.

나중에 철학의 주제들이 되었던 대부분의 저 주제들은 그 이전에 수백 년 동안 종교적 선포의 주제들이었다.[1] 이것은 다음의 견해에 빌미를 줄 수 있었는데, 곧 종교는 "선(先)합리적인 의식"의 표현이라는 것이며, 이 의식은 과학적—철학적인 합리성 안으로 옮겨가는 것에 오랫동안 저항했고, 철학과 과학의 발생 이후에도 놀랍게도 오랫동안 지속했다는 것이다. 이때 주도적인 물음은 다음과 같았다: 어째서 철학적—과학적 합리성은 그토록 나중에 생겨났는가? 어째서 선합리적인 의식은 그토록 오랫동안 유지되었는가?

종교에 대해서 그렇게 이해된 물음에 대한 초기의 대답들은 다음과 같았다:

종교는 공포로부터 생겨났다.[2]

1. 종교는 자신 편에서 무지의 결과였고, 비판적인 의식의 발생을 억제했으며, 그것이 생겨났을 때도, 광범위한 주민층 안에서 그것이 작용하지 못하게 했다. 이러한 공포를 근거 없는

---

1   제2차 바티칸공의회의 진술에 따라서 종교에 의해서 답해지는 물음들은 철두철미 나중에 철학에 의해서 대답이 되었던 그런 물음들이다: 사람들은 어제도 오늘도 인간의 마음을 번민케 하는 인생의 숨은 수수께끼들의 해답을 여러 가지 종교에서 찾고 있다: 사람이란 무엇인가? 인생의 의의와 목적은 무엇인가? 선이 무엇이고 죄는 무엇인가? 고통의 원인과 목적은 무엇인가? 진실한 행복으로 가는 길은 어디 있는가? 죽음은 무엇이고 죽은 후의 심판과 판결은 어떨 것인가? 마침내 우리 자신의 기원이자 종착역이며 우리의 실존을 에워싸고 있는 형언할 수 없는 마지막 신비는 과연 무엇인가?"(Vaticanum II Nostra aetate [비그리스도교에 관한 선언], Nr. 1)

2   Timor primus in orbe fecit Deos. 공포가 처음으로 땅에서 신들을 생겨나게 했다(Statius Thebais III, Vers 661).

것으로서 입증하는 것이 성공할 때만, 이성에 대한 저 신뢰가 생겨날 터인데, 그것은, 만일 종교가 선-합리적인 방식으로 대답한 질문들이 합리적으로 제기되고 답해져야 한다면, 꼭 필요한 것이다.

2. 종교는 희망의 표현이며, 이 희망은 자신 편에서 비참의 경험으로부터 혹은 또 다른 정신적 충격의 경험들로부터 생겨난다.[3]

이 희망은, "이 세상" 안에서 비참을 극복할 수 있는 그 어떤 전망도 존재하지 않는 한, "또 다른 세상"을 향해 있다. 환영적인 희망들을 포기하고, 동시에 신적인 조력이 없이도 비-환영적인 희망이 실현될 수 있는 방도들을 제시하는 것이 성공할 때만, 세계형성적인 행위를 향한 저 환영 없는 태세가 생겨난다. 이것은 종교가 표명한 약속들이 종교적인 희망을 더 이상 필요로 하지 않는 합리적인 행동강령들 안으로 전환되기 위해서는 꼭 필요한 것이다.

이 도상에서 달성될 수 있었던 결과들의 비판적인 결산은 다음의 결과들로 이어진다:

- 종교를 세상과 삶에 대한 "선합리적인" 주석으로서 보는 견해는, 우리의 물음들이기도 한 물음들에 대한 대답을 종교 안에서 발견하는 것을 가능하게 해준다.

---

3 "종교는 실제적인 비참의 반영이며, 실제적인 비참에 대한 항변이다. ... 종교비판은 인간이 자신의 목걸이에 휘감은 꽃들을 따내는데, 이는 벌거벗은 목걸이를 걸치기 위함이 아니라, 그 목걸이를 뜯어내기 위함이다." Karl Marx, Zur Kritik der Hegelschen Rechtsphilosophie, MEW I, Berlin 1976, 378. 그것에 덧붙여 블로흐Bloch의 비판적인 되물음을 참조할 것: 궁핍 이외에 아무것도 극복된 것이 없다면, 무엇을 얻은 것인가?

- 그것은 우리에게 동시에 이 물음들을, 철학과 과학이 그것들을 대답할 수 없는 것으로서 물리칠 때, 상기시킬 수 있다.
- 그것은 "오늘날", 비판적인 합리성의 시대에, 종교들이 "여전히" 인간들의 삶을 위해서 실행할 수 있는 것에서 종교들을 측정하는 것을 허용한다.
- 그러나 그것은 종교를 성급하게도 진술들의 체계로서 해석하고(이론화하고), 이때 진술들을 철학으로의 변형에 접근할 수 있는 저 진술들로 환원시키는 위험을 내포한다.
- 그와 같은 변형에 저항하는 저 계기들은 이때 인간적 정신의 발전 안에서 한갓 "지체시키는 계기들"로서 나타나는데, 이것들은 그들 편에서 심리학이나 혹은 사회학에서 연유한 종교외적인 개념들을 가지고 해석되어야 하는 것들이다.

2. 종교철학의 두 번째 방법적 단초는, 종교들이 철학 역시 제기하는 동일한 물음들에 대답하는 곳에서도 철학적 논변 안에서 발생하는 것과는 다른 방식으로 말한다는 관찰에 의거한다.

그에 대해서 일찍감치 인지된 보기는 철학적인 로고스(논증하는 제시)와 종교적인 신화("그것은 무엇인가?"와 "그것은 왜 그런가?"의 물음들을 "모든 시간에 앞선 근원들"에 대한 상기를 통해서 대답하는 설화) 사이의 차이이다. 세계해석의 특별히 종교적인 형식은 "시원론Πρωτολογία", 곧 "한 처음에 발생한" 것에 대한 언사이다.

이러한 관찰은 철학이 자기의 고유한 개념형성의 특성과 한계들에 대해서 자기비판적인 반성을 하도록 동기를 부여할 수 있다. 이것에 접속될 수 있는 물음은, 만일 철학이 종교에 의해서 파악과 논증의 계속되는 발전으로 고무되는 경우에, 철학은 이 한계들을 극복할 수 있는가이다.

　종교적인 "시원론들"의 선호된 주제영역은 개념의 명료성과 비모순성을 벗어나는 경험세계의 대립–통일성들에 대한 설명이며[4], 무엇보다도 "죽음을 배태한 생명"(thanatóphoros bíos)[5]이 그것이다. 이 것은 또 다른 대립–통일성들 역시 새로운 시원론들을 통해서 이해되도록 만들 수 있는지의 물음을 생겨나게 했는데, 무엇보다도 그것은 선택해야함의 필연성에서 유래하여 스스로 선택한 운명의 새로운 필연성으로 귀결되는 자유로운 행위이다(플라톤의 "동굴의 비유"). 보다 일반적으로 말하자면: 철학을 위해서 생겨난 물음은, 철학이 대립들에 대한 "포괄적인 봄"(Synopsis)의 특수한 형식들을 발전시키고 이 포괄적인 봄을 "변증론" 안으로 전개시키면서[6], 그것이 자신

4　"그중의 하나를 추구해서 얻으면 대체로 반드시 다른 하나도 얻게 마련이 야, 몸뚱아리는 두 개인데, 머리는 하나밖에 없는 것 같단 말이야. 만일 아이소포스가 이것을 알았더라면 우화를 하나 지었을 것일세. 가령, 신이 이 양자의 싸움을 화해시키려 했는데, 그렇게 할 수 없게 되니까 그 두 머리를 한 군데 붙여 버렸다고 하는 식으로 말이야."(Platon, Phaidon 60 bc)

5　"이 많은 아름다운 사물 가운데 추해 보이지 않을 그런 것이 있습니까? 또한 올바른 것들 중에서 올바르지 않은 것으로 보이지 않을 그런 것이? [...] 그리고 큰 것들이라거나 작은 것들이라 또는 가벼운 것들이라거나 무거운 것들이라 우리가 말하게 될 그런 것들이, 그와 반대로 불리기보다도, 더 그렇게 불리어야 할 건더기는 조금도 없지 않은가?"(Platon, Politeia 479 a/b) "그러고 보니 우리는 아름다움이나 다른 여러 가지 것에 관련된 다중(多衆)의 많은 '관습'이 '있지 않은 것'과 '순수하게 있는 것'의 중간 어딘가에서 맴돌고 있다는 사실을 발견한 것 같으이."(Platon, Politeia 479 d)

6　"그것은 우리가 찾고 있는 것들로서 본성상 '지성에 의한 앎'으로 인도하는 것들 중의 하나인 것 같으나 아무도 그걸 바르게 이용하고 있지 못한데, 그것은 존재(ousia)로 이끌기에 아주 알맞은 것일세."(Politeia 523 a); "그래서 내가 이를, 즉 어떤 것들은 사고를 불러일으키지만, 어떤 것들은 그러

종교의 현상학

의 고유한 숙고를 위해서 새로운 주제영역들을 개시할 수 있는가이
다. 이것은 대립적인 것의 분리에 선행하면서 이러한 대립들의 미래
적인 지양을 가능하게 만드는 바로서의 저 원−통일성Ur−Einheit을
해명하기 위함이다.[7]

그와 같은 단초들로부터 철학의 종교적인 자기이해가 발전했
으며, 이는 종교적인 개념들을 (예컨대, "원형/모사" 혹은 "분리/임재
Chorismós/Parousía"의 개념 쌍들을) 철학적으로 사용하도록 허용했
고, 아울러 "영혼의 인식상승"을 인간의 영혼 안에서의 신적인 힘의
작용에 대한 표현으로서 파악하도록(그렇게 해서 철학을 인간적 영혼
안에서의 신적인 것의 현존의 효력으로서[열광Enthousiasmós] 그리고 이를
통해서 일으켜진 인간의 "신적인 탈아존재"[거룩한 광기Theia Mania]의 효
력으로서 파악하는 플라톤주의 안에서뿐만 아니라, "능동 지성intellectus
agens"에 대한 아리스토텔레스주의자들의 가르침 안에서도) 허용했다.

작용사의 단계들:

− 철학적 사유를 위한 규준의 계기들에 대한 해명으로서 신화의

질 않는다고 방금도 말하려고 하고 있었던 걸세."(Politeia 524 d) − "포괄
적으로 보는 사람은 변증술에 능한 자이지만, 그러지 못하는 사람은 그런
이가 아니기 때문일세."(Politeia 537 c)

7　"이 많은 아름다운 사물 가운데 추해 보이지 않을 그런 것이 있습니까?
또한 올바른 것들 중에서 올바르지 않은 것으로 보이지 않을 그런 것이?
[...] 그리고 큰 것들이라거나 작은 것들이라 또는 가벼운 것들이라거나 무
거운 것들이라 우리가 말하게 될 그런 것들이, 그와 반대로 불리기보다도,
더 그렇게 불리어야 할 건더기는 조금도 없지 않은가?"(Platon, Politeia 479
a/b) "그러고 보니 우리는 아름다움이나 다른 여러 가지 것에 관련된 다중
(多衆)의 많은 '관습'이 '있지 않은 것'과 '순수하게 있는 것'의 중간 어딘가
에서 맴돌고 있다는 사실을 발견한 것 같으이."(Platon, Politeia 479 d)

1장. 종교철학의 방법들

우의적 해석.

- "존재 저편에 있는" 일자에 대한 그리고 그것의 전개의 원칙으로서의 누스Nous에 대한 철학적 가르침의 발전.
- 이 철학과, 신적인 자기의식 그리고 신적인 자기고지의 원칙으로서의 정신Geist에 대한 그리스도교 가르침과의 만남.[8]

철학의 종교적인 자기이해와 종교의 철학적인 이해 사이의 그와 같은 연결은 우선은 종교적인 언사의 특수한 형태, 곧 시간에−앞선 근원들에 대한 이야기(Protologia)를 철학적인 변증론의 모범으로서 파악하게 해주며, 이 변증론은 경험세계와 그 경험세계를 묘사하는 개념들의 모순성을 세계와 철학적 사유의 역사 안에서의 진척시키는 계기로서 이해시킨다. 그것은 철학이, 교조적인 자기−과장의 위험과 마찬가지로 회의적인 자기−절망의 위험을 피하는, 비판적인 자기이해에 이르도록 돕는다: "늘 더 커다란 진리"에 대한 봉사로서의, 그리고 그런 이유로 "신의 의족Prosthesis tou Theou"[9]을 통해서 야기되고 진행되는 과정으로서의 지혜−사랑Philo−Sophia. 이 변증론은 동시에, 세계와의 비판적인 관계가 어떻게 진리에 대한 신뢰와 그리고 진리의 현재형태들("모사들")에 대한 존중과 결합될 수 있는지를 종교로부터 배우는 것을 허용한다. 이 현재형태들은 목적을 향해있는 경향(갈망Orexis)을 인식하게 해주며 동시에 그 완성을

---

8   "순수한 정신이라는 신의 본성은 그리스도교 종교 안에서 인간에게 명백해진다"(Hegel, Philosophie der Geschichte, Ausg. Glockner VII, 415). "정신적인 것 홀로 [...] 자신의 탈자존재 안에서 자기 자신 안에 머무르는 것이다"(Hegel, Phänomenologie des Geistes, Glockner II, 27f.).

9   Platon, Charmides 164 c.

선취한다. 변증론은 그렇게 해서 종교로부터의 철학의 유래를 종교적 어리석음의 극복으로서가 아니라, 종교의 의도를 개념적으로 해명된 방식으로 표현하는 노력의 한 부분으로서 나타나게 한다.

이러한 방법적 단초의 가망들과 위험들은 특히 유대–그리스도교적인 플라톤주의의 역사 안에서 부각했다. 우선 모든 존재자의 근원으로서의 일자에 대한 가르침은 성서적인 일신론에 이르는 가교를 놓았고, 물론 또한 "주, 우리의 하느님은 유일한 분이시다"는 성서적 고백이 "일자는 본질적으로 신적이다"[10]는 철학적 진술로 전환되는 가교를 놓았다. 그런 연후에 "정신"(nous, intellectus)에 대한 철학적 가르침은 "영"(pneuma, spiritus)에 대한 성서적 가르침의 해석수단이 되었다. 그리고 종교들의 역사는, 사람들이 요한–복음서의 중심적인 진술 안에서 표명되었음을 발견한 저 통찰에 이르는 길로서 파악되었다: "하느님은 영이시다. 그러므로 그분께 예배를 드리는 이는 영과 진리 안에서 예배를 드려야 한다."(요한 4,24). 그러나 자기 자신을 종교적으로 이해하는 철학을 토대로 한 그와 같은 종교철학은 위험을 내포하고 있는데, 그것은 곧 철학 자신을, 종교가 그 안으로 자신을 "지양해야" 하는 바로서의, 저 완성형태로서 파악하는 위험이며, 그러한 지양에 저항하는 모든 계기들을 종교의 한갓 자기-오해의 결과들로서 평가하는 위험이다.

---

10 Vgl. Numenios aus Apamea: "도대체 플라톤이 아테네풍으로 말하는 모세와 무엇이 다른가?"

3. 세 번째 방법적 단초:
철학적 신학을 토대로 한 종교철학과 "종교신앙"의
해석수단으로서의 "순수한 이성신앙"

경험세계의 모든 대립들의 근원으로서, 그러나 또한 그 세계의 맥락의 근원으로서 이해될 수 있는 저 통일성을 파악하려는 시도는, ("변증법적인 일자론Henologie"의 시도는) "철학적 신론"으로서 이해될 수 있다. 이때 종교의 언어로부터 차용한 "신"이라는 단어의 철학적 사용은 해석학적인 주장을 표현하고 있다: 종교들 안에서 언급되고 있는 저 현실은 ("모든 이들이 신이라 부르는 것은quod omnes dicunt Deum"), 철학적인 개념들을 통해서 "파악되어야"만 한다. 이를 통해서 동시에 그러한 개념들을 통해서 주석될 수 있는 저 종교는 "참된 철학"과 일치하는 것으로서 입증되어야만 한다. 예를 들면, 그리스도교는 플라톤주의자들의 의향의 실현으로서 입증되어야만 한다.[11]

다른 한편으로 철학적인 개념사용은 "참된 종교"의 올바른 이해를 보장해야만 한다(예를 들면, "신인동형론들"의 극복에 기여해야만 한

---

11 "만일에 사람들이 자랑하는 플라톤과 그 밖의 사람들이 다시 생명을 얻고, 교회는 꽉 차 있고 신전들은 비어 있는 것과 인류가 현세적이고 덧없는 소유를 향한 열망에서 떠나서 영적이고 지성적인 소유와 영생에 대한 소망으로 부름을 받았고 또 실제적으로 관심을 이런 것들로 돌리고 있는 것을 본다면, 아마도 이렇게 말할 것입니다: 우리가 감히 사람들에게 선포하지 못했던 것이 이것입니다. 우리는 사람들을 우리의 생각과 삶의 길로 데리고 오는 것보다 대중적인 습관에 굴복하는 것을 택했습니다." (Augustinus, De vera religione, Cap.4, Nr.6) "이렇게 이 사람들이 오늘날 다시 자신들의 삶을 살 수 있다면 이들은 누구의 권위에 의해서 인간의 구원을 위한 최고의 수단이 선택되는지 보게 되고는 최근에 많은 플라톤주의자들이 그렇게 했던 것처럼 몇 마디의 말과 문장들을 변경시킴으로 그리스도교인이 될 것입니다."(a.a.O, Nr.7)

다). 그렇게 해서 이미 교부들에 있어서 (비로소 칸트에 있어서가 아니라) 철학적인 신론은 종교들의 모든 자기증언들의, 또한 성서적인 계시증언들의 주석자가 된다.

그와 같은 철학적인 개념들의 도움으로 발전된 "철학적 신론"(신의 실존의 입증과 그의 본질의 규정)은 계몽주의 시대에 전체적인 철학의 기초 놓기의 지위를 획득하였는데,

- 왜냐하면 신의 완전성에 대한 신뢰는 (그리고 그 안에 포함된 신의 신실성에 대한 신뢰는) 자기연루의 위험을 의식하게 된 이성의 자기신뢰를 합법화하기 때문이며(데카르트)[12],

- 계속해서 오직 신적인 자기의식만이 저 현실을 제시하기 때문인데, 그 현실은 그렇게 인간적인 사유 안에 현존하고 작용할 수 있기에 이 인간적인 사유는 신적인 실체의 직접적인 자기제시가 될 수 있으며(스피노자에 따른 최상의 인식종류)[13],

- 마지막으로 오직 전체에 있어서의 세계와 그것의 저마다의 부분에 대한 신적인 일별만이 자립적이고 자기활동적인 실체들

---

12 "하느님은 결코 기만자가 아니라는 것, 따라서 내 의견들 속에 무슨 잘못이 있으면, 또한 반드시 이것을 고칠 수 있는 어떤 능력을 나에게 주셨으리라는 것만으로부터 나는 이런 것들에 있어서도 진리에 도달할 수 있는 확실한 희망을 품을 수 있다."(Med. VI.11) "그리하여 나는 모든 지식의 확실성과 진리성이 오직 참된 하느님의 인식에만 의존함을 분명히 본다. 따라서 내가 하느님을 알기 전에는 다른 어떤 것도 완전히 알지 못했다." (Med. V.16)

13 "마침내 우리가 알게 되는 것은, 우리 안에 있는 이성의 추론이 완전한 것이 아니라, 다만 우리가 바랬던 자리로 오르는 하나의 단계와도 같은 것, 모든 허위와 기만이 없이 우리에게 최상의 재화에 대한 보도를 전하는 좋은 정신과도 같은 것이라는 점이다. 이는 우리가 그것을 구하고 그것과 합일되도록 우리를 자극하기 위함이다. 그리고 이러한 합일이 우리의 최상의 구원이자 행복이다."(Traktat 2. Teil, Cap.26, Nr.6)

의 "예정된 조화"를 가능하게 만들기 때문이다(라이프니츠)[14].

그렇게 이해된 "철학적 신학"은 동시에 "자연적인 신학"으로
서 여겨질 수 있었는데, 왜냐하면 그것은 신의 실존과 본질에 대
한 의식을, 이성주체로서의 인간의 "본성"과 함께 설정된 신관계
Gottesbeziehung의 설명으로서 나타나게 하기 때문이다.

이 "자연적인 신학"은 자기편에서 "자연적인 종교"의 토대로서 이
해될 수 있었으며, 이것은 저 신관계, 신숭배, 그리고 인간본성 자체
와 함께 설정된 신사랑 안에 존립한다. 이 "자연적인 종교"는 계속
해서 모든 "경험적인 종교들" 안에서 자신의 현상을 발견하는, 종교
의 저 "본질"로서 이해될 수 있었다.

경험적인 종교들을 자연적인 종교의 현상형식들로서 해석하는 것
과 함께 동시에 그들을 평가하는 척도가 발견되었는데, 그것은 종교
들의 역사를 초기의 "자연적인" 종교로부터 시작해서, "경험적인 종
교들"의 다양성을 거쳐서, 재차 복구된 그리고 동시에 보다 높은 차
원에서 자기의식에 도달한 "자연적인 종교"에 이르는 길로서 파악하
는 것을 허용했다 – 종교의 이러한 완성형태가 철학적으로 주석된
그리스도교 안에 존립하든, 이러한 그리스도교 역시 가까운 미래에
도달하게 될 "순수한 이성종교"에 대한 근접으로서 이해되어야 하

---

14 "한 모나드가 신의 관념들 안에서, 신이 태초에 다른 모나드들을 조정할
때 이미 그를 고려하였다고 정당하게 요구하는 한에 있어서, 신의 매개를
통해서만 작용된다."(Mon 51) "모든 창조된 사물들을 개별자 각각에, 그리
고 각 개별자들을 다른 모든 것에 결합 또는 순응시킨 것은, 모든 단순한
실체가 다른 실체들의 총체를 표현하는 관계를 포함하고 그 결과로 그는
살아 있고 영속하는, 우주의 거울이 되게 하는 결과를 낳는다."(Mon 56,
vgl. 57)

종교의 현상학

든 말이다.

종교와 그 역사에 대한 그와 같은 이해는

- 종교의 신개념과 관련해서 종교들의 비교를 허용하며,
- 각각의 종교 내에서, 종교적인 것의 "본질에 부합하는" 현상형
  식들과 "본질에 어긋나는" 현상형식들을("종교"와 "미신"을) 구분
  하는 것을 가능하게 하며,
- 그리스도교가 비록 수많은 경험적인 종교들 가운데 단지 하나
  일 뿐임에도 불구하고, 성서적인 종교가 내세우는 절대성주장
  에 대한 이해와 비판적인 검증을 가능하게 한다: 이러한 절대
  성주장은, 철학적으로 이해되었을 때, 그리스도교가 다른 모
  든 종교들의 진리내용을 자신 안에 결합했고, 오염들로부터 해
  방되었다는 점(인류타락 이후의 모든 종교형식 안에서 작용하고 있
  는, 타락 이전의 인간의 신관계가 회복되고 완성되었다는 점)을 뜻
  한다. 그렇게 이해되었을 때 이러한 주장은 종교비교를 통해서
  비판적으로 검증할 수 있게 된다.
- 그리고 동시에, 철학이 "자연적인 종교"를 모든 "경험적인 종
  교들"의 참된 핵심으로서 파악한다고 주장하는 한에서, 철학
  의 자기비판적인 검증을 가능하게 한다. 왜냐하면 자신을 그렇
  게 이해하는 철학은, 갱신된 철학적 진력을 통해서 밝혀내야
  하는, 지금껏 "발굴되지 않은 보물들" 그곳에서 발견되는 것에
  입각하여 종교의 자기증언들을 늘 새롭게 체질해야 하기 때문
  이다(예를 들면, 신화의 철학적인 신(新)-습득 안에서).

그러나 그러한 종교철학은 오직 철학적인 통찰 안으로 옮겨지는

것만을 "순수하게 종교적인" 것으로 인정하려는 위험에 복속된다. 이때 대체로 해석되지 않은 채 남는 것은, 기도, 희생제, 성사들과 같은 전형적으로 종교적인 행위들인데, 이 행위들이 한갓 표현행위들 안으로 변형되지 않는 한에서 그러하다.

철학적 신론은 근대의 시작 이래로 점증하는 정도로 신앙의 이름으로 제기된 항의에 내맡겨졌다(보기들: 루터[15], 파스칼[16], 칼 바르트[17]). 신앙인들은 철학자들이 그에 대해서 말하는 바로서의 신 안에서 "아브라함과 이사악과 야곱의 하느님"을 재인식하지 못했다. 더구나 18세기 이래로 그때까지 신에 대한 철학적 언사가 의거했던 철학적 전제들이 의심에 처했다. 자기운동, 자기형성, 자기-실현도 생명체들의 표지로 인식되었고, 마침내 심지어 생명이 없는 자연의 원리들로서 이해되었다(이에 대한 중요한 기여들: 데카르트에 의해서 구상되고, 칸트와 라플라스에 의해서 실행된, 교란운동으로부터 회전을 거쳐서 성운형성에 이르는 행성계의 생성에 대한 이론들). 동일한 정도로, 세계과정과는 상이한 "첫째 동자", "첫째 원인", 모든 가능성에 선행하는 "순수한 현실"(actus purus) 혹은 자연의 지적인 "질서유지자"에 대

---

15 "사람들이 말하기를: 아리스토텔레스 없이 사람은 신학자가 되지 못한다. 나는 말한다: 아리스토텔레스와 함께 사람은 어떤 신학자도 아닌 채로 남는다."(Luther, Thesen gegen die scholastische Theologie, 1519) "이성의 도살은 하느님의 마음에 드는 희생제물이다."(Vorlesung über den Galaterbrief)

16 "1654년 11월 23일 월요일 순교자 성 클레멘스와 다른 순교자들의 축일에. 대략 저녁 11시 반 경부터 자정이 30분 지난 시각까지. 불. 아브라함의 하느님, 이사악의 하느님, 야곱의 하느님. 철학자들과 현자들의 하느님이 아닌. 확실성, 확실성, 확실성, 기쁨, 평화. 나의 하느님이며 너희들의 하느님. 하느님 밖에는 모든 것을 잊음. 복음이 가르치는 길에서만 하느님을 발견할 수 있다 [...]"(Mémorial)

17 "철학적 신학은 뱀과도 같은 것이다: 뱀을 본다는 것이 의미하는 것은 이미: 가격하여 때려죽였음."(Karl Barth, "Nein")

종교의 현상학

한 물음은 불필요한 것으로 여겨졌다.

자기 자신을 형성하는 생명(능산적 자연natura naturans)에 대한 개념들과 그 내부에서 모든 "생산물들"(존재자들)이 단지 단계들 혹은 "제동-점들Hemmungspunkte"만을 표현하는 바로서의 순수한 생산력에 대한 개념들이 전통적인 신개념의 자리에 들어섰다. 동시에 철학적 신학은 **형이상학**Meta-Physik(세계현실의 초-경험적 근거들에 대한 되물음)으로부터 **주관성의 메타-이론**(주체의 특수한 활동을 가능하게 만드는 조건들에 대한 되물음)으로 옮겨졌다.

종교는 이러한 전제 아래서 **삼중의 과제**를 이행해야 했다: 한편으로는 개체가 자신이 그것에 편입되어 있음을 아는 바로서의 커다란 전체에 대한 경외심으로 안내하는 것, 그리고 그 전체와의 조화로 안내하는 것, 다른 한편으로는 자기 자신을 실현하는 전(全)-생명 혹은 자기 자신을 실현하는 전(全)-이성의 과정들 안으로 지양되어서는 안 되는 개체의 복권, 마지막으로 주체와 주체의 활동을 자기-해체로부터 지키는 저 근거 사이의 관계의 기술(그런 이유로 "행복"에 대한 그리고 경건주의 안에서의 죄의 용서에 대한 두 개의 물음들의 새로운 강조 – 칸트의 요청적인 신(神)신앙Gottesglauben의 준비).

4. 네 번째 방법적 단초: 선험적 신학을 토대로 한 종교철학

신(神)이해와 종교의 이해 안에서 결정적인 전환은 칸트와 그의 선험철학을 통해서 수행되었다. 존재론의 자리에 "순수한 오성의 분석론"이 들어섰는데, 이를 통해서 제시되어야 했던 것은, 오성활동의 어떤 형식들을 통해서 대상세계의 구성이 가능하게 되는가이다.[18] 이 맥락 안에서 "순수한 이성의 변증론"(이성이 그 안으로 필연적으로 연루되는 바로서의 자기모순들의 기술)은 한편으로는 존재-신학의 종말을, 다른 한편으로는 요청적인 신(神)신앙의 기원을 의미했다.[19]

이성은 선험적인 필연성으로 자기 자신에게 설정하는 과제들에 접해서 좌초하며, 오직 희망에 기대어서만 성공할 수 있는 복구를 필요로 한다. 그래서 종교는 "나는 무엇을 희망해도 좋은가?"[20]라는 물음에 대답한다. 종교들의, 특별히 그리스도교의 모든 진술들은 이렇게 선험적 관점에서 필수적인 희망을 표현하는 방식들로서 이해된다. 그렇게 이해된 종교의 중심에는 "신적인 계명들로서의 우리의 의무들에 대한 인식"[21]이 존립한다. 있는 그대로의 세계 안에서 윤리법칙이 이행될 수 있는 것은 오직, 윤리법칙과 자연법칙이 공통의 입법자를 지시한다는 것을 우리가 희망해도 좋을 때뿐이다. 이 입법자는 윤리적으로 요구된 행위가 동시에 윤리적으로 요구된 목적에 효과적으로 기여할 수 있도록 그렇게 세상의 경과를 주재할 것이다. 그런데 그와 함께 결부되는 것은 "은총으로부터의 판결문"인데, 왜냐하면 오직 이것만이 사람들로 하여금 윤리적인 "회심"

---

18 존재론이라는 의기양양한 명칭은 [...] 순수 오성의 분석학이라는 겸손한 명칭으로 대치되어야 한다."(KdrV A 247)

19 Vgl. R. Schaeffler, Kritik und Neubegründung der Religion bei Kant, in: Th. Brose(Hrsg), Religionsphilosophie europäischer Denker, Würzburg 1989, 154-176.

20 Kant, KdrV 1781, 804f.

21 A.a.O. 232, vgl. Logik 125.

종교의 현상학

(Metánoia)을 할 수 있도록 만들기 때문이다.[22] 그렇게 이해된 종교철학은 그리스도교의 철학적인 정당화가 되었으며 – 동시에, 칸트가 알아차린 것 이상으로, 유대교의 정당화가 되었다(그런 이유로 칸트주의자들 가운데 상당한 수의 유대인들이 있음).

작용사에 대한 일별: 칸트의 종교철학은 그의 철학적 언사들의 모든 부분 가운데서 가장 적은 동의를 발견했다. 그의 선험적 비판의 직접적인 작용은 그렇기에 아직 전개되지 않은 그의 종교철학의 단초들이 계속 발전될 수도 있었을 것이라는 점에 존립했던 것이 아니라, 종교이해의 "심리학적 해석Psychologisierung"에 존립했다. 사람들이 칸트를 (잘못–)이해했던 것처럼, 종교의 합리적인 정당화는 불가능해졌기 때문에, 종교를 "느낌"과 그것의 "욕구들"의 표현으로서 파악하고, "삶의 의미"에 기대어 이것들에 조회하는 것이 관건이 되었다. 그와 함께 물론 종교들의 "진리주장"은 가려진 채 남았다. 그것은 관찰자가, 그 진술들을 자신의 것으로 만들지 않았던 그러한 종교들을 선입견 없이 기술하고 이해심 많게 주석할 수 있었다는 방법적인 장점을 가졌었다. 물론 이 전제 아래서 종교들의 구속력주장Verbindlichkeitsanspruch은 "환영(幻影)"의 표현으로서 이해되어야만 했는데, 그것은 자기편에서 심리학적으로 해석되어야만 했다.[23]

신학사적으로 이러한 종교이해는 "모더니즘 논쟁"의 주제가 되었다. 모더니즘의 비판가들은 칸트의 철학을 다음의 점에 대해서 책임이 있는 것으로 만들었는데, 곧 인간에게 "지성의 측면에서 하느

---

22 Kant, Die Religion innerhalb der Grenzen der bloßen Vernunft, A 46, vgl. A 95.

23 S. Freud, Die Zukunft einer Illusion, Werke XIV, 323–380.

님께 이르는 길"이 차단되었고, 그 때문에 신앙은 주관적인 느낌들의 사안이 될 수밖에 없었다는 것이다.[24] 두 개의 길들에서 이러한 상태로부터의 출구가 구해졌다: 한편으로 시도될 수 있었던 것은, 느낌을 고유한 종류의 지향적 행위로서 입증하는 것이었는데, 이때 이 행위는 주체의 심적 상태를 표현하는 것일 뿐만 아니라, 현실을 개시(開示)하는 힘을 소유하는 것이다(종교의 현상학에 이르는 초기 단계들). 다른 한편으로 시도될 수 있었던 것은, 선험적 단초로부터 새로운 철학적 신론을 발전시키는 것이었고(마레샬Maréchal),[25] 이것을 신학적으로 열매 맺게 만드는 것이었다(라너Rahner).[26] 이것은 "이다"라는 계사Copula를 지닌 판단행위의 분석을 통해서 발생했다, 곧 계사는 모든 정언적인 인식을 가능하게 만드는, 절대적인 존재에 대한 선취Vorgriff의 표현으로서 해석되었다. 그것은 또한 의지행위의 분석을 통해서도 발생하였다. 즉, 그 어떤 대상의 각각의 긍정 안에 주체의 자기긍정이 함축되어 있고, 이것은 자기편에서 인간의 불완전성에 직면하여 오직 자신의 피조물에 대한 신적인 긍정의 추(追)수행으로서 이해될 수 있는 것이다. 종교는 이제 대체로 인간 정신의 "비주제적으로" 남아 있는 신(神)관계로서 여겨졌고, 이 관계는 그의 모든 행위들 근저에 놓여 있고, 그런 이유로 심지어 "정언적인" 신(神)부정 안에서 여전히 함축되어 있는 것이다. 이와 같은 일반적-인간적인, 비록 대체로 "익명적인" 것이기도 한, 신(神)관계는 그리스도교의 선포 안에서 정언적인 명시성에 이를 뿐만 아니라, 동

---

24 Enzyklika [교황회칙] "Pascendi" Nr. 632.
25 J. Maréchal, Le point de départ de la metaphysique, 5 Bde. 1992ff.
26 K. Rahner, Hörer des Wortes, München 1941.

종교의 현상학

시에 그 충만에 이르게 되는데, 말씀의 육화가 비로소 신의 "접근적인 거리"를 자신의 "은총이 충만한 직접성과 가까움"으로 변화시키는 한에서 말이다.[27] 비그리스도교적인 종교들은, 그렇게 이해되었을 때, "육화의 전야(前夜)"[28]의 형태들로서 남는다.

5. 다섯 번째 방법적 단초: 현상학을 토대로 한 종교철학

에드문트 후설 Edmund Husserl의 현상학은, 종교철학의 과제설정에 대한 특별한 일별 안에서 발전된 것은 아닌데, 나중 시대에 이를 위해서 의미심장한 것이 되었다. 후설은 자신의 방법을 선험철학의 특별한 형식으로 이해하고 있으며, 이를 칸트를 넘어서서 발전시키고자 했다.[29] 모든 의식행위들의 본질표지로서의 "지향성"에 대한 프란쯔 브렌타노Franz Brentano의 이론에 접속해서 후설은 지향적 행위들의 형식과 그것들의 "상관물들"의 다양성을 기술하고자 시도한다. 그러나 "행위"Akt라는 개념이 (칸트적인) 직관형식들과 사유형식들에 제약됨을 피하고, 이에 상응하게 "지향된 대상"이라는 개념이 (이론적인 그리고 실천적인) 이성인식의 대상들의 특수한 소여방식에로 제약됨을 피하기 위해서, 그는 그 대신에 지향적 수행으로서의 "노에시스Noesis"와 그것의 지향적인 상관물로서의 "노에마Noema"에 대

---

27   K. Rahner, Grundkurs des Glaubens, Freiburg 1976, 135.

28   K. Rahner, Grundkurs des Glaubens, 169.

29   Husserl, Ideen I, Halle 1913, 여기서는 다음에 따라서 인용됨: Werke III, 216.

해서 말한다.[30] 칸트와 브렌타노를 넘어서면서, 후설은 노에시스적인 수행들의 구조적인 다양성을 기술하는데, 그것들의 고유성은 그때마다 어떤 종류의 노에마적인 상관물이 그들에게 "원본적으로 주어져" 있는지를 정의한다. 이때 주체가 자신의 노에시스들의 수행 "이전에" 무엇인지, 지향된 상관물이 노에시스와의 관계 "밖에서" 무엇인지는 괄호 안에 붙여진다. 오직 그렇게 해서 "현상"이 그것의 근원적인 소여성 안에서 무엇인가 다른 것으로 "환원되는" 것이 피해질 수 있다(예를 들면, 색채들을 전자기(氣)의 수축으로, 그리고 봄을 생리학적인 과정들로 환원하는 것). 방법적인 절차는 주어진 것의 고유성에 접해서 "부여하는" 행위의 특수한 구조를 알아내는 것에 존립한다.

이러한 방법적 단초는 후설의 추종자들에 의해서 특별히 종교철학적인 물음들에 적용되었는데, 이는 종교적 노에시스의 특별한 고유성과 그것의 지향적인 상관물들의 특수한 소여방식을 기술하기 위함이었다. 그러한 방식으로, 종교를 종교외적인 사태들이나 혹은 과정들로 환원하는 대신에, "종교적인 영역"의 고유법칙성을 보전하는 것이 가능해졌다. 종교에 대한 모든 심리학적인, 사회학적인 혹은 형이상학적인 "해명들"과 마주해서 그렇게 종교적인 것의 고유성과 자율성이 타당성을 지닐 수 있게 되었다. 이때 종교적인 행위가 관계 맺는 지향적 상관물의 특성을 표기하기 위해서 "성스러움das Heilige"[31]이라는 용어가 선호되었다. 문법적인 성으로 중성인 이 형

---

30 Husserl, Ideen I, 240.

31 Rudolf Otto, Das Heilige. Über das Irrationale in der Idee des Göttlichen und sein Verhältnis zum Rationalen, Breslau 1917.

용사는, 종교적인 것의 고유성이 내용에 달린 것이 아니라, 종교적인 행위에 그것이 부속되는 방식에 달려 있음을 표현해야 하는 것이었다: 도대체 경험될 수 있는 모든 것은 특수하게 종교적인 방식으로도 경험될 수 있으며, 그러한 경우 종교적인 행위에 "성스러움의 발현" 혹은 "성현(聖現)Hierophanie"으로서 주어져 있다.

막스 셸러_Max Scheler_는 종교적인 행위를 "가치느낌"으로서 기술했으며, 그에 상응하게 성스러움을 "최상가치"로서 규정했는데, 이것은 절대적인 헌신을 요구하고 절대적인 자기–위탁을 가능하게 만드는 것이다. 그러한 최상가치를 경험하는 능력은 그 자체 은사로서 경험되는데, 그 결과 종교적 행위의 대상은 동시에 그 행위의 원인으로서 이해된다. 셸러의 견해에 따르면, 이러한 행위는 저마다의 인간에 의해서 필연적으로 수행되고 있으나, 오도될 수 있어서, 헌신과 신뢰가 부적절한 대상과 관련 맺을 수 있다(상대적인 가치들의 "우상화").[32] **프리드리히 하일러**_Friedrich Heiler_는 그에 비해서 종교적인 행위의 차별화되는 것과 그것이 성스러움과 맺는 관계를 기도의 행위들에서 알아내려고 했다.[33]

루돌프 옷토_Rudolf Otto_는 종교적인 행위의 특수한 구조("종교적인 아프리오리")를, 이 행위를 수행하는 자가 모든 합리적으로 파악할 수 있는 것과 윤리적으로 계획할 수 있는 것의 한계에까지 이끌려져서, 거기서 모든 직관과 파악을 벗어나는 "전적인 타자"와 만난다는 점에서 보았다. 과제는 그다음에, 그러한 경험들에 직면해서 "열광

---

32 Max Scheler, Vom Ewigen im Menschen, Leipzig 1920, 여기서는 다음에 따라서 인용됨: Werke Bd. V, 261 u. 263.

33 Friedrich Heiler, Das Gebet, München 1918.

하는 자의적 언사의 비합리성"에 빠지는 것이 아니라, 경험된 것을 "강화된 건전한 가르침"으로 번역하는 데에 존립한다. 그렇게 종교적 행위는 단순히 "비합리적인" 것이 아니라, 관건이 되는 것은, "비합리적인 것과 그것의 합리적인 것과의 관계"를 성스러움과의 연관의 조건으로서 해명하는 것이다.[34] 오직 합리적인 것과 비합리적인 것의 이와 같은 결합의 힘으로 종교적인 행위는 성스러움을 동시에 "전율케 하는 신비"와 "매혹하는 신비"로서 파악할 수 있게 된다.

미르치아 엘리아데 Mircea Eliade는 동일한 경험의 내용들이 때로는 세속적인, 때로는 종교적인 방식으로 경험될 수 있으며, 그렇지만 대상의 소여방식에 대한 결정은 경험하는 자의 의향에 맡겨진 것은 아니라는 관찰에 자신의 서술의 강세를 두었다. 오히려 성현은, 성스러움 자체가 우리의 세계경험의 임의의 대상을 자신의 출현형태로 "변모시킨" 결과로서 경험된다. 지금까지 세속적인 경험내용들이 성현들로 변모한 그런 종류의 사건들에 대한 상기는, 이러한 변모에 관여되었던 장소들, 시간들, 인물들 그리고 행위들을 "신성한" 것으로 두드러지게 한다. 이를 통해서 인간에 의해서 반복될 수 없는 성현의 사건으로부터, 전승될 수 있는 상징 그리고, 그러한 상징들의 결합체로서, 구체적인 종교들의 "상징주의"가 생겨난다. "성현의 변증법"은, 성스러움이 자신의 출현형태로 변화시킬 수 있었던 저마다의 세계현실과 그럼에도 불구하고 상이하게 남는다는 것에 의거한다; 그리고 이러한 변증법은 자기편에서 하나의 경험영역으로부터 다른 경험영역에로의 "성현의 강세의 전이"를 가능하게 하며, 그와 함께 종교의 역사적인 변화를 가능하게 한다(예를 들면, 번식과 출생,

---

34 그렇게 그것은 "성스러움"das Heilige이라는 책의 부제이다.

파종과 수확의 경험영역을 선호된 성현의 영역으로서 경험하는 다산의례들로부터, 윤리적인 것의 경험영역이 선호된 성현의 영역이 되어버린 사자(死者)심판의 선취의 의례들로의 강세전이(Akzentverlagerung).[35]

종교철학이 현상학적인 방법의 도움으로 도달할 수 있었던 결과들의 비판적 결산은 다음의 성과들로 이끈다: 현상학적인 방법을 채용하는 종교철학은 다음을 허용한다.

- 종교의 고유법칙성을 고려하고, 종교에 대한 "환원주의적인" 견해들을 피하는 것,
- 현실적인 것에 대한 종교적인 경험의 고유성, 그러나 또한 종교적인 언어—표명들, 행위들과 사회화형식들(공동체형성)을 종교적인 행위의 특별한 수행형식으로부터 파악하는 것과,
- 종교들의 역사를 종교적인 행위와 이 행위에 "원본적으로 주어진" 성현 사이의 관계의 역동성으로부터 해석하는 것.

지금까지 존재하는 종교현상학의 형식들 안에서 이러한 가능성들은 아직 다 이용되지 않은 것처럼 보이는데, 왜냐하면 이러한 종교현상학들 중의 많은 것이

- 후설에 의해서 요구된, 의미구성체들(지향적인 상관물들)을 종교적인 노에시스(종교적인 행위)의 구성실행들 안으로 "역(逆)번역함Rückübersetzung"을 명시적으로 수행하지 않으며, 그래서 비교의 방식으로 종교적 현상들의 외적인 목록작성들로 도피하기 때문이며(반 델레우Van der Leeuw),

---

35 Mircea Eliade, Traité d'histoire des religions, Paris 1949, 독일어로는: Die Religionen und das Heilige, Salzburg 1954.

- 다른 행위들, 특히 윤리적인 경험과 마주해서 종교적인 경험의 차이를 분명하게 부각하지 않기 때문이며(셸러Scheler),
- 종교적인 개인을 위해서 종교적인 상호주관성의 의미를 낮게 규정한 채 남겨두기 때문이며(하일러Heiler),
- 종교적 행위와 그것의 대상연관의 "영원한" 구조들을 위해서 종교들의 역사를 경시하기 때문이며(옷토Otto), 혹은
- 종교의 고유법칙성을 너무도 강조한 나머지, 일반적으로 종교에 대한 그리고 특별히 종교성의 특정한 형식들에 대한 비판이 불가능하게 되기 때문이다(엘리아데Eliade).

검토해야 할 것은, 현상학적인 방법과 종교언어의 분석과의 결합이 이러한 약점들을 극복하는 데 얼마만큼이나 적합한가이다.

6. 여섯 번째 방법적 단초: 종교철학 안에서의 언어적 전환

전통적인 종교현상학의 두 약점들은 종교언어의 분석을 통해서 피해질 수 있다: 후설에 의해서 요구된 선험적인 반성의 상실("그림책현상학Bilderbuchphänomenologie"), 그리고 또한 이미 후설 자신에게서 알아볼 수 있는 개인화하는 경향: 지향적 행위는 후설과 그의 제자들에 의해서 주체의 순전히 개인적인 수행으로서 이해되고 있으며, 이 주체는 기껏해야 이차적으로, "감정이입"을 통해서, 다른 주체들과의 관계를 수용한다.

언어철학의 뚜렷하게 선험적인 이해는 **빌헬름 훔볼트***Wilhelm von*

*Humboldt*가 발전시켰다: 상이하게 "구축된" 언어들은 주관적인 인상들을 대상세계의 구성 안으로 변형시키는 똑같이 많은 "절차들Verfahren"이다.[36] 20세기에 *에른스트 카시러Ernst Cassirer*는 이 단초를 계속 발전시켰으며, 직관과 사유의 형식들의 다수가 역사 안에서 어떻게 생성되었는지를 제시하였는데, 이 형식들의 저마다는 대상세계의 특별한 형식들의 구축에 적합한 것이다.[37] 이러한 다원성은 공간과 시간의 직관형식들은 물론이고, 실체와 인과성의 범주들 그리고 세계 그리고 무엇보다도 자아의 이념들과도 관계된다. 선험적인, 다시 말해서, 대상세계의 구축에 적합한 언어형식들의 이와 같은 역사는 *페르디난드 소쉬르Ferdinand de Saussure*가 기술한, 언어와 말(랑그langue와 파롤parole)의 변증법적인 상호관계의 결과로서 해석된다.[38] 이러한 관계는 그것의 역사와 함께 늘 구체적인 언어공동체를 전제하기 때문에, 선험적인 방법과 언어이론적인 방법의 결합은 동시에 지금까지 현상학에 특징적이었던 저 개인화하는 경향을 저지할 수 있다.

선험적으로 이해된 언어철학의 이러한 형식들 맞은편에서, 무엇보다도 영국에서, 그런 다음에 오스트리아에서도, **우선은 실증주의적인 언어이론**이 생겨났는데, 그것의 주목적은 "언어를 통한 사유의 유혹"을 통찰하고 극복하는데 존립했다(길버트 라일Gilbert Ryle,

---

Wilhelm von Humboldt, Über die Verschiedenheiten des menschlichen Sprachbaues, Berlin 1836.

Ernst Cassirer, Philosophie der Symbolischen Formen, 3 Bde. Berlin 1923–1929.

Ferdinand de Saussure, Cours de linguistique générale, Lausanne/Paris 1916, 독일어로는: Grundfragen der allgemeinen Sprachwissenschaft, Berlin 21967.

그와 유사하게, 루돌프 카르납Rudolf Carnap과 "비엔나 학파"). 선험적인 언어이론들이 종교언어 역시 독자적인 "상징적 형식"으로 기술할 수 있었던 반면에, "논리 실증주의"는 우세하게도 모든 형이상학과 종교에 대한 비판에 기여했다. 하나의 출구는, 종교언어가 사태들을 기술하는 것이 아니라 "태도들Einstellungen"을 표현하는 것이라는 전제 안에서 찾아질 수 있었다(그렇게 무엇보다도 존 위즈덤John Wisdom). 이것은, "명제적인 내용들"이 종교의 언어를 위해서 본질적인지 혹은 그렇지 않은지에 대한 토론을 야기했다.

실증주의적인 언어이론은 "선-현상학적인 태도"의 표현이라는 비판을 받을 수 있는데, 왜냐하면 그것이 노에시스들의 상이한 형식들을 반성하지 않고 있으며, 그런 이유로 노에마들의 유일한 형식, 곧 경험적인 자연탐구의 "사실들"만을 인정하고, 이를 통해서 "선-변증법적인 실재론"에 이르기 때문이다. 그와는 반대로, 사람들이 종교적 진술들을 종교적 화자의 "진술문들로 가장한 자기진술들"로서 이해하면서, 종교적 진술들을 "무의미성의 혐의" 앞에서 정당화하려는 시도들은, 종교적 진술들의 진리주장을 종교적 화자의 자기오해의 결과로서 판단하게 한다. 그렇지만 이러한 시도들의 공로는, 종교적 언사에 독특한 방식, 곧 종교적 화자가 얼마나 자신의 진술 내용을 위해서 자신의 인격과 함께 등장하는, 깊이 참여한 주체로서 태도를 취하는지를 분명하게 해주는데 존립한다("자기-연루self-involvement").[39]

---

39 Vgl. Friedo Ricken, Sind Sätze über Gott sinnlos?, in: Stimmenn der Zeit 193 (1973), und Ingolf Dalferth, Sprachlogik des Glaubens, München 1984

종교의 현상학

언어철학의 성과 큰 혁신은, 언어적인 표현들이 행위들의 성격을 가지고 있다는 발견을 의미했다. 한편으로 각각의 언어적 표명은 화자와 청자를 서로 간의 관계 안으로 지정해주는데, 그 관계의 독특성은 언어적인 표명의 형식에서 알려질 수 있다. 이를 통해서 각각의 언어적인 표현은 동시에 "화용론적인"(행위적인) 관점을 갖는다.[40] 다른 한편으로 특정한 언어적 표현들은, 그것들에 종속되지 않은 채 이미 존재하는 것을 기술하는 것이 아니라, 그것들이 없이는 생겨나지 않았을 것을 구축하면서, "언어-행위들"의 성격을 갖는다. 그에 대한 가장 분명한 보기들은 법률과 종교의 언어 안에서 발견된다.[41] 그와 같은 식으로 각인된 상호주관적인 언어행태의 형식들을 위해서 루드비히 비트겐슈타인Ludwig Wittgenstein은 "언어놀이들"이라는 표현을 부여하였다. 필립스D. Z. Phillips는 기도를 그런 종류의 "자율적인 언어놀이"로서 기술하고자 했다.[42] 이때 그는 헤르만 코헨Hermann Cohen에게 소급할 수도 있었을 것이다. 그는 오스틴Austin에 앞서서 기도를 "언어행위"로서 특징 지었고, 기도의 의도된 효력을 신과의 "상호관계" 안으로 들어서는 데서 보았다. 그는 그 관계를 무엇보다도 신적인 계명, 인간적인 기도 그리고 신적인 용서수락의 상호작용으로서 기술하였다[43](프란츠 로젠쯔바이크Franz

---

40 C. W. Morris, Foundations of the theory of signs, 1938.

41 J. L. Austin, How to do things with words, Oxford 1962; J. R. Searle, Speech acts, Cambridge 1969.

42 D. Z. Phillips, The concept of prayer, 1965; Religious beliefs and language-games, in: Ratio 12, 1960.

43 Hermann Cohen, Die Religion der Vernunft aus den Quellen des Judentums, 1928, 여기서는 다음에 따라서 인용됨: Nachdruck Wiesbaden 1966, 463.

Rosenzweig와 마틴 부버Martin Buber에 의해서 계속 발전된, "나와 너의 철학"의 기원).

계속되는 종교철학의 물음들은 무엇보다도 두 개의 문제맥락들과 관계된다: 효력에 대한 주장을 가진 언어행위들이 진리에 대한 주장을 가진 종교적 진술들과 맺는 관계, 마찬가지로 고유법칙적인 ("자율적인"), 그러나 자족적이지("autarken") 않은 언어놀이들 간의 상호관계. 첫 번째 문제영역에 이르는 통로를 개시하는 것은, 그것들의 비진리가 상응하는 행위들의 무효력을 결과로 가지게 될 바로서의 진술들이 언어행위들 안에 함축되어 있다는 일반적인 관찰이다. 특별히 종교적인 영역에서 탁월한 보기는 송가Hymnus이다. 송가는 신에 대한 찬양으로서 행위성격을 가지지만, 대부분은 진술문들로 이루어져 있다. 두 번째 문제영역에 이르는 통로를 개시하는 것은, 종교적인 언사 내부에서(예를 들면, 성사적인 말의 전달에 있어서) 주석문제들이 생겨나는데, 이때 그 어떤 종교사적인 조건들 하에서는 주석의 대안들 사이에서 논증하는 언사를 통해서 결정되어야만 한다는 관찰이다.[44]

이러한 물음들은 종교철학적인 방법들의 고찰로부터 2장으로 이끈다: 종교언어의 고유성과 기능의 기술.

---

[44] Vgl. R. Schaeffler, Das Gebet und das Argument, 1989. 마찬가지로: 동일저자, Kleine Sprachlehre des Gebets, 1988.

종교의 현상학

2장

종교적 언어 –
형태, 기능, 의미

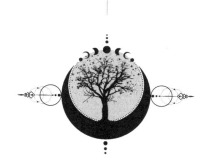

2장. 종교적 언어 - 형태, 기능, 의미

1. 주제선정에 대한 예비적인 소견

종교언어의 분석은 종교철학적인 핵심문제들의 논의가 그 뒤를 따르는 바로서의 한갓 "전주곡"이 아니라, 이 문제들을 사안에 적합하게 논의하는 하나의 방법이다. 앞선 장에서 다음이 제시되었다: 사람들이 — 철학적으로, 또한 신학적으로 — 다른 어떤 것이 아니라 실제로 종교에 대해서 말하고 있음을 확신하기 위해서는, 사람들은 종교들이 자기 자신을 어떻게 말하고 있는지 주의 깊게 들어야만 한다. 종교적인 담화의 수많은 내용들에 대해서 사람들은 온전히 세속적으로도 말할 수 있다(예를 들면, 세계의 기원이나 혹은 인간의 본질에 대해서). 차별화되는 종교적인 것은 그러한 주제들에 대해서 말해지는 방식에 놓여 있다.

종교들은 직관과 사유의 특별한 형식을 통해서 특수하게 종교적인 경험세계를 구축한다. 오직 이런 맥락 안에서만 종교적인 표현들

(예를 들면, "신", "구원", "은총")은 그들의 "삶의 자리Sitz im Leben"를 갖는다. 종교적인 노에마는 종교적인 노에시스에만 원본적으로 주어져 있다. 그런데 이러한 노에시스의 형식은 종교적인 언어에 접해서 알려질 수 있다. 그런 이유로 종교적인 언어의 분석이 가능하게 만드는 것은, 바로 오늘날 종교철학적인 취급을 필요로 하는 저 물음들을 논구해서, 그 결과 종교철학적인 논의의 대상이 적중되도록 하고, 이미 문제제기의 방식을 통해서 그 대상이 그르치게 되지 않는 것이다.

그와 같은 물음들을 위한 보기들은 다음과 같다:

a) 특수하게 종교적인 현상들은 무엇인가? (종교학자들에 의해서 다루어져야 할 주제들은 무엇인가?)

b) 종교들이 그들의 이차적 결과들에 접해서 측정되는 대신에(예를 들면, 도덕이나 혹은 사회적인 삶을 위한 그들의 의미에 접해서), 종교들은 어떻게 사안에 적합한 방식으로 비교되는가?

c) "순수하게 종교적인 현상들"을 종교적인 것의 오류형태들과 구분하기 위한 척도들은 어떻게 획득되는가? (예를 들면, "새로운 종교들"과 관련해서, 또한 "고전적인" 종교들의 비판적인 비교 안에서)

이러한 그리고 비슷한 물음들의 취급이 전제하는 것은, 우선 그와 같은 종교적 언어형식들의 보기들이 분석되는 것인데, 이 형식들은 그들의 문화권 내에서 상대적으로 자립적인 "말하기의 장르Genera loquendi"로서 생성되었고, 동시에 상이한 문화들에서 비롯된 다수의 의미 있는 종교들 안에서 비교할 수 있는 방식으로 회귀하고 있다. 이것은 이어지는 상론들의 중심적인 과제가 될 것이다.

2. 주도적인 관점들

선택된 보기들은 다음의 관점들 아래서 고찰될 것이다:

a) 그때마다 특별한 언어의 구조는 그 언어의 **"문법적인"** 고찰의 대상이다. 이러한 언어-구조는 선험적인 성격을 갖는다: 그것은 주관적인 체험들을 하나의 맥락 안에 편입시키기 위한 조건들을 앞서 지시하는데, 그 맥락 안에서 주관적인 체험들은 객관적으로 타당한 경험의 내용들로 변형될 수 있다. 종교적인 언어는 말할 수 있는 것의 한계에 접해서 말하도록 안내한다 (그런 이유로 경쟁하는, 종종 자체적으로 부서진 그림들의 사용). 그렇게 화자와 청자는 바로 그런 체험들을 경험들로 변형시킬 수 있게 되는데, 그 경험들은 인간적인 경험능력의 한계에 접해서 움직인다. "괴롭구나, 나는 사라진다!" – "내가 주님을 뵙고도 아직 살아 있다니."

b) 대화공동체의 구축에 있어서 언어의 기능은 **"화용론적인"** 고찰의 대상이다. 각각의 특별한 언어들은 (예를 들면, 과학의 논증언어, 또한 공동체적인 기도의 언어) 특별한 대화공동체들을 구축하고, 그 내부에서 화자들과 청자들에게 특정한 "역할들"을 지정하도록 안내한다 (예를 들면, 탐구자들의 공동체 내에서의 토론상대자들의 역할, 또한 찬송의 교대로 하는 말 안에서 구성되는 기도공동체의 지체들의 역할). 그렇게 생겨나는 상호주관성은 동시에 말해진 것의 객관적인 타당성을 위한 시금석이다.

c) 사용된 표현들의 의미에 대한 **"의미론적인"** 물음은 대화공동체의 "삶의 자리"의 규정 없이는 대답될 수 없다. 그런 이유로 의미론의 과제는 문법과 화용론 없이는 이행될 수 없다. 말해진

종교의 현상학

것의 의미를 규정하는 것은 늘 맥락(문법)과 삶의 자리(화용론)이다. 그런데 이 맥락은 역사적으로 가변적이다. 그렇기에 말해진 것과 생각된 것의 의미에 대한 물음은, 오직 언어공동체의 역사로부터 언어형식들의 발전을 해석하는 "형식사적인" 언어고찰을 통해서만 대답될 수 있다. 이러한 표현들은 언어공동체 안에서 그들의 "삶의 자리"를 갖는다.

d) 이러한 고찰방식들 가운데서 화용론적인 방식은 방법적인 우위를 점한다. 그것은 특수하게 종교적인 언사에서 특별히 분명해진다: 기도는 "언어행위"이며, 삼중의 목적에 기여한다: ⓐ 이름을 부른 신성과의 "상호관계 안으로 들어섬"에 기여하며, ⓑ "송가적인" 응답에 기여하며, 이를 통해서 인간은 "신의 광채"를 − 신이 "빛을 발하며" 이를 통해서 자신을 감지하게 해주는 방식을 − 자신과 다른 이들을 위해서 말로 표현한다, 그리고 c) 종교적인 단어에 상응하는 언어공동체의 구축에 기여하며, 이 공동체는 자기 자신을, 자기 백성의 "찬양 위에 좌정하신"(시편 22,4) 신이 나타나는 현재의 장소로서 파악한다.

기도의 "화용론적인" 고찰의 중요성은, 바로 여기서 가장 커다란 이해의 어려움들이 극복되어져야 한다는 점을 통해서도 분명해진다. 그 어려움들은 대체로, "적합한" 기도정식들의 충분한 "보화"에 대한 앎이 구성원들에게 결여되어 있음에 의거하는 것이 아니라, 그들이 "기도할 때에, 무엇을 하는지를 알지 못한다"는 데에 의거한다. 비로소 언어행위의 목적들로부터 기도−언어의 문법적인 형식과 그때 사용된 표현들의 의미 또한 이해될 수 있게 된다.

2장. 종교적 언어 − 형태, 기능, 의미

A 기도의 언어형식들

1. "이름을 부름Acclamatio Nominis" – 화용론, 문법, 의미론

이름을 부름은 "언어행위"의 고전적인 보기이다. 언어행위는 그것에 종속되지 않고 이미 존재하는 경우를 전달하는 것이 아니라, 그것이 없이는 생겨나지 않았을 새로운 상황을 창출한다: 이름을 부름은 상호관계 안으로 들어섬의 효력 있는 수행이다.[1] 그것의 주요한 맥락은 진술이 아니라, 현재 체험한 만남을 공동의 과거에 대한 상기와 결합하는 인사이다. 인사하는 자가 인사받는 자를 재인식하면서, 인사는 인사하는 자의 고유한 정체성 발견에 기여한다: 인사하는 자는 공동으로 상기된 과거를 자신의 고유한 삶의 역사의 부분으로서 습득한다.

효력 있는 "상호관계 안으로 들어섬"의 계기는 호칭 안에서 특히 분명해지는데, 이를 통해서 기도자는 성스러움das Heilige과의 상호관계 안으로 들어선다. 이는 기도자가, 성스러움의 행적과 수난을 회상함을 통해서 자신의 말과 행적의 어떤 것도 잊어버리지 않는 성스러움의 그 신뢰에 응답하기 위함이다.

칸트는 "나는 생각한다"라는 행위의 통일성을 경험의 가능조건으로서, 동시에 "이념"(과제이행의 목표상)으로서 기술했다. 언어철학

---

1 헤르만 코헨Hermann Cohen은 유대교 기도-언어 분석의 맥락에서, 특별히 유대교 속죄일의 전례 안에서 신의 호칭에 시선을 두면서, "언어놀이"의 개념을 각인했다. 종교에 대한 모든 숙고는, "만일 기도가 그 안에서 의지가 사유의 모든 수단에 접해서 생생하게 되는 바로서의 언어행위가 되지 않는다면, 이론으로 남게 될 것이다"(H. Cohen, Die Religion der Vernunft aus den Quellen des Judentums, 1928. 여기서는 다음에 따라서 인용됨: Nachdruck Wiesbaden 1966, 463).

은 다음을 제시할 수 있다: 이러한 과제는 추상적인 개념형성을 통해서가 아니라, 인격 간의 상호관계들 안으로 들어섬을 통해서 이행된다. 그 관계들 안에서 상기들과 체험된 현재는 하나의 이야기할 수 있는 역사로 통합된다.

종교적인 호칭의 차별화되는 표지들에 속하는 것은, 동일한 신의 늘 새로운 재-인식이 인사하는 자의 개별적인 상기들을 체험된 현재와 결합하는 것뿐만 아니라, 세대의 교체 안에서 "세계시간"(히브리어로는 olam)의 전체를 포괄한다는 것이다. "이것이 영원히 불릴 나의 이름이며, 이것이 대대로 기릴 나의 칭호이다"(탈출 3,15). 그런 이유로 경험된 신의 증여는 이중의 관점을 갖는다: 부르는 자에게 있어서 늘 새로운 현존의 약속과 불린 자의 신뢰할만한 지속, "그분의 햇수는 끝이 없습니다"(시편 102,28). 그런 이유로 "나는 거기에 현존한다"와 "나는 존재한다"라는, 불타는 가시덤불 안에서의 신의 자기명명의 이중적 의미. 이 두 개의 의미들은 "히브리적인" 또는 "희랍적인" 신이해로서 서로 반목시켜야 하는 것이 아니라, 신관계의 이중적 관점으로서 파악해야 한다: 인격적인 현재와 신뢰할만한 지속.

신의 현존과 신뢰할만한 지속의 이러한 경험은 다음의 고백들 안에서 표명된다: "우리의 도움은 주님의 이름에 있으니, 하늘과 땅을 만드신 분이로다"(시초에 하늘과 땅을 만들었고, 늘 새롭게 만드는 분). "주님의 이름은 [=그분의 부를 수 있는 현재] 찬미 받으소서, 이 순간부터 모든 시대에 이르기까지"(ex hoc nunc et usque in saecula).

그러한 고백들의 "삶의 자리"는 축복-약속의 예배적인 언어행위이다(참고: 이 두 고백을 통해서 도입되고 있는 주교의 축복). 기도자를 위해서는 이로부터 "이름을 통일하는" 가능성과 과제가 생겨난다. 다시 말해서 개인적이고 공동체적인 삶의 모든 부침 속에서 동일한 신의 늘 새로운 현재의 형식들을 인식하는 가능성과 과제. 이 과제를 이행하는 시도가 개인과 전체 인류의 온 삶을 채운다. "그날에는 주님이 한 분뿐이시고, 그 이름도 하나뿐일 것이다"(즈카 14,9). 그런데 "이름의 통일"과 함께 기도자는 동시에 "마음의 일치"를 획득한다. 그가 삶과 역사의 모든 부침 안에서 하나의 신의 작용을 재인식하면서, 그는 동시에 스스로 규정한 사유와 행위를 할 수 있게 해주는 고유한 정체성에 이르게 된다. 그런 이유로 예배의 호칭 안에서 경험된 신의 현재는 기도자를 위한 힘의 원천이 된다: "주님은 나의 힘, 나의 군셈, 나에게 구원이 되어 주셨다"(탈출 15,2 = 이사 12,2 = 시편 118,14).

호칭의 **"화용론"**(언어행위로서의 그것의 성격, 곧 불린 자와의 "상호관계" 안으로 늘 새롭게 수행된 들어섬)과 이러한 상호관계 안에서 획득된, 체험된 현재와 선취된 미래를 역사의 단일성에로 결합하는 능력에 상응하는 것은 호칭의 **문법적인 형태**이다: 다수의 종교 안에서 우세한, 이름의 사역동사—형식들("우리가 노예살이에서 나올 수 있도록 하신 분", "우리가 죽게 만드시는 분, 그리고 우리가 살게 만드시는 분")과 이름의 분사적인 형태: "당신, 우리를 밖으로 이끄시는 분", "당신, 하늘과 땅을 만드시는 분"(번역들 안에서는 이러한 분사형식들은 대개 관계문들을 통해서 재현되고 있다. "오 하느님, 당신은 …", "Deus qui…"). 이러한 분사적 언어형식의 의미는 이렇다: 부르는 자가 그 안으로 들어서는 바로서의 상호관계는, 기도자가 신의 작용을 자기의 고유한 작용과 떨어져서가 아니라, 그것의 가능근거로서 경험하는 그런 종류의 것이다. 그렇게 신이 행한 것에 대한 상기는 영속하는 이름이 되는데, 왜냐하면 "선조들에게서" 발생한 것이 기도하는 자에게서 늘 새롭게 발생하기 때문이다.

그렇게 이해된 문법으로부터 신이름 호칭의 화용론에 새로운 빛이 되돌아온다. 사역동사—이름들 안에서 표현되고 있는, 신적인 작용의 "권능을 주는 힘"에 상응하는 것은, 신으로부터 받은 것을 신과 그의 이름에 되돌려주는, 인간의 "권능을 부여받은 힘"이다: "축복을 빎"의("신의 이름은 축복받으소서"Sit nomen Domini benedictum), "거룩하게 함"의("이름이 거룩하게 되시며"), 그리고 "일치가 됨"의("당신께 감사하고, 당신과 사랑 안에서 일치되도록, 당신은 우리에게 당신의 위대한 이름을 신뢰 안에서 친숙하게 해주셨나이다" – 유대 공동체의 "알레누Alejnu"–기도) 특수한 행위들 안에서.

이로부터 종교적인 *세계이해*가 전체적으로 규정된다: 공간과 시간의 직관형식들("오늘이 너희가 나의 목소리를 듣는 때이다"), 변화 안에서 지속하는 것(실체)과 작용과 효력(인과성)의 개념들, 실재하는 것을 허구적인 것과 구별하기 위한 척도들 – 신적인 작용의 그때마다 새로운 현상형태와 현재형태로서 이해될 수 있는, 실재적이고 효력을 발하는 것: "하느님, 그분의 태고적 행적들은 우리 시대에도 번개처럼 빛을 발합니다"(부활성야의 전례로부터).

이름을 부름은, 인간적 체험들이 종교적인 경험의 내용들로서 "읽힐" 수 있기 위해서 그 안으로 편입되어야만 하는 맥락을 지시한다. 그렇게 신적인 이름의 사용의 문법은 그 이름의 *의미론*을 규정한다: 여기서부터 동시에 거룩한 이름의 적법한 사용을 이름의 주술과 구분하기 위한 척도들이 생겨난다. 이름의 주술은 종교적으로 적법하지 않은 것인데, 왜냐하면 그것은 이 언어행위의 목적을 그 반대로 전도시키기 때문이다: 세상 안에서 신의 현재에 대한 인간적인 봉사의 이행으로부터("둘이나 셋이 내 이름으로 모인 곳에서는...") 인간적인 목적들을 위해서 신의 이름을 채용하는 시도가 생긴다. 이러한 전도 또한 여전히 적법한 이름사용 안에 있는 그것의 근원을 지시한다: 이름의 주술은 가능한데, 왜냐하면 이름을 부름이 그 적법한 사용 안에서도 효력을 발하는 언어행위로서 이해되기 때문이다. "주술사는 사제의 원숭이지, 그 조상이 아니다"(칼 케레니Karl Kerényi).

2. 기도와 송가 안에서의 신(神)이름의 사용

문법적으로 기도들과 송가들은 이미 언급된 표지들, 무엇보다도 송가적인 분사체, 더 자세히는 사역동사의 분사형식들을 보여준다 – "인식의 재능을 부여하는 분"(유대교의 기도문) – 종종 관계문들을 통해서 대체됨(하느님Deus, 그분은qui...). 신은 인간들이 활동할 수 있도록 작용을 일으키는 분인데, 이는 그가 일찍이 행했던 것을 늘 새롭게 인간들에게서 그리고 그들을 통해서 행하면서이다.

a) 기도 안에서

신이 과거에 일으킨 것에 대한 회상을 통해서 기도자는 미래에도 이러한 신적인 작용을 선사받게 되리라는 희망을 얻게 된다. 그런 이유로 로마의 기도문들Orationen의 고전적인 구축은 **상기하는**(찬양하며 기억하는) 부분과 – "당신 신앙인들의 마음을 거룩한 영으로 비추신 분(그리고 계속해서 비추시는 분)"(오순절의 기도문으로부터) −, **청원하는**(구하는) 부분으로 −"우리에게 같은 영Geist 안에서 무엇이 올바른 것인지 알게 해주십시오" − 이루어져 있다. 상기와 희망의 이러한 통일성으로부터 기도자는 현재를 위하여 "견고한" 지반과 기쁨을 선사하는 "위로"를 얻는다: "우리가 늘 당신의 위로 안에서 기뻐하게 하소서"(et de eius semper consolatione gaudere). 이러한 지반 위에서 기도자는 "바랬던 것 안에서 자리를 얻도록" 그렇게 설 수 있으며, 더욱이 이런 희망의 근거가 고통스런 방식으로 자신의 경험에서 은폐되는 시간 안에서도 그러하다. 그와 같은 "자리획득"을 통해서 기도자는 신앙인이 되는 것이다. "믿음은 우리가 바라는 것들의 보증이며, 보이지 않는 실체들의 확증입니다"(히브 11,1).

화용론적인 물음은 이렇다: 기도자들이 그렇게 신에게 말할 때, 그들은 무엇을 행하는가? 그들은 상기와 희망을 예배적인 축제의 현재의 순간 안으로 모은다. 이 순간은 의식 안에서 더 이상 현실에서 존재하지 않는 것의 그림들을 활성화할 뿐만 아니라, 신적인 작용의 실재적인 도래(임재Parusia)를 위해서 시간 한복판에서 장소와 때를 준비시킨다("그렇기에 우리는 기억하고 있습니다"). 고전적인 보기들은 이렇다:

- 유대의 안식일, "일곱째 날"에 신의 창조활동의 완성에 대한 회상일로서, 그리고 동시에 "영원한 안식"에 대한 희망의 날로서, 그 안에서 인간들의 여섯−날들의−활동 역시 완성되고, 그렇기에 이 노동일들인 여섯−날들의−활동 역시 거룩하게 되는 ("노예의 고역"−노동abodah으로부터 − 파견−활동melachah으로 − 변형되는) 바로서의 현재의 휴식의 날로서.

2장. 종교적 언어 − 형태, 기능, 의미

‐ 그리스도교의 부활성야, 예수의 부활을 기념하는 축제로서, 그리고 동시에 신앙인들의 부활에 대한 희망의 축제로서, 마지막으로는 도래하는 세상의 삶으로의 현재적인 축성의 축제로서(세례).

기도 안에서 사용된 표현들의 *의미론*에 대해서:

상기된 과거와 희망하는 미래를 예배적인 축제의 현재 안으로 이렇게 모음으로부터 시간과 역사에 대한 종교적인 이해가 생겨난다: 기도문들은 그 상기하는 부분들에서 그러한 회상의 "생각할 가치가 있음"을 명명하며, 그 청원하는 부분들에서 기도자가 그러한 회상의 힘 안에서 자신을 관련시키는 바로서의 "희망할 가치가 있음"을 명명한다.

b) 송가 안에서

송가 안에 신호칭의 *문법적인* 표지들이 보존된 채 남아있다("송가적인 분사체"와 "사역동사들"). 수많은 신이름들이 병렬되어 있으며("당신 홀로 거룩하시고Tu solus sanctus", "당신 홀로 주님이시고Tu solus Dominus", "당신 홀로 높으시도다Tu solus altissimus"), 종종 일련의 숭배의 표현들과 결부되어 있거나("당신을 찬양하고, 당신을 찬미하며, 당신을 경배하며, 당신께 감사드립니다Laudamus te, benedicimus te, adoramus te, gratias agimus tibi"), 혹은 일련의 청하는 탄원들과 결부되어 있다("우리를 불쌍히 여기소서, 우리의 기도를 들어주소서1. Miserere nobis, suscipe deprecationem nostram"). 기도문의 상기적인 부분들은 상세한 설화‐부속가들로 확대되고 있다(예를 들면,

"모세의 노래", 탈출 15).

화용론적인 기능: 신성에게 그분의 행적들에 "상응하는"(homologei) 말이 "되돌려지고" 있다. 신의 "회상"에 인간적인 회상이 상응해야 한다.[2] 자신의 은거로부터 등장하는, 신의 빛나는 영광(Doxa, Gloria) 에 인간들은 "송가적인doxologische" 언사를 통해서 봉사해야 한 다("하늘 높은 데서는 하느님께 영광 – 아버지 하느님의 영광을 위하여 Gloria in excelsis Deo – ad gloriam Dei patris", 대영광송의 희랍어 역본 에 따라서, 필립비서 2장의 송가들에 상응하면서). "신의 영광"(Gloria Dei) 의 빛남에 대한 "송가적인 응답"의 계기는 특히나 호칭의 이름들이 신성과 그분의 행적들에 대한 "찬미" 안으로 들어가는 전개 안에서 분명해진다. 이러한 언어행위들의 목적은, 신성에 "찬사를 통해서 호의적인 기분을 내는" 것이 아니라, 인간적인 말의 형태 안에서 신 성의 자비로운 증여를 현재화하고 경험될 수 있게 하는 것이다. "신 찬미Gotteslob"의 이러한 과제에 상응하는 것이 언어형식이다: 기도 의 말은 성스러움 자체에 의해서 인간의 "입에 놓여진"(시편 40,3) 그 리고 오직 그분의 전권 안에서만 발설될 수 있는 말의 탁월한 경우 이다(성스러움의 증여를 주술적으로 소유하려는 모든 시도의 거절).

신찬미는 동시에 기도하는 공동체를 세상 안에서 신적인 현재 의 장소로, "살아 있는 돌들로 지어진 성전(Oikos)"으로 건축해야 한 다. 기도의 이러한 "성전을 짓는oikodometische" 계기는 특히 전례

---

2   여기에다 이 장의 마지막에 첨부한 텍스트 보기들, 특히 바커스 신에게 바 치는 송가를 참조할 것: "당신은 당신이 태어난 도시 테베를 기억합니다" 라는 인사말과 함께, "주님, 당신을 보여주십시오"라는 청원과 함께, 그리 고 "온 밤을 통해 드리는 원무" 안에서 예배적인 회상을 하도록 인간에게 권유함과 함께.

2장. 종교적 언어 – 형태, 기능, 의미

적인 교대송들 안에서 분명해지는데, 이를 통해서 모인 이들은 축제를 거행하는 공동체로 구축된다. ("주님께서 여러분과 함께Dominus vobiscum" – "또한 당신의 영과 함께et cum spiritu tuo", 구원을 일으키는 신의 현재의 상호적인 약속, "[*역자 첨언: 하느님의 자녀 되어] 구세주의 분부대로 [*역자 첨언: 삼가 아뢰오니]divina institutione formati" – "신을 통하여 자리에 옮겨지고 형상으로 운반됨")

c) 결론

언어행위들(인사, 청원, 고백)의 범위 안에서의 진술들(예를 들면, 설화계기들)의 사용은 단지 외견상의 진술문들 안으로의 행위들의 "위장"이 아니라, 언어행위들을 가능하게 만드는 근거의 명명이자 기도자가 이행하길 원하는 과제의 명명이다: 이 과제는, 구원을 일으키는 신적인 현재의 기관Organ이 된다는 점에 존립한다. 이 과제를 인간은 자신의 결심으로부터 넘겨받을 수 있는 것이 아니라, 오직 그가 신성 자체에 의해서 그것에 의무 지어졌고, 동시에 이 의무를 이행할 능력을 받은 한에서 그렇다(참고. 기도도입: "구원을 가져다주는 위탁들을 통하여 그것으로 요구받고, 신적인 가르침을 통하여 자리와 그것에 필수적인 형상에로 운반되어서 – 하느님의 자녀 되어 구세주의 분부대로praeceptis salutaribus moniti et divina institutione formati – 삼가 아뢰오니").

이 장의 부록에 기도 안에서의 호칭들의 보기들이 제공되어 있다. 말하자면 "열여덟 개의 봉인들"이 그것인데, 이것들을 통해서 유대교의 예배 안에서는 열여덟 개의 청원들이 합해지고, 효력을 발하여, "봉인되고" 있다. 동시에 송가적인 텍스트의 언어형식에 대한 보기들이 제공되어 있다: 두 개의 이집트 송가들(창조신 프타Ptah와 태양신 레Re를 향한), 바커스Bakchos를 향한 그리스 송가(소포클레스의 안티고네 판에서)와 초기그리스도교의 부활송가(빛으로 붉어지는 새벽Aurora lucis rutilat).

텍스트 보기들이 제시하는 것은: 송가학Hymnologie의 형식은 선험적인 의미를 갖는다. 그것의 언어형식은, 종교적 경험의 세계가 구축되는 과정의 경험적으로 현존하는 표현이다.

- 시간:

  "성스러운 시간들"에 집중됨. 그 시간들에 접해서 신성의 "원형적인" 행적들(그리고 수난)이 "모사적으로" 회귀하고, 그렇기에 예배의 말들(그리고 행위들) 안에서 거행될 수 있다.

- 공간:

  "성스러운 장소들"에 이르는 길들과 궤도들의 결합체. 그 장소들에 접해서 근원들의 이러한"임재"가 거행될 수 있다. (그런 이유로 순례노래들의 특별한 의미).

- 실체:

  신성으로부터 지속적으로 일으켜진 것. 그것은 경험세계 안에서 자신의 교체하는 출현형태들과 현재형태들을 발견한다.

- 인과성:

  근원들의 효력 있는 "임재". 예배의 효력 있는 말들과 행위들을 통해서 중재됨.

- 세계:

  성현들 안에서 "변모"의 능력을 지닌 형태들의 전체적인 결합체(그리스도교적인 개념: "성사의 질료Materia Sacramenti"로서의 세계현실).

- 종교적 주체:

효력 있는 표징설정의 권능을 받은 자아. 이 자아의 말과 행위
는 신성의 권능을 주는 힘의출현형태가 된다.

- 타당성의 척도들:

종교적인 맥락 안에서 객관적으로 타당한 것으로서 승인되어
야 하는 것은, 상기, 현실의 만남, 그리고 미래개방적인 희망의
관계결합체 안에서 자리를 발견해야만 한다.

3. 종교적 주관성 – 신약성서의 송가들의 보기에서

이를 위해서도 이 장의 부록에서 두 개의 보기들이 주어질 것
이다; 처녀 마리아의 "찬송Magnificat"과 시메온Simeon의 "송가
Benedictus", 양자 모두 루카–복음에 따라서.

a) 기도자의 그리고 신에 대한 그의 관계의 언어적인 자기지칭들

실상: 기도자에 대해서는, 인칭대명사들에 비하여 소유대명사들
의 우세: "나의 영혼", "나의 마음"(마리아의 찬송, 루카 1,47-55),
"나의 눈"(시메온의 찬송, 루카 2,29-35); 그의 신관계에 대해서
는: "당신 종", "나의 구원자"(마리아의 찬송), "당신 종", "당신의
구원"(시메온의 찬송).

그 안에서 표명되는 것은, 많은 비평가들이 생각한 것처럼, 경
건한 사람들에게서 성인의 나이에 이르기까지 오래 영향을 미
치는 유치증Infantilismus이 아니다. (어린이들은 일찍 "나의" 그리

고 "너의"라고 말하는 것을 배운다; "나"라는 말은 그들의 어휘에서 나중에 등장하며, 여전히 종종 소유격–표현들을 통해서 대체되고 있다: "나는 두통을 갖고 있다"가 아니라, "내 머리가 아프다".) 오히려 종교적인 맥락 안에서 소유격–표현들은 상호관계의 구성적인 의미를 지칭한다. 기도자가 어떤 사람 "인지는ist" 마치 들이 마신 숨(영혼anima, Seele)처럼 신의 작용으로부터 그에게 선사된 것이고, 내쉰 숨(영spiritus, Geist)처럼 신에게 선사되어야 한다. 획득과 내어줌의 이러한 계기들은 소유격–표현들 안에서 언어화된다. 이러한 획득과 내어줌의 상호작용 안에서 비로소 인간은 신찬송의 능력을 얻으며(마리아의 찬송!), 이중의 의미에서 "계시"의 고지를 위한 능력을 얻는다: 시력의 구축(민족들의 계시revelatio gentium)과 드러냄(생각의 계시revelatio cogitationum – 시메온의 송가 안에 있는 두 가지).

b) 종교적인 주관성의 위기 (시메온)

일반적으로 유포된 것: 조명과 눈멂의 변증법(오이디푸스!)
시메온의 송가에 나오는 표현들:

$\Sigma\eta\mu\alpha\tilde{\iota}o\nu\ \dot{\alpha}\nu\tau\iota\lambda\varepsilon\gamma\acute{o}\mu\varepsilon\nu o\nu$ – 반대를 받는 표징 – $\Pi\tau\tilde{\omega}\sigma\iota\zeta\ \kappa\alpha\grave{\iota}\ \dot{\alpha}\nu\acute{\alpha}\sigma\tau\alpha\sigma\iota\zeta$ – 그 결과 많은 사람을 쓰러지게도 하고 일어나게도 하며. 이로부터 경건한 자 또한 예외는 아니다. 시메온 역시 하게 되는 경험은, 종교적인 경험에 직면해서 그의 생각들이 "이리저리 달려간다"는 것이고, 이와 같은 종종 비밀스러운 내적인 생각들$\delta\iota\alpha\lambda o\gamma\iota\sigma\mu o\iota$, 그가 반대를 받는 표징$\sigma\eta\mu\alpha\tilde{\iota}o\nu$이 되는 방식으로, "드러나게 된다"는 것이다. 그의 영혼 역시 "칼에 꿰찔리게 된다" – $\Delta\iota\varepsilon\xi\varepsilon\lambda\varepsilon\acute{\upsilon}\sigma$

εται ρομφαία.

c) 이러한 위기 안에서 종교적 주체의 희망

신적인 회상의 신뢰는 - "우리 조상들에게 말씀하신 대로 당신의 자비가 대대로 미칠 것입니다" - 인간이 계시적인 말씀에 자신을 맡기고, 그렇게 해서 "행복하게" 되는 자격의 근거이다: "행복하십니다. 주님께서 하신 말씀이 이루어지리라고 믿으신 분" - "이제부터 과연 모든 세대가 나를 행복하다 하리니"(마리아의 찬송).

d) 결론

위기와 주관성의 변형에 자신을 내맡기는 자만이 종교적인 판단을 할 능력을 얻게 된다: "여러분은 현세에 동화되지 말고 정신을 새롭게 하여 여러분 자신이 변화되게 하십시오. 그리하여 무엇이 하느님의 뜻인지, 무엇이 선하고 무엇이 하느님 마음에 들며 무엇이 완전한 것인지 분별할 수 있게 하십시오"(로마 12,2). 이 성경구절은 계속 발전된, 우리의 판단능력의 역사성과 우연성을 의식하게 된, 선험철학과 선험적 신학(!)의 고전적인 보기가 되었다. 이때 보도의 청자가 자신을 그것을 위해 열어놓아야 하는 바로서의 변형은, "현세의 도식"에서 생겨나는 사유필연성들로부터의 해방으로서 이해되고 있다. 그런 종류의 사유필연성들은 보기들을 통해서 해명되고 있다: 유다인들의 표징의 "요구"와 그리스인들의 지혜의 "구함"을 통해서(1코린 1,22-24).

e) 계속되는 해석

기도자의 "변형Metamorphose"은 자기 자신을 "비운" 신성의 원형적인 변형에 대한 모사적인 상응으로서 이해되어야 한다.

필립비서간의 두 단락에 나오는 송가(필립 2,6-11 그리고 3,10 이하와 21)는 하느님의 아들을 원형으로서 묘사하고 있다: 그분은 하느님의 모습을 지니셨지만 종의 모습을 취하시고, 바로 이를 통해서 그분의 영광 안으로 들어가셨다. 모사품은 인간이다 - 그분의 죽음과 같은 모습으로, 그분의 영광스러운 몸과 같은 모습으로.

그리스도교의 기도문 안에서의 주석:

> 우리의 인간성을 자신의 부분으로서 선택하신 분
> 그분의 신성에 운명의 동반자가 되도록 합시다.
> da nobis eius divinitatis esse consortes
> qui humanitatis nostrae dignatus est particeps.

신과의 우정의 근거로서 우리와 그분의 친교.

종교사적으로 상응하는 것: 신들에 대한 헤라클레이토스의 진술: "우리는 그들의 죽음으로 살고, 그들의 생명을 위해 죽는다"(헤라클레이토스 B 62).

4. 종교적 설화

성스러움이 그와 함께 기도 안에서 지칭되고 있는 바로서의 이름들은, 모든 이름처럼, 설화들의 연속 안에서 설명되고 있는데, 그 설화들을 통해서 말 건네진 자와 화자의 역사가 그 차이와 관계 안에서 언표된다. (저마다의 설화가 종교적이지는 않지만, 어떤 종교도 설화들 없이는 발생하지 않는다. 모든 종교적 설화들이 예배의 성격을 갖지는 않지만, 어떤 예배도 특수하게 종교적인 설화들 없이 발생하지 않는다. 물론 비-언어적인 회상의 형식들, 예를 들면, 예배의 의례들 역시 존재한다. 그러나 이것들은 언어적인 상기들을 통해서 비로소 그 명료성을 획득한다.)

a) 종교적인 설화에 대해서도 타당한, 설화의 보편적인 과제들

설화는 상기들의 열거 안에서 소진되는 것이 아니라, "현재에 대한 시선 안에서 과거를, 과거에 대한 시선 안에서 현재를 조직하는"[3] 과제를 갖는다. 이로부터 귀결되는 것은:

α) 하나의 이름이 의미하는 것은, 오직 설화들을 통해서만 해명된다.

β) 상기된 것의 충만으로부터 생각할 가치가 있는 것들이 부각해야 한다. 그것에 속하는 것은 "열쇠가 되는 체험들"인데, 그것의 의미는 체험하는 자에게 − 그가 설화의 화자이든, 혹은 그가 이야기하는 인격이든 − 비로소 그의 경험의 연속이 진행되는 가운데 의식된다.

γ) 개별적인 상기내용들은 그것들의 의미가 설화맥락 안에서 분명해지도록 그렇게 연결되어야 한다.

---

3   Arthur Danto, Analytical philosophy of history, Cambridge 1965, 독일어
     역본: Frankfurt a. Main 1974, 183.

종교의 현상학

δ) 그러한 설화는 설화자의 경험능력의 표현이며, 청자를 위해서 경험능력의 학교가 되어야 한다. 설화와 설화들의 들음 안에서 사람들은 체험들Erlebnisse을 한 자 한 자 읽어서, 그것들이 경험Erfahrung으로서 읽힐 수 있게 하는 것을 배운다.

ε) 그런 이유로 직관의 형식들(공간과 시간), 범주들(실체와 인과성) 그리고 이념들(세계와 자아)은 설화맥락 안에서 특수한 의미를 획득한다.

b) 실험으로서의 설화

α) 잘 아는 사람들 가운데서의 실험

타자(수취인) 자신이 등장하는 역사를 그 타자에게 이야기하기, 그리고 화자가 등장하는 역사를 그 타자에게 이야기하기: 화자와 청자가 공동의 역사를 가지는지, 그리고 그들이 자신들의 분리된 역사를 그들의 공동의 역사의 부분들로서 습득할 수 있는지를 시험하기: 그러한 설화는 과거로 향한 허구와 달리, 또한 자신의 과거로부터의 도피와 달리, 비판적인 자기발견의 수단이다.

β) 낯선 자와의 만남

여기서 관건이 되는 것은, 사람들이 스스로 이야기할 수 없을 역사들을 듣는 것인데, 왜냐하면 그 역사들이 보도하는 것을 사람들이 스스로 체험하지 못했기 때문이고, 그런 이유로 낯선 설화자가 자신의 경험들을 통해서 도야한 저 "사고와 행동의 양식Forma Mentis"을 사람들이 스스로 발전시키지 못했기 때문이다. 그러한 역사들이 가르쳐주는 것은: "우리의 세계"는 "그 세계"die Welt가 아니다. 왜냐하면 "우리의 역사"는 "그 역사"die Geschichte가 아니기 때문이다. 그러나 그 역사들 안에서 우리가 낯선 (우리에게 생소한) 세계와 역사의 증언들과 만나는 것은, 우리의 경험세계에 속한다. 우리가 자신에게 스스로 이야기할 수 없는 역사들은, 한갓 생소한 것을 넘어서서, 그 안에서 증언된 현실적인 것의 요구에 대해서 우리가 어떻게 처신할지의 물음을 그리고 어떻게 그것에 의해서 새로운 종류의 응답을 하도록 도전받게 되는지의 물음을 우리에게 제기한다.

c) 종교적 설화의 특성들

α) 거의 모든 장르의 이야기는 종교적인 언어 안에서도 등장한다.

β) 일반적으로 설화에 대해서 말해진 것은, ― 적절히 변용하여 mutatis mutandis ― 종교적인 설화에 대해서도 적용된다. 여기서도 이름의 호칭은 (송가적인) 설화들 안에서 설명되고 있다.

γ) 여기서도 청자들은, 그들 앞에서 (송가로 혹은 산문으로도) 신의 위대한 행적들이 이야기되고 있는데, 성스러움의 저 요구 아래에 세워지고 있다. 그 요구에 대해서 그들이 대답할 수 있는 것은, 오직 그들이 생소한 보도 안에서 동시에 자신들에게도 향해진 말 건넴을 인지함을 통해서이다. 그렇게 되면 그들은 고백할 것이다: 이야기된 것은 우리의 경험이 아니었다. (우리는 스테파노처럼 하늘이 열리는 것을 보지 못했고, 제자들처럼 부활하신 분과 신체적으로 만나지 못했다.) 그러나 그 안에서 증언된 성스러움의 증여는 우리의 경험이 되어야 한다. 그러한 설화들의 전달은, 그것들이 늘 새로운 청자를 설화가 증언하는 성스러움의 요구와 약속 아래에 세우면서, "작용을 일으키는 말"

이 된다.

δ) 여기서도 설화는 실험의 성격을 가질 수 있다. 타당한 것은, 자신의 역사와 신이 그 안에서 등장하는 바로서의 역사들을 "신 앞에서 지탱되도록" 그렇게 이야기하는 것인데, 이는 인간적 화자와 신적인 청자가 공동의 역사를 갖는지를 그리고 이것이 과거로 향한 화자의 허구들과 구분되는지를 시험하기 위함이다: 종교적인 상기는 오늘의 종교적인 경험에 접해서 부서지는가? 혹은 "신 앞에서 이야기된" 자기 역사의 연속성은, 신이 인간에게 행한 것을 "잊지 않고" 있으며, 그래서 인간의 역사를 자신의 고유한 역사로 만들기를 원한다는 것에 대한 징조가 되는가? (종종 다음과 같은 겁먹은 물음과 결부되어서: "혹은, 당신은 그것을 잊으셨습니까?")

ε) 차이는 따라서 문법적이고 의미론적이라기보다는 화용론적인데, 예를 들면, "신에게 영예를 드리기" – 종교적인 설화의 "송가적인" 성격 혹은 "공동체 앞에서 이야기하기" – "교화적인", "건축물을 축조하는", 다시 말해서, 공동체를 "살아 있는 돌들로 지어진 성전"으로 구축하는 언사.

d) 시원론Protologia

종교적 설화의 특수한, 널리 유포된 형식은 "시원론", 다시 말해서 "한 처음에 발생한 것"에 대한 이야기이다. 그것의 주제는 초시간적인 원리들도 아니고, 경험적인 시초들도 아니며, 모든 경험적인 설화맥락들을 가능하게 하면서 그것들에 선행하는 사건들이다. 그것의 과제는 모든 경험적인 설화를 필연적으로 그리고 가능하게 만드는 조건의 명명이다. 청자가 자신의 경험으로부터 알고 있는 것 안에서 근원들의 모사적인 현존을 재인식할 수 있도록 그렇게 시초들에 대해서 말하는 것이 관건이 된다.

그러한 시원론들의 생성과 유포를 위한 토대가 종교적 경험의 소유물이다: "성스러움"이 자신을 드러낼 때면, 경험자와 그의 전 세계의 존재와 비존재에 대한 결정이 늘 새롭게 내려진다: "하늘과 땅이 사라져간다". 성스러움과 만나는 자는, 세계와 자신의 삶이 전체적으로 어떤 상태에 있는지를 안다: 그것들은 불안정하며, 그들의 본질적인 필연성을 통해서 존재가 보증된 것이 아니다. 그들의 존재는 "누멘적인" 결정에 의거한다. 누멘이 "한 처음에" 내린 결정은 우리 경험의 가장 상이한 내용들 안에서 모사적으로 회귀한다.

종교적인 경험의 순간은 동시에 한 처음의 모사적인 회귀(임재 Parousia)의 때이다. 이 한 처음은 그것을 "모사하는" 시간 안에서의 사건들과 본질적으로 상이한(분리된Choristón) 것이며, 그러나 시간 내의 저마다의 사건 안에서 자신의 새로운 현재(임재)를 발견할 수 있다. 그러한 설화는 이 원–결정의 흔적들을 우리 경험의 모든 내용들 안에서 다시 발견하도록 안내한다. 시원론들이 시초들에 대해서 이야기하는 방식, 곧 경험적인 결정들의 역설적인 "동시에 Zugleich"는, 가령, 생명과 죽음의, 필연성과 자유의 얽힘은, 선(先)시간적인 "차례로Nacheinander" 안으로 전개되며, 이것이 경험적으로 경험된 것의 우연성을 "모든 시간에 앞서서" 내려진 "누멘적인" 의지력의 결정으로부터, 예를 들면, 세상의 생명을 위한 결정으로부터 혹은 자유로운 결정들을 내리도록 인간에게 능력을 부여하는 결정으로부터, 파악할 수 있게 해준다.

종교의 현상학

그것들의 확증시험: 시원론적인 설화들은, 그것들이 인간적 경험의 역설들을 이해할 수 있게 만들고 인간에게 자신의 생명과 세계를 신적인 근원들로부터 갱신할 수 있게 하는 정도만큼, 자신을 확증한다. 인간의 과제는 표징설정을 통한 표징해석이다: 신적인 임재로부터 갱신되도록 세계를 열어두는 것. 시원론들은, "한 처음에" 발생한, 열린 결정을 인간 역사의 결정들 안에서 모사적으로 재발견하도록 그렇게 인간을 안내한다.

종교적인 "그림들"의 언어적인 사용을 위한 결론: 여기서는 "엄격한 의미에서sensu stricto" 경험세계에 대해서 타당한 것이 주연들Prota(신 혹은 신들)에게로 "양도되는" 것이 아니라, 오직 주연들에 대해서만 "원형적으로" 말해질 수 있는 것이 모사적으로 경험세계로 "양도되고" 있다. 하나의 보기: 우리가 경험으로부터 알고 있는 모든 평화는, 신성이 "한 처음에" 원형적으로 무질서의 세력들과 싸워서 얻은 승리의 모상일 뿐이다.

e) 이 시원론의 특수주제: 원죄의 역사들

원죄의 역사들은 인간의 죄의 결과로서 신들이 인간세계와 작별한 것에 관하여 이야기한다. "주연들"에 대해 말하는 이 형식은, 하나는 소명과 유혹의 그리고 최상의 것이 타락하면 최악이 된다(corruptio optimi pessima)는 경험의 역설적인 통일의 주석으로서 확증되며, 다른 하나는 바로 종교 안에서 등장할 수 있는 이러한 인간의 위기를 신성의 의지에 대한 순종을 통해서 극복하려는 안내로서 확증된다.

시원론적인 해석: 선한 것이 "보다 이른" 것, 따라서 타락보다 더

근본적인 것이다. 그러나 신적으로 일으켜진 선한 것이 인간의 불순종을 통해서 위태롭게 됨은 어느 곳에나 존재한다.

α) 이 특수한 주제의 보편적인 의미:

원죄의 역사들은 시원론들 일체가 **필연적이라는** 것(왜냐하면 신들과의 직접성이 상실되었고, 이들에 대한 상기가 명시적으로 고수되어야 하기에)에 대한 그리고 무엇을 통해서 시원론적인 설화가 **가능하게** 되는지(다음을 통해서, 즉 한 처음에 발생한 것의 "그림들"은 우리의 경험세계 어디서나 발견될 수 있으며 효력 있는 현재의 표징을 형성할 능력이 있음을 통해서)에 대한 근거를 명명한다: 고전적인 적용사례: 잃어버린, 직접적인 신적 세계-통치의 "모상"으로서 경험적인 폴리스Polis)[4].

시원론적인 "당시에"와 경험적인 "어제와 오늘" 사이의 **차이**는 잃어버린 신-직접성의 표현이다. 시원론적인 "당시에"와 경험적인 "어제와 오늘" 사이의 **관계**는 인간적인 경험세계의 이론적인 해석과 실천적인 형성을 위한 길들을 가리킨다.

β) 종교사적인 특수사례들:

역사 안에서의 신의 모든 해방시키는 행위들의 원형으로서, 시간 한복판에서의 신적인 창립행적들에 대한 상기(이집트로부터 이끌어냄 – 예수의 부활)와 모든 시간에 앞선 창립사건들을 통한 그것의 해석(안식일이라는 휴일 – 신적인 창조행위의 목적). 시간 한복판에서 세상 안으로 아들을 파견함의 원형으로서, 모든 시간에 앞서 아버지로부

---

4   Platon, Politikos 23d/e.

터 나온 신적인 말의 유래.

B 외적인 말Verbum externum과 내적인 말Verbum internum 그리고 종교적인 진술문들의 기능

지금까지 인간은 종교적인 말의 *화자*로서 전제되었다: 그는 기도 하며, 송가들을 노래하며, 이야기를 한다. 이제 물어져야 할 것은: 어떤 의미에서 인간은 "말씀의 *청자*"인가?

1. 일반적인 언어철학으로부터의 규칙들

a) 각각의 언어는 세 행보 안에서 습득된다: 듣기 – 따라 말하기
   – 능동적인 언어능력

그런데 그런 다음에: 새로운 듣기로 돌아옴

들으려 하지 않는 자는, 젖먹이의 옹알이를 넘어서지 못한다. 그 저 따라 말하기만 하는 자는, 이해에 이르지 못한다. 자신의 이해로 부터 또 다른 화자를 경청하러 되돌아오지 않는 자는, 평균적인 지 껄임의 진부성에 고착된 채 남는다.

습득된 능동적인 언어능력은 들은 말의 (예를 들면, 시가(詩歌) 혹 은 철학의 "고전적인 텍스트"의) 대체불가능성에 대해서 귀를 밝게 만든다.

b) 각각의 언어 내부에는, 청자가 스스로 말할 수 없을 말들이
　　존재한다.

그러나 그러한 말들 역시, 청자가 그것들에 응답하면서만 청취될
수 있다 - 명시적인 응답의 형식 안에서가 아니더라도: 거절.
　　α) 가장 빈번한 경우: 공동으로 받아들인 역할놀이를 전제하는
　　　　언어행위들. 그 안에서 화자와 청자는 "모두가 같은 것"을 말
　　　　함이 아니라, "저마다가 자신의 것"을 말함을 통해서 "함께 놀
　　　　이를 한다".
　　β) 주석이 필요한 경우: "위장된 언어행위들"이 아닌, "경청을 요
　　　　구하는" 진술문들.

우선 세속적인 보기들: 청자가 직접 할 수 없었던, 그러나 여행보
도처럼(경험empeiria!) 그 자신의 경험지평을 확장하도록 그를 안내
할 수 있는 외래적 경험의 증언들 혹은 청자에게 아직 없는, 그러나
그 자신의 다가올 경험들을 해석하는데 그를 도울 수 있는, 충만한
경험의 열매로서의 외래적인 삶의 지혜.

2. 특수하게: "경청을 요구하는" 종교적 진술들

　　a) "미리 선택된(προκεχαιροτονημένοι) 증인들"(사도 10,41)의
　　　　경험들과 그들에게 부여된 선포(κήρυγμα)의 과제

그들의 경험은 다른 이들의 경험들을 통해서 대체될 수 없으며, 그
렇지만 동시에 많은 이들의 구원과 비구원을 위해서 결정적인 것이다.

b) 종교적인 지혜의 진술들

그것을 우둔함으로 간주하지 않기 위해서는 특별히 "열린 눈"이 필요하다. 그것은 청자들에게도 "눈이 열리게" 하고, 그들을 "이 세상의 현자들의 우둔함"의 파멸적인 결과로부터 지키게 한다. 이때 삶의 지침으로서의 종교적인 말은 "거룩하게 위장한 도덕"이 아니라, 이미 발생한 신의 작용("Factum divinum")을 인간적인 과제("Faciendum humanum")의 원천으로서 파악하게 하는 안내이다.

c) 교훈적인 한계경우

"신적인 결의"의 "계시"는, "감추어져" 있었고 "마지막 날에" 비로소 계시될 수 있음을 통해서 자신의 목적에 도달한다. 그런 이유로 발생한 계시의 증언은 청자에게는 "종말론적인 시간-고지"와 희망의 약속이 된다.

d) 문제: 책임 있는 동의의 조건들

외적인 조건: 증인들의 신뢰성; 내적인 조건: 청자들 자신이 종교적 경험을 할 수 있고 그것을 이해할 수 있게 됨을 통한, 가령 "시대의 표징들을 해석할 수" 있게 됨을 통한 해석학적 확증. 비로소 그렇게 해서 종교적인 말의 청자 역시 "능동적인 언어능력"을 얻게 되며, 그런 다음에 청취된 말로 새롭게 되돌아갈 수 있게 되며, 이는 그것의 대체불가능성을 인식하기 위함이다.

3. 종교적 진술들과 그것들의 진리주장

a) "논리 실증주의"와의 토론을 위하여

종교적 진술들은 "논리 실증주의"를 통한 비판의 선호된 대상이었다. 경험적으로 실증할 수도 없고 반증할 수도 없는 종교적 진술들은 "대상이 없는 그리고 진술내용이 없는" 것으로 여겨졌다. 종종 주어진 대답은, 그러한 진술들을 "위장된 언어행위들"로서 해석하는데 존립했는데, 이는 그 진술들을 "언어행위들"로서 정당화하고, 그러나 그것들의 "위장"은 거부하기 위함이다. 이러한 대답은 종교적 진술문들의 의미론에는 부응하지 않는다. 하지만 지적될 수 있는 것은, 모종의 진술들의 진리는 모종의 언어행위들의 성공을 위한 조건이라는 점이다.

> 보기: "그리스도는 되살아나셨다"는 진술이 참이 아니라면, "그리스도의 인격 안에서in persona Christi" 인정된 죄의 용서도 효력이 없는 것이다(1코린 15,17).

b) 종교적인 진술의 기능

종교적 진술은 이론적인 앎들을 중재하는 것뿐만 아니라, "구원의 진리들"을 보여주고자 하며, 이론적인 오류들을 피하는 것뿐만 아니라, 구원 대신에 비구원을 일으키는 "모독적인 말들"의 위험을 폭로하고자 한다. 그와 같은 종교적인 의미에서 "참된" 언사를 위한 조건은 "지혜"(구원의 말과 모독적인 말의 양자택일 안에서 위험에 처해 있는 그 무엇에 대한 파악)와 "이성"(구원의 말과 모독의 말의 척도들을 파악하는 분별력)이라는 "영의 은사"이다.

"존재하는 것을 말하고, 존재하지 않는 것을 부정하는 것"(= 진술
의 진리에 대한 고전적인 정의)이 특수하게 종교적인 언사의 맥락에서
의미하는 바는 이렇다: 자신의 소망들이나 두려움들에 대해서 말하
는 것이 아니라, 모든 인간적인 말과 행동에 선행하는, 신의 저 구
원행적에 대해서 말하는 것, 그리고 인간을 자신의 구원작용의 도
구로 만들 수 있도록 그렇게 "존재하는" 저 신에 대해서 말하는 것:
"권능을 부여하는 힘"의 신.

c) 이러한 진리이해의 설명의 행보들

우선 이미 언급한 규칙들에 대한 계속되는 보기들:

α) 종교적인 말은, 언어행위의 밖에서도, 작용을 일으키는 말이
    며 – 자기 자신의 가능성의 근거를 명명하는 것을 필수적으
    로 만든다.
보기들:
"구원의 때"(2코린 6,2)의 고지는, 예배의 시간에 효력을 발하며 현
재화되고 있는 저 구원이그리스도의 죽음 안에서 이미 일으켜졌
다는 종교적 진술의 근원이다.
– 축복의 말("전능하시고 선하신 하느님은 여러분에게 강복하소서")
  은 다음의 진술을 함축한다: "하느님은 전능하시고 자비로운
  분이시다."
결론들: 고지는, 만일 그때 전제된 진술이 참이 아니라면, 경건한
        허구가 된다. 역으로, 만일 진술이 고지로 건너가지 않는

다면, 그 진술은 "빈말Kenophonia"이 된다. 진술은 고지된 때를 인식하고 파악하게 하는 안내가 된다: "형제들이며, 잠에서 깨어날 시간입니다"(로마 13,11). 거짓-진술들은 고지된 구원의 때를 오인하게 하고, 잘못 안내된 종교적 실천을통해서 그 때를 놓치게 하는 유혹들이다.

β) 종교적인 말은, 예배 안에서나 밖에서나, 해석학적인 말이다. 이때 "주석"은 "견고한 사실들"에 대한 주관적인 첨가물이 아니라, 우리에 대해서 지각될 수 있게 되는 방식의 현상형태 안에서 "존재하는 것, 그것의" 해명이다.

보기들:

– 신비학Mystagogie으로서의 예배적인 해석학: 참여자에게 능력을 부여해서 공동의 축제에 참여하게 함, 동시에 예배 밖에서의 경험을 예배축제의 빛 안에서 새롭게 이해하고 형성하게 함. 예를 들면, 죽음축성과 불멸성축성의 신비학.

– 종교적 전승내용의 해석학으로서의 설교: 청자와 독자에게 능력을 부여해서 그들 자신의 경험들을 전승의 빛 안에서, 전승을 그들 자신의 경험의 빛 안에서 해석하게 함. 그러한 설교는 "시대의 징표"의 해석학으로서 자신을 확증한다: 청자들에게 능력을 부여해서 삶의 사건들 안에서 신의 작용을 해독하고(예언적인 역사해석), 삶과 세상의 경과 안에서 신적인 의 지를 인식하게 함(신탁 – 사제 – 율법서Thorah).

결론들: 그러한 주석이 자신을 확증하는 것은, 그것이 청자들에게 특수한 경험들을 하게 만들고, 그것들을 이해하도록 안내하며, 거기에 더해서 특히, 특수한 종교적 행위들과

말들 그리고 세속적인 경험의 내용들이 서로를 상호적으로 주석하는 관계 안으로 들어서도록 안내한다는 데에 있다.

4. 문제: "구원에 중요한 의미가 있는" 진리들의 구분표지

과제는 "구원에 중요한 의미가 있는" 진리들의 구분표지를 규정하는 데에 존립하는데, 이 진리들은 "구원을 위하여" 오류—해석들에서 보호되어야 하며, 또한 "불순한 입술을 가지고 불순한 귀들 앞에서" 진술되고 그래서 스스로 "불순하게" 되는 데서 보호되어야 한다.

척도: 진술의 진리 그리고 신적인 구원작용에 기여하는 위탁의 효력 있는 이행 사이에 존립하는 상호적인 맥락은 보전되어 있는가?

C 경쟁적인 진리주장들 사이에서 결정의 필연성과 가능성

1. 종교사적인 실상

a) 논리적인 불가능성이 항상 종교적인 양립불가능성을 의미하지는 않는다.

α) 설화들: 시초론들의, 또한 부활보도들의 "변양태들"이 존재한다 – 대개 결정의 필연성 없이.

β) 예배적인 실천에로의 안내: "원하는 만큼의 연설Orationes ad

libitum", 지역적이고 공동체에 특유한 의례들 – "화해한 다양성"

γ) 종교적인 삶의 지침의 형식들 – 경건성의 양식들과 금욕의 형식들: 동일한 목적에 이르는 길들의 차이

δ) 규범적인 텍스트들 그리고 주석의 상이한 학교들. 그러한 학교에 특유한 주석들은 제안들이며, 그것들 사이에서 청자는 자신의 재량에 따라서 결정할 수 있고, 또한 그것들을 병렬적으로 존재하게 내버려 둘 수도 있다.

b) 타락의 의혹

종종 갑자기 그리고 관찰자에게 중재가 되지 않은 채, "화해한 상이성"의 경험 한복판에서 유혹이나 신성모독의 의혹이 생겨난다. 모종의 종교적 설화들은 "타락한 것"으로서 단죄되며(예를 들면, 성경이 "원(原)-코란"을 위조했다는 이슬람의 평가; 코란에 있는 예수-설화들에 대한 그리스도교의 평가), 의례의 지침들은 "전도된" 것으로서(인간-희생제), 종교적인 삶의 지침들은 "비윤리적인" 것으로서 여겨지며(영지주의적인 결혼-금지, 그러나 또한: 종교적으로 정초된 성적인 문란), 규범적인 경전들에 대한 모종의 주석들은 "파괴적인" 것으로서 여겨진다(십자군설교의 좌우명으로서 "신께서 그것을 원하신다").

2. 경쟁하는 진리주장들에 대한 결정의 척도들

그렇게 두 개의 물음들이 생겨난다: *언제* 결정되어야만 하며, *어떻게* 결정될 수 있는가?

a) 언제 결정되어야만 하는가?

α) 구원에 중요한 의미가 있는 종교적 언어행위들의 효력 혹은 그것들의 적법한 수행이 특정한 진술의 진리에 종속된다면, 그때 하나의 진술은 구원을 위협하는 것으로서 배척되어야 하는데, 만일 그것이
- 상응하는 언어행위들을 가능하게 만드는 조건들을 논박한다면,
- 작용을 일으키는 말의 그릇된 방식들로 유혹한다면, 그리고 만일 그것이
- 효력 있는 언어행위들을 위한 전권의 정당화되지 않은 월권을 내포한다면.
- 하나의 진술은 구원에 유의미한 진리로서 인정되어야 하는데, 만일 그것이
- 작용을 일으키는 말의 때를 예고한다면,
- 그 말의 효력의 조건들을 명명한다면, 그리고 만일 그것이
- 청자들에게 능력을 부여해서 적합한 응답을 하도록 한다면.
  언어철학적인 탐구의 주제는 그런 다음에 진술의 진리와 언어행위의 효력 사이의 맥락인데, 이것은 종교적인 언어의 보기에서 특히나 분명히 부각하며, 만일 그 맥락이 거기서 한번 발견되었다면, 세속적인 언어–맥락들 안에서도 재발견될 수 있다.

β) 종교적인 진술이 전승, 예배 그리고 일상적인 삶의 실천을 상호적인 주석의 관계 안으로 나르는 해석학적인 말이라면, 그때 하나의 진술은 구원을 위협하는 것으로서 배척되어야 하는데, 만일 그것이

- 이 상호관계의 세 요소를 서로 분리시킬 때,
- 자기평가를 위한 그것의 척도들을 부여하는 대신에, 전승과 예배를 삶의 실천의 그릇된 방향설정에로 남용하거나 혹은 습관적인 삶의 실천을 정당화하는 한갓 수단으로 격하시킬 때.

그 진술은 구원의 진리로서 인정되어야 하는데, 만일 그것이

- 청자들에게 능력을 부여해서 자기 삶의 사건들 안에서 신의 작용을 해독하고 세계의 경과 안에서 신의 의지를 인식하게 할 때.

언어철학적인 탐구의 주제는 그런 다음에, 종교적이거나 마찬가지로 세속적인 연관들 안에서, 말씀의 청취와 청자의 삶의 경험 사이에 존립하는 맥락이다. 이러한 맥락은 설교의 청취와 그에 대해서 응답하는 자기책임적인 그리고 자기 삶의 경험으로 충전된 "아멘" 사이의 관계에서 범례적으로 연구된다.

그와 같은 그리고 비슷한 경우들 안에서 척도들을 발견하고 알리는 과제가 생겨나는데, 그 척도들에 접해서 말씀의 청자들은 어떻게 그들이 구원에 유의미한 진리를 구원을 위협하는 오해들과 구분할 수 있는지를 인식할 수 있다. 신학은 늘 신앙인들의 공동체에서 위험이 경험되었을 때 생겨난다. 그 경험이란, 신앙이 자기 자신을 파괴적인 방식으로 오해할 수 있다는 것이고, 그렇기에 비판적인 평가를 위한 안내가 신앙공동체의 삶의 조건이 될 수 있다는 것이다. 그런 다음에 종교적인 전승공동체 내에서 신학자들의 특별그룹이 생겨난다. 이들은 다시 말해서 특별한 논증언어를 발전시키는 "신앙의 사안들에 대한 논증-전문가들"이다. 그러한 특별언어는 불가결

하며, 그렇지만 그것이 확증되어야 하는 것은, "단순한 신앙인들"을 비판적인 자기평가로 이끌기 위해서, 도달된 논증결과들이 그들에게 이해될 수 있다는 점에 접해서이다. 오직 그렇게 해서 신앙인들은, 그들의 신앙의 확신이 보도에 대한 가능한 오해의 경험에 직면해서 회의로 전도되는 것으로부터 보호된다.

b) 어떻게 결정될 수 있는가?

종교사적인 상례: 의례화된 신탁(Orakel), 종교사적인 예외 경우: 그것을 위해 규정된 단체 안에서 논증을 통한 결정.

언어철학적으로 의미심장한 결과: 종교적인 공동체들 내에서 혹은 부분그룹들 안에서 종교적인 설화, 기도, 주석의 언어와 나란히 종교적인 논변의 (신학의) 특수한 언어가 생겨난다. 그때 종종 제시되는 것은, 사안과 관련된 물음들에 대한 다툼은 결정의 척도와 절차에 대한 다툼 안에서 재생산된다는 것이다. 보기: 스콜라학 Scholastik에 반대하는 루터의 테제들.

D   신학의 논증언어: "무엇이 논증으로서 유효한가?"

1. 사람들이 증거로 끌어대는 것은 무엇인가? 논증법정들에 대한 보기들

a) 규범적인 텍스트들을 증거로 삼음: "경전증명"

금언들의 인용, 부름의 말들, 고백의 표현들, 구별하는 설화들(예를 들면, 이사악의 저지된 희생제, 비난받은 "금송아지를 둘러싼 춤").

b) "아주 오랜 관습"을 증거로 삼음: "전통증명"(세대들의 증언)

c) 확증된 증인들을 증거로 삼음: "권위증명"("성인들"의 삶의 증언, "현자들"의 말의 증언 – "우리의 스승들은 그렇게 가르쳤다")

d) 종교적인 직책을 가진 자들의 판단을 증거로 삼음(성전지시, 사제-훈령, 사제적 의무를가진 로마의 10인 회의체의 결의들)

2. 증명-의도

a) "경전증명"은 한 텍스트 구절이 논리적으로 내포한 것의 설명일 뿐만 아니라, 이론적이고 실천적인 이해의 역사가, 특정한 전승공동체 내에서, 규범적인 텍스트를 통해서 정의된 궤도 안에서 움직이고 있다는 것의 입증이기도 하다.

b) "전통증명"은 불변성에 대한 선택이 아니라, 역사적인 변천에 판단의 척도를 부여하는, 전승된 희망 안에 견고히 서 있음에 대한 선택이다.

c) "권위증명"은 변하지 않은 복제를 위한 지침이 아니라, 그것에 접해서 종교적인 이론과 실천의 각각의 새로운 구체화의 형식이 측정되어야만 하는 바로서의 척도이다.

d) "정의"란 "주석사의 끝"이 아니라, 하나의 경계설정인데, 그것 저편에 있는 특정한 이론들과 삶의 형식들은 공동의 전승에 대한 배반으로서 판결받게 된다.

언어철학적인 탐구의 주제는 그렇기에, 무엇이 논증언어의 그때그때의 맥락 안에서 "논증으로서 유효한가"의 물음일 뿐만 아니라,

어떤 방식으로 그러한 논증들을 사용할 수 있고, 또 그래야 하는가의 계속되는 물음이기도 하다.

관찰:

논변이 의거하는 "법정들"을 구함으로부터, 그리고 이 법정들에 규준을 부여하는 근거들에 대한 물음으로부터, 포퍼Popper가 가리켰던 "뮌하우젠-삼도논법Münchhausen Trilemma"이 생겨날 상황이 임박해진다: 근거들에 대한 되물음을 자의적으로 중단하거나 혹은 그러한 되물음을 필요로 하지 않는 "최상의 원리들"을 가정하거나 혹은 동어반복적인 정초들을 도피처로 삼거나이다. 이러한 삼도논법을 피할 수 있는 것은, 오직, 포퍼의 의견과는 다르게도, 우리의 주관적인 의견들을 생겨나게 하는, 사물들의 저 "외관"이 비록 비판이 필요한 것이기는 하지만, 동시에 불가결한 현상형태로서 주석될 수 있을 때이다. 그 현상형태 안에서 "늘 더 커다란 진리"는 인식하는 자에게 자신의 규준을 타당하게 만든다. 탐구되어야 할 것은, 논증이 의거하는 "법정들"이 어떤 방식으로 "늘 더 커다란 진리"의 "선취적인 현존"의 형태들로서 논증함에 관여되고 있는가이다.

논증법정들의 이러한 이해는 "반증가능성"과 "비-반증가능성"이라는 포퍼의 양자택일을 부순다: 이러한 양자택일은 "반박 Falsifikation"이라는 정적인 개념을 전제하는데, 이것은 자기편에서 "반증될" 수 있는 혹은 없는 진술들의 의미는 비판적인 해석학 없이도 단호히 확정되어 있다는 전제를 내포한다. "인간의 말 안에 있는 신의 말씀"에 있어서는 범례적인 방식으로 경우가 그렇지 않다. "인간의 말 안에 있는 신의 말씀"은 반증될 수 있는 것으로도, 반증될 수 없는 것으로도, 전제되지 않으며, "늘 더 커다란 진리"의 현재 형태로서 비판적인 이해의 방식들을 불러일으키며, 이것은 자기편에서 늘 새롭게 비판적으로 주석되어야만 한다. 이 말씀은 우리에게 단지 그러한 이해와 비판적인 주석을 위한 동인으로서 "주어져" 있다.

특별히 신학적인 논증언어의 분석은 그렇게 해서 보편적이고 철학적인 이해의 이론Theorie des Verstehens을 위해서도 의미심장한 것으로 입증되는데, 이 이해가 회의적이지 않은, 비판적이어야 하는 한에서 그렇다.

3. 교조주의와 회의주의 저편에 있는 종교의 비판적인 자기이해

a) 종교적인 언어의 보기들에서 알아차릴 수 있는 것은, 이것이 화자에게 말할 수 있는 것의 경계들에 접해서 말하도록 요구한다는 것인데, 이를 통해서 표현의 정확성 그리고 그와 함께 말해진 것의 명료성이 경감되지 않고 말이다.

여기서 분명해지는 것은 이렇다: 종교적인 행위의 고유성에 속하는 것은 특수하게 종교적인, 더욱이 철저한 자기비판이다. 그것이 없을 때, 종교적인 것의 오류형식들이 생겨난다. 도래하는 종교적 경험에 대해서 눈멀게 만드는 이 "현자들의 우둔함"에 대한 비판, 그리고 신적인 위탁을 인간적인 자기관철의 거룩한 정당성으로 잘못 해석하고 그리하여 모든 이데올로기의 근원이 되는 "자기정당화"에 대한 비판은, 그렇게 해서 신학적인 논증의 중심적인 과제가 된다.

b) 물론 자기비판이 이론적이거나 실천적인 회의주의로 전복되어
서는 안 된다. 모든 이론과 실천이 의거하는 것은, 우리가 우
리의 이론적이고 실천적인 수행보다도 "늘 더 큰", 참되고 선한
것에 그것의 "선취적인 현존"의 형태를 부여한다는 점이다. 이
것은 우리가 이를 통해서 지향하는 "늘 더 큰 목적"을 위해서
투명하게 남는 것이다. 그렇게 해서 종교의 필수적인 자기비판
또한 이론적인 무관심주의나 실천적인 임의성을 위한 핑계가
되어서는 안 된다. 인간적인 말과 행동의 잠정성 안에서 증언
의 명료성이 보전된 채 있는지를 평가할 수 있는 척도들을 발
견하는 것은, 그렇게 해서 신학적인 논증의 중심적인 과제가
된다.

4. 그 주제는 종교철학의 교훈적인 한계경우를 지시한다

신학적인 논증이 의거하는 모든 법정은, 현상들의 그리고 자신과
외래의 의견들의 해석학을 가능하게 만드는 데서 확증되어야 한다.
신학은 하나의 특별한 단초를 제공하는데, 그것으로부터 신학은 자
신의 논증법정들을 이해할 수 있다: 경전, 전통, 종교적인 권위를 가
진 말들과 교회의 직무담당자의 결정들은 "인간적인 말 안에 있는
신의 말씀"의 방식들로서 간주된다. 그것들은 그와 함께 비판적—해
석학적 과정을 종결하는 것이 아니라, 그것에 동인과 방향을 부여
한다.

5. 기술적인 그리고 규범적인 과제들

이러한 언어철학적인 탐구는 기술적인 혹은 규범적인 과제들을 가지는가? 그 탐구는 단지, 신학적인 논증들이 보통 그렇게 보이는 것처럼, 기술만 하는가? 혹은 그 탐구는, 신학적 논증들이 논증목적에 도달해야만 한다면, 그 논증들이 어떻게 실행되어야 하는지를 제시하는가?

a) 기술적인 과제들

문법적인 고찰: 신학적인 논증들은 언어적으로 어떻게 구축되어 있는가? – 그 안에서 신학적인 논증이 자신의 "논증법정들"(경전, 전통, 성직자의 권위들, 교도권의 결정들)을 사용하는 바로서의 형식은, 그것들이 신학적으로 어떻게 이해되고 있는지에 대한 정보를 준다.

화용론적인 고찰: 사람들이 그렇게 논증할 때, 그들은 무엇을 하는가? 우선은: 그들은 누구에게 향하는가? 그런 다음에: 그들은 화자와 청자의 어떤 역할놀이를 정초하는가?

신학적인 전문가들의 그룹–내적인 토론, 교도권의 담당자들에게 봉사하는 그들의 감정인으로서의 활동, "더 넓은 독자층"을 위한 그들의 출판물들은, 신학자가 종교적인 대화공동체와 전승공동체 안에서 어떤 역할을 하고자 하는지를 알게 해준다.

의미론적인 고찰: 어떤 방식으로 신학적인 개념들은 그들의 사안연관과 의미내용을 획득하고 보존하는가(그들은 "빈말"이 되는 위험을 피하는가)? 더 특수하게는: 신학자들은, 특별한 "신학자들의 신"이

아닌, 선포와 송가적인 응답의 상호작용 안에서 "원본적으로" 화제가 되는 저 신에 대해서 그들이 말하고 있다는 점을 분명히 하기 위해서, 어떻게 그들의 개념들을 사용하는가?

b) 규범적인 과제들

출발점의 확인: 기술로부터 동시에 신학에게 자신의 특수한 과제를 상기시키는 규범들이 생겨난다.

결론:

신학은, 자신의 물음들과 논증들 그리고 결과들을 명확히 표현해서 마지막에 ─ 모든 불가피한 전문내재성Fachimmanenz을 통과해서 ─ "단순한 신앙인들"이 자신들의 과제들을 인식하고 해결하도록 능력을 부여하지 못할 때, 자신의 화용론적인 목적을 그르치게 된다(신학은 종교적인 공동체 안에서 그들의 기능으로부터 해야만 하는 것을 수행하지 못한다): 청자들의 과제는 청취된 보도에 대해서 적합한 응답을 하는 데에 존립한다. 이러한 응답을 통해서 청자들은, 인지된 구원의 말건넴과 그들 자신에게서 발견되어야만 하는 종교적인 삶의 수행의 방식 사이에 존립하는 상호관계 안으로 들어선다.

신학은, 자신의 특별언어를 선포와 송가적인 응답 안에서 말해지는 언어의 적합한 메타언어로서 입증하지 못할 때, 자신의 의미론적인 목적을 그르치게 된다(신학은 자신이 그에 대해서 말하길 원하고 또 그래야만 하는 것에 대해서 말하지 못한다). 이러한 "종교의 원본언어"에 접해서 신학은 늘 항상 방향설정의 힘을 가진 그것의 메타언어로서 자신을 입증해야만 한다.

신학은, 자신의 언어의 형식을 통해서 자신의 물음제기와 논증

목적들이 늘 새롭게 선포된 말과 송가적인 응답의 상호관계를 통해서 정해진다는 점을 분명히 할 수 없을 때, 자신의 문법적인 목적을 그르치게 된다(신학의 논증은, 그 안에서 신학이 "신앙에 중요한 의미가 있는" 물음을 설정하고, 자신의 논증들을 통해서 확실히 하려는 진술들의 진리가 "구원의 진리들"로서 입증될 수 있게 되는 바로서의 형식을 갖지 못한다).

신학적 논증언어의 철학적인 분석은, 신학적인 논변의 고유성의 기술과 자신의 주제에 적합한 수행을 위한 규범적 도움의 이러한 관계에 접해서 확증되어야 한다. 그것은 이러한 의미에서, "신학을 위한 철학적 사유의 훈련"[***역자주**: 이 표현은 셰플러의 다음의 저서 제목이기도 하다: Philosophische Einübung in die Theologie, 3Bde, 2004]이 시도된 한 분야이다.

6. 논증영역들 (=신학적 분과들)

a) 각각의 신학적 논증은 모든 신앙진술의 화용론적 기능에 부응해야만 할 것이다: 화자와 청자들을 신앙공동체의 자기책임적인 지체들로 만드는 것. 모든 신학은 그런 한에서 "실천적 신학"이다.

b) 각각의 신학적 논증은 모든 신앙진술의 의미론적 기능에 부응해야만 할 것이다: 신앙을 위해서 구성적인 그리고 동시에 규범적인 상기를 생생하게 유지하는 것, 이 상기는 신앙전승을 가능하게 그리고 동시에 비판받을 수 있게 만드는 것이다. 모든 신학은 그런 한에서 "성서적—역사적 신학"이다.

종교의 현상학

c) 각각의 신학적 논증은 모든 신앙진술의 문법적 기능에 부응해야만 할 것이다: 전승의 내용에, 그리고 마찬가지로 늘 새로운 신앙경험의 내용에 해석학적인 상호관계 안에서 하나의 자리를 할당하는 것. 모든 신학은 그런 한에서 "체계적인 신앙론"이다.

d) 각각의 신학적 논증은, 그것이 신앙과 "나란히" 하나의 지식을 생산하는 것이 아니라, 신앙에 대한 봉사라는 것을 입증해야만 할 것이다. 모든 신학은 그런 한에서 "신학적인 인식론이자 척도론"이다.

상이한 신학적 방법들과 그것들에 상응하는 논증언어의 형식들은, 그것들이 어떤 방식으로 상이한 논증영역들 위에서 앞서 거명된 논증과제들에 적합하게 되는지의 관점에서 탐구되고, 또한 그것에 접해서 비판적으로 측정되어야 한다.

E 충돌 속의 종교들 그리고 서로에게서 배우는 가능성 : 종교들의 대화의 언어

신학이 생겨나는 것은, 그렇게 말해진 것처럼, 종교적인 전승공동체 내에서 다음과 같은 경험이 생길 때이다. 그것은 종교적인 보도의 내용이, 신앙인이 성스러움의 이름 부름을 통해서 들어서야만 하고 또 그러길 원하는 바로서의 성스러움과의 관계 맺음이 방해를 받고, 그리하여 구원을 가져다주는 만남으로부터 비구원이 귀결되는 그런 방식으로 오해될 수 있을 때이다. 그러한 위험의 경험은 신앙인이 외래의 종교적인 전승공동체들과 갖는 관계에 영향을 미친다. 왜냐하면, 성스러움에 대해서 말하거나 혹은 예배적으로 성스러움과 관계하는 그들의 방식이 신앙인들에 의해서 자신의 선포 역시 잘못 파악하게 하는 유혹으로서 이해되는 일이 생기기 때문이다.

그렇게 해서 자신들의 예배적인 행위들을 주술적으로 이해하는 개인들이나 그룹들과의 교제는 신앙인들을 그들 자신에 의해서 거행된 성사(聖事)들의 유사한 주술적 이해로 유혹할 수 있다. 피조물을 창조주와 혼동하고, 생명을 선사하는 태양의 빛을 "신의 영광"의 모사로서가 아니라 그 자체 신으로서 파악하는 사람들의 보기는 신앙인들 또한 미혹해서, 그 어떤 현세적인 것도 신적인 숭배를 받을 만하지 않다는 것을 잊게 만들 수 있다. 그렇게 되면 구원을 가져다주는 진리와 구원을 위태롭게 하는 비진리의 신학적인 경계설정은, 우선은 신앙공동체 안에서 등장할 수 있는 가능한 오류들을 인식하고 피하도록 규정된 것인데, "참된 종교"와 "거짓 종교들"의 경계설정을 위한 것이 된다. 그리고 구원을 위태롭게 하는, 자기의 보도의 오해들에 대한 경고는, 거짓 종교들의 추종자들과의 교제를 피하라는 요구가 된다.

이제 거짓 종교들로부터의 그와 같은 경계설정을 필수적으로 나타나게 하는 경험들은 부인될 수가 없다. 그럼에도 불구하고 그러한 경계설정이 종교들 서로 간의 관계 안에서 "마지막 말"로 남을 수 있는지가 의심스럽게 여겨진다면, 그때 생겨나는 물음은, 이 종교들이 중심적인 진술 안에서 서로 모순이 되더라도 종교들의 대화가 가능한가이다. 혹은 짧게 말하자면: 종교 간의 관계 안에서 "모순 안에서도 여전히 배우기"가 존재하는가?

1. 종교 간의 배움의 종교 내부적인 전제

종교 간의 배움의 종교 내부적인 전제는 자신의 전승의 "재독 relecture"인데, 그것이 규범적인 텍스트들 안에서 자신의 침전물을 발견한 한에서 그렇다.

- 선포의 부분으로서의 "재독", 그저 선포의 준비나 혹은 선포에 이어지는 설명으로서가 아닌.
- "정경으로 인정된" 고유한 문학적 장르의 생성: 논평하는 새-주석.
  보기들:

a) 이사야 11,16 에서의 탈출기-주석: 선조들에게 강물을 통해 길이 났듯이, 그렇게 이스라엘 백성에게 사막을 통해 길이 나리라. 이집트 땅에서 나오던 날 선조들에게 일어난 것이 이제 아시리아 유배로부터 나올 때 백성에게도 벌어진다.

b) 바오로의 갈라디아서 4,22 이하의 하가르-사라-이야기의 우의: 아브라함의 자녀들에게서 이미 육체의 친자가 아닌, 약속에 대한 신앙 안에서의 승계가 관건이 된 것처럼, 이제 이민족들을 신앙으로 부름에서도 그러하다.

언어형식들에 대한 주의는 무엇을 가르칠 수 있는가?

- 문법적으로: 새로운-해석과 결부된 인용은 고유한 문학적 장르가 되며, 옛 역사가 새롭게 이야기되고, 그런 연후에 새 세대에게 "새로운 것과 다른 것을 말하는 $\alpha\lambda\lambda\alpha$ $\dot{\alpha}\gamma o\rho\epsilon\dot{\nu}o\nu\sigma\iota\nu$" 데로 이끌 수 있다. 헬레니즘의 (특히, 호머Homer의) 우의Allegorese 에 있어서 관건이 되는 것은, "영원한 진리들의 핵심"을 교체하는 "그림 같은 설화들의 껍질"로부터 드러내는 것이다. 성서 내부적인 우의에서 관건이 되는 것은, 청자가 혼동될 수 없는 역

사의 맥락 안에서 자신의 장소를 발견하는 것이다.

- 화용론적으로: "너희가 믿지 않으면, 정녕 서 있지 못하리라"
(이사 7,9)라는 신뢰의 표현으로서의 텍스트의 원용. 변화된 이
해조건들에 대한 의식의 표현으로서의 새 해석: 변화된 상황
에서 "텍스트는 다른 것을 말한다". "건물을 구축하는 언사"의
새로운 방식으로서의 "재독".

- 의미론적으로: 텍스트의 의미는 규범적인 상기와 새로운 체험
들의 해석학적인 상호관계로부터 생겨난다. 이러한 맥락 안으
로 편입되는 것만이 체험의 주관성으로부터 종교적 경험의 객
관적인 타당성으로 변형될 수 있다. 그것에 접해서 상기, 주석
그리고 고유한 경험이 확증된다.

2. 외래 종교들로부터의 텍스트와 의례들
– 자신의 전승의 재독을 위한 계기들

성공적인 습득의 의미심장한 보기: 이스라엘을 통한 이스라엘-
이전의 예루살렘 의례의 습득 – 정의와 평화가 입맞추리라(시편
85,11) – 이는 본래 도시-신성들인 체댁Zedek(정의)과 살렘Salem(평
화)의 혼인적 결합에 대한 암시로서, 그 신성들을 위한 봉사에 사
제-왕인 멜키-체댁Malki-Zedek이 서 있었는데, 이제 홀로 이 땅에
서 정의와 평화를 만들어낼 수 있는 하나의 참된 신의 두 속성들을
표시하는 것으로서 해석되었다 – "옛 우매함으로 돌아가지 않으리
라"(시편 85,9)는 청원을 통한 도입과 함께. 비판적인 습득, 예루살렘
의 도시-신성들인 살렘과 체댁의 사제를 통한 아브라함의 축복의

설화를 통해서 해석됨.

경고하는 반대 보기:

"금송아지"의 설화: "이집트에서 너를 이끌어낸 신"과 이집트로부터 잘 알려진, 그 상징이 어린 수소인, 신적인 왕권과 잘못된 동일시.

이런 종류의 텍스트들은 외래 종교들의 증언들에 대한 해석학적이고 동시에 비판적인 관계를 증언한다. 목적은 종교들의–혼합이 아니라, 역사 안에서 실제로 발생하는 외래 종교들과 만남을 자신의 전승을, 그 혼동될 수 없는 특성을 포기함이 없이, 다시 읽기 위한 가능성으로서 파악하는 능력이다.

F 문제제기들과 결과들 – 혹은: 그것이 우리가 알고자 했던 것인가?

우리가 알고자 했던 것은, 종교적 현상들을 동일한 문화의 비–종교적 현상들과 구분하기 위해서 그리고 다른 문화들로부터 유래한 종교적 현상들과 비교할 수 있기 위해서, 무엇에 접해서 종교적 현상들을 인식하게 되는가의 문제였다. 동시에 우리는 종교적 현상들의 사안에 적합한 평가를 위한 척도들을 발견하길 원했다. 종교적 언사의 특수한 형식의 분석은 이 물음들에 대한 대답을 위한 첫 번째 지침들을 가져다주었다.

종교적 행위는 인간이 거룩한 이름의 부름을 통해서 들어서게 되는 성스러움 혹은 신적인 것과의 상호관계의 수행이다. 이 상호관계의 수행은 종교적 인간의 특수한 자기이해와 세계이해 안에서 전개되는바, 그는 세계를 성스러움의 "그림들"의 결합체로서, 다시 말해서 성스러움의 효력 있는 현재가 그 안에서 경험될 수 있는 바로서의 형태들로서 이해하며, 자신의 이론과 실천을 통해서 성스러움의 새로운 "그림들"을 산출해내고 이를 통해서 다른 인간들에게도 성스러움의 효력 있는 현재를 경험할 수 있게 만들도록, 자기 자신이 위탁받았음을 아는 존재이다. 이러한 과제에 상응하는 것은 오성의 범주들이 자신의 특수한 종교적 각인을 경험하는 방식이다. 여기서부터 종교적인 언어행위들 뿐만 아니라, 종교적인 진술들 또한 이해되어야 한다. 세계경험의 모든 내용들 안에서 성스러움의 효력 있는 현재의 그런 표징들을 해독하고, 스스로 성스러움의 그와 같은 현재형태가 되는 이 과제에서, 종교들이 비판적으로 측정되고 비교되어야 한다. 대개 종교비교와 종교들의 비판적인 평가의 중요한 대상으로서 여겨지는 종교적 전승의 진술들 역시, 그것들이 어느 정도까지 이러한 과제의 이행을 가능하게 만드는 조건들을 적합하게 명명하고 있는지에 준해서 측정되어야 한다.

그것이 더욱 분명하게 드러나게 되는 것은, 이어지는 절에서 종교적인 노에시스의 고유성과 종교적인 노에마에 대한 그것의 관계가 종교적인 언어에서뿐만 아니라, 의례의 행위들에 접해서도 읽히게 될 때이다.

철학자의 과제는 이러한 맥락에서 삼중의 것이었다:

a) 종교적인 언어를 그 증언들 안에서 구하고, 기술하고, 그것의 문법적인, 화용론적인 그리고 의미론적인 고유성을 규정하는 것,

b) 이러한 언어의 올바른 사용을 위한 종교 내부적인 척도들을 발전시키는 것,

c) 그와 함께 동시에 이러한 언어의 습득에 근소한 기여를 수행하는 것: 언어철학자는 늘 언어교사이기도 하며, 그것에 접해

종교의 현상학

서 측정되어야 한다.

각각의 철학서에서처럼, 여기서도 관건이 되었던 것은, 독자들에게 자극과 판단척도들을 중재하는 것이었다. 독자들이 읽은 것을 능동적으로 계속 사유하면서 발견하게 될 것은, 과연, 어떻게 그리고 어느 정도까지 여기서 주어진 기술이 저 "항상 더 큰 진리Veritas semper maior"를 지시하는가이다. 기술은 그 진리에 대해서 말하고자 하며, 독자는 읽은 것의 비판적인 가공 안에서 늘 새롭게 스스로 그 진리를 발견해야만 한다.

종교적인 호명과 송가적인 텍스트들의 원문보기들

a) 유대교 전례의 18개 찬미가들

(여기서는 단지 종결하는 신호칭들만 인용함 – "봉인들")

> 야훼 하느님, 당신은 찬미받으소서
> 당신 아브라함의 방패이신 분
> 죽은 이들을 살리시는 분
> 거룩하신 하느님
> 인식의 은총을 베푸는 분
> 회심을 보고 기뻐하시는 분
> 여러 차례 은혜롭게 용서를 베푸는 분
> 이스라엘을 구원하시는 분
> 당신 백성 이스라엘의 병자들을 고쳐주시는 분
> 세월을 축복하시는 분

당신 백성 이스라엘의 추방당한 이들을 모으시는 분
정의와 공정을 사랑하시는 분
원수들을 짓부수고 불손한 이들을 굴종시키시는 분
올바른 이들을 위한 발판과 신뢰
예루살렘을 건축하는 분
구원의 뿔이 돋게 하는 분
기도를 들어주시는 분
당신의 임재를 시온으로 돌아오게 하시는 분
그 이름이 "선하신 분", 당신께 감사드림이 합당합니다
당신 백성 이스라엘을 사랑하시는 분

b) 프타Ptah와 레Re에 대한 송가들 (아톤Aton)

프타여, 인사드립니다, 당신이 신으로서 생성된 후에,
당신이 만든 태초의 신들의 면전에서
자신의 몸을 직접 지은 몸
하늘이 생기기 전에, 땅이 생기기 전에
불어나는 홍수물이 아직 차오르지 않았을 때
당신은 땅을 매듭짓고
당신은 자신의 몸을 결합했고
당신은 자신의 사지들을 셈했고
당신은 자신의 장소를 만든 유일한 분으로 발견되었고
신이신 당신은 두 나라를 형성했고
당신이 생겨났을 때, 당신을 만든 아버지도, 당신을 낳은 어머니도
없었습니다
당신, 자신의 체눔Chenum [도공신].
[...]

종교의 현상학

당신은 땅을 들어올리는 자의 형상 안에 있었습니다
당신의 본질은 두 나라를 결합하는 자로 존재하는 것입니다.
당신의 입이 낳은 것, 당신의 손이 창조한 것,
그것을 당신은 태고의 물에서 드러내 올렸습니다.
당신 손의 작품은 당신의 아름다움에 맞추어진 것:
당신의 아들, 가장 오래된 형상 [태양].
당신은 당신 양 눈의 광채를 통해서
어둠과 암흑을 몰아냈습니다.

베를린 박물관의 파피루스 3048

＊ ＊ ＊

레Re, 당신께 문안드립니다, 우주적인 질서의 장인이시여 [마앗트
Maat]
당신이 명령하고, 신들이 생겨났습니다,
아톤Aton이시여, 인간들의 창조자,
그들의 형태를 구분하는 분,
그들의 생명을 창조한 분,
피부색을 통해서 그들을 서로 갈라놓는 분 [...]
당신은 모든 것을 창조한 일자입니다,
존재자들을 창조한 유일한 분,
당신의 눈으로부터 인간들이 생겨났습니다,
당신의 입으로부터 신들이 생겨났습니다,
사람들의 양식으로 채소를 만드신 분,
나일강의 물고기들과 하늘의 새들이 생존하게 하는 것을 만드신 분,

2장. 종교적 언어 – 형태, 기능, 의미

알 속의 생명에 공기를 불어넣고 [자궁 속의] 아이를 살아있게 하는 분,
모기와 벌레 그리고 벼룩들이 생존하게 하는 것을 만드신 분,
구멍 안의 쥐들에게 먹을 것을 주시는 분 [...]

파피루스 불라크Boulaq 117

c) 소포클레스의 안티고네에 나오는 바커스Bakchos-송가(1115-
  1153절)

그대, 수많은 이름으로 불리는 신이시여!
천둥 번개로 하늘을 다스리는 제우스의 아들!
우리 시조 카드모스의 따님 세멜레가 낳은 기쁨의 아들!
대지의 여신 데메테르가 거하는 모든 곳에
진정한 제왕으로 살아계신 이, 오 바커스여!
여기 당신 어머니의 고향을 돌아보소서.
여기 이스메노스 강물에 들판은 비옥하고
그 들판에 용의 씨를 뿌려 용맹한 자손을 낳은 이 테베를 돌아보소서.
테베의 여인들 환희에 차 그대를 경배하니
여기 당신의 영토가 있나이다!

파르나소스 산꼭대기 영감의 샘물이 솟구치는 곳에,
목신들과 숲의 요정들이 당신을 위한 주연을 베푸는 곳에
시커먼 연기 뿜으며 이글거리는 횃불을 들고 오시는 이여!
멀고 먼 아시아의 담쟁이 우거진 언덕을 넘고
탐스러운 포도송이 주렁주렁 매달린 지중해 푸른 해안을 거쳐
거침없이 달려오시는 방랑과 편력의 신이시여!
그대 테베로 오시는 길에

그대 이름 드높이 외쳐 부르는 신비한 목소리 들리네:
"오, 바커스여! 오, 바커스여!"

이 세상 모든 땅 가운데
여기 당신의 진정한 고향이 있으니
제우스의 신부, 당신 어머니의 고향 테베!
아, 지금 이 도시는 끔찍한 죄로 오염되고
시민들은 그 죄악의 손아귀에 붙들려 몸부림치고 있나니,
오, 그대 신속한 치유의 능력으로 어서 오소서!
파르나소소의 높은 장벽을 넘고 유리포스의 거친 광야를 달려
어서, 어서 오소서!

저 하늘을 운행하며 불꽃처럼 타오르는 별들이
마음껏 춤추며 그대를 찬양하나니,
그대를 애타게 부르는 소리 밤을 새워 울려 퍼지네.
제우스의 아들이시여, 나타나소서!
오소서, 이 땅의 주인이시여!
격정과 광란의 춤으로 그대를 찬양하는
목신들과 숲의 요정들을 몰고 오소서!
오, 무한히 풍요로운 바커스여!

d) 마리아의 찬송 (루카 1,47-55)

내 영혼이 주님을 찬송하고(magnificat),
내 마음이 나의 구원자 하느님 안에서 기뻐 뛰니,
그분께서 당신 종의 비천함을 굽어보셨기 때문입니다.
이제로부터 과연 모든 세대가 나를 행복하다 하리니,

전능하신 분께서 나에게 큰일을 하셨기 때문입니다.
그분의 이름은 거룩하고, 그분의 자비는 대대로,
당신을 경외하는 이들에게 미칩니다.
그분께서는 당신 팔로 권능을 떨치시어,
마음속 생각이 교만한 자들을 흩으셨습니다.
통치자들을 왕좌에서 끌어내리시고, 비천한 이들을 들어 높이셨으며,
굶주린 이들을 배 불리시고, 부유한 자들을 빈손으로 내치셨습니다.
당신의 자비를 기억하시어, 당신 종 이스라엘을 거두어 주셨으니,
우리 조상들에게 말씀하신 대로,
그 자비가 아브라함과 그 후손에게 영원히 미칠 것입니다.

e) 시메온의 송가 (루카 2, 9-35)

주님, 이제야 말씀하신 대로
당신 종을 평화로이 떠나게 해 주셨습니다.
제 눈이 당신의 구원을 본 것입니다.
이는 당신께서 모든 민족들 앞에서 마련하신 것으로
다른 민족들에게는 계시의 빛이며
당신 백성 이스라엘에게는 영광입니다.
[...]
보십시오, 이 아기는 이스라엘에서 많은 사람을 쓰러지게도 하고 일
어나게도 하며,
또 반대를 받는 표징이 되도록 정해졌습니다.
그리하여 당신의 영혼이 칼에 꿰 찔리는 가운데,
많은 사람의 마음속 생각이 드러날 것입니다.

f) 새벽이 빛으로 붉어지네Aurora lucis rutilat:
   8세기에 유래하는 부활찬송

   타오르는 빛의 서광
   하늘로부터 천둥소리가 찬송가를 부르네
   땅은 기쁨으로 용약하며 승리를 외치고,
   지옥은 희미한 고통의 신음소리를 내네 -
   보라, 강력한 왕,
   그가 죽음의 힘과 권세를 쳐부수었네.
   그는 발로 지옥문을 밟아 으깨고,
   가련한 성도들을 죄의 부채로부터 풀어주네.
   봉인으로 닫힌 묘석,
   그 앞에 보초를 서고 있는 병사들
   어떤 것도 그를 제지할 수 없고, 승리를 구가하며
   지옥문에서 위로 오르네.
   신음의 숨소리가 자유롭게 되고
   모든 죽음의 고통이 우리에게서 떨어져 나가네.
   빛의 광채 안에서 천사가 우리에게 외치네.
   "그리스도, 주님께서 죽음에서 일어나셨네."
   세상의 창조주시여, 당신께 청합니다.
   죽음이 폭력적인 돌진으로 우리를 위협할 때,
   이 부활의 날에 평화가 우리를 감싸게 해주소서.
   이 백성은 당신의 것, 피난처가 되어 주소서.
   주님, 당신 홀로 영예를 받으소서.
   당신 홀로 죽음에서 일어나셨기 때문입니다.
   아버지와 성령께도 똑같은 영예를 노래드립니다.
   모든 시대를 통해 영원히.

3장

종교적인 세계이해의
표현으로서의 예배

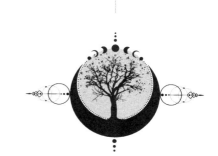

3장. 종교적인 세계이해의 표현으로서의 예배

1. 이해의 어려움들

예배Kultus는 종종 종교에서의 비-철학적인 것으로 이해되고 있는데, 이는 쉽게 종교에서의 "전(前)-철학적인 것"으로 (잘못)이해될 수 있는 종교적인 말과는 상이한 것이다. 예배를 위해서 중심적인 "효력 있는 표징행위들"이라는 생각은 예배를 주술에 근접하는 것으로 보이게 한다. 예배를 더욱 분명하게 주술과 구분하는 시도들은 하나의 세계상을 전제하는 것처럼 보이는데, 이것은 "보통의" (무엇보다도 "과학적인 시대"에 있어서의) 세계관과는 구분되는 것이다. 예배를 통해서 해석된 세계 안에서 모든 작용은, 피조물이 창조주와 그의 활동의 "그림"이라는 점에 의거한다. 오직 그렇게 해석된 세계 안에서만 인간 역시 무엇인가를 일으킬 수 있는 표징들을 설정할 수 있다. 그와는 반대로 과학적으로 해석된 세계 안에서는 "의미하다"Bedeuten와 "일으키다"Bewirken는 엄격히 구분되고 있다. 그렇게

종교의 현상학

해서 생겨나는 비판은, 표징행위들을 통한 작용이라는 표상은 "시대착오"와 "퇴행"의 표현이라는 것이다.

표징들이 작용해야만 한다면, 그것의 형식이 문제가 된다. 그렇게 해서 예배의 근저에 놓여있는 (추정적인 혹은 실제의) "시대착오적인" 세계상은 형식적인 규정들에다 이해하기 힘든 무게를 만들어내는데, 이것은 "살아 있는 경건성"을 저해하는 것처럼 보인다. 그렇게 해서 "의례적인 피상성"이라는 비판이 생겨난다. 의례들에 대한 높은 평가는, 그것들의 형식이 그들의 작용의 조건인데, 누가 모종의 예배행위들을 "적법하게"(rite) 수행할 수 있는가의 물음을 만들어낸다. 그렇게 해서 사람들에 대한 신성한 우대에 이르게 되는데, 이들에게는 고유하게 의례적으로 수행된 신성한 "축성들"을 통한 신성한 행위들에로의 능력이 양도되어야 한다. 이로부터 종교적인 "다수-계급-공동체"라는 비판이 생겨난다.

2. 문제제기와 방법

예배에 대한 사안에 적합한 평가가 가능하기 위해서는, 우선 그 안에서 예배의 행위들이 그 의미를 얻게 되는 바로서의 맥락을 해명하는 것이 필요하다. 그런 이유로 물음은 다음과 같다: 어떤 세계이해가 예배 안에 함축되어 있는가? 방법론으로서 우리에게 도움이 되는 것은 이하에서도 현상학과 그것의 "근본법칙"인데, 이것은 종교적인 언어에 접해서, 그러나 또한 종교적인 행위들의 구조에 접해서 "노에시스와 노에마 간의 엄밀한 상관관계"를 알아내게 한다(참고. 1장).

몇 개의 잠정적인 대답들(더 세분된 대답은 아래의 130쪽, "예배를 통해서 해석된 세계의 기초건립계획"이라는 제목 아래서 주어질 것이다):

– 첫째 대답: 예배적으로 해석된 세계이해에 있어서 관건이 되는 것은, 행위를 통한 이해이다
(종교적인 실천의 함축으로서의 종교적인 이론).
관찰: "이론"Theoria은 본래 "순례", 곧 사람들이 신성으로 시선을 향하고 신성의 시선 안으로 들어설 수 있는 곳으로 가는 것을 의미한다(참고. 파이돈 58a). 거기서 경험이 이루어진다: 신의 말 건넴("prosrhesis tou theou")은 물음에로의, 또한 철학적 물음에로의 능력의 원천이다(카르미데스 164d) – 그러나 항상 회수되지 않은 채 남는 원천이다.

– 둘째 대답: 관건이 되는 것은 목적행위와 표현행위의 차이에 선행하는 특정한 실천을 통한 특정한 이해이다.
선(先)지시: 효력 있는 표징으로서의 "그림–행위"는 예배 안에서 매개된 종교적인 세계이 해의 근본개념이며, 전체적인 경험세계는 그림–결합체로서 이해된다. 이로부터 신성한 것 과 세속적인 것Profanen(현세적인 것Säkularen이 아닌)의 차이와 부속이 이해된다: 존재하는 모든 것은 성스러움의 그림이다. 신성한 그림 안에서 모든 존재자의 이러한 성격이명시적으로 드러난다.
관찰: 존재와 현상함의 관계는, 종교적으로는 에이도스Eidos(원형태)와 에이돌론Eidolon(모상형태)의 관계로서 해석되는데, 현상들을 그들의 본질에 의거하여 주석하는 철학적인과제의 근원이다 – 그러나 철학에 의하여 회수되지 않은 그들의 근원.

선(先)지시: 언어이론과 행위이론의 방법론적인 분리는, 묘사를 위해서는 불가피한 것이라 하더라도, 인위적인 것이다. 신화들로부터 의례들의 "연역"에 대한 물음이나 혹은 그 반대의 것은 잘못 설정된 것이다. 말이 없는 의식들Ritualien은 존재하지 않는다(아마도 언어행위들과 결합된 의식Ritual 안에서 침묵하며 수행된 개별적인 의례들 Riten은 있겠지만). 행위연관이 없는 종교적인 말들은 존재하지 않는다(아마도 송가의 언어행위로부터 독립적이 된 신학은 존재하겠지만). 이때 언어구조들과 행위구조들은 똑같은 정도로 선험적인 의미를 가진다: 그것들은 맥락을 앞서 지시하는데, 그 안에서 "객관적으로 타당한" 것으로 승인되어야 하는모든 것이 자신의 자리를 발견해야만한다. 그러나 "객관적인 타당성"이 무엇을 의미하는지는 그때마다 탐구되어야 하는데, 이것은 노에시스와 노에마의 "상호관계"의 각각의 방식에 특유한 직관형식들, 범주들 그리고 이념들에 종속되어 있는 것이다.

이로부터 이번 장의 구축이 생겨난다: A 단락은 예배적인 행위의 유형들과 그것들의 구조적인 표지들을 소개하며, B 단락은 예배적으로 이해된 세계의 직관형식들, 범주들 그리고 이념들을 다루며, C 단락은 예배를 종교적 경험의 학교로서 해석한다.

A   예배적인 행위의 유형들

예비적인 소견: 의례와 의식

단어설명:

"의례Ritus"란 말로 사람들이 이해하는 것은, 오직 "타당하게"

그리고 "효력 있게"("rite") 수행될 수 있는 말들과 행위들인데, 이때 개별적인 화자나 행위자의 결정에서 벗어나 있는 모종의 각인된 형식들이 엄수되는 경우이다. "의식Ritual"이란 말로 사람들이 이해하는 것은, 그 안에서 의례들이 구성적인 역할을 하는 바로서의 예배적인 말들과 행위들의 복합체이다.

해석:

의례들의 의미는, "신의 인격 안에서in persona Dei" 말하고 행동하는, 다시 말해서 신성의 말과 업적에 경험가능한 그리고 공동의 의례거행자들에 의해서 동일시될 수 있는 현재형태를 부여하는, 의례거행자의 과제로부터 생겨난다.

결론:

예배적인 말과 행위가, 그것들의 준수에 자신의 타당성과 효력이 달린 바로서의 모종의 형식법칙들 아래에 놓여있다는 **사실**은, 의례거행자들이 우선적으로 자신들의 고유한 의견이나 의도를 표현하는 것이 아니라, 인간적인 말함과 행함의 현상형태 안에서 신성의 임재에 봉사한다는 것으로부터 생겨난다. 그렇기에: 그것은 자의적인 새-고안물이 아니다.

그와 같은 말과 행위가 의례적으로 규율되는 **방식**은, 한편으로는 현현되어야만 하는 신성의 말과 행위의 내용으로부터 생겨나며, 다른 한편으로는 의례를 거행하는 공동체가 이러한 신적인 말과 행위의 기억을 계속 전달하는 이들의 전승공동체 안으로 가담하는 것으로부터 생겨난다. 그렇기에: 그것은 철저한 전통단절들이 아니라, 전통사적인 계속적 발전이다.

그들의 전통역사 안에서 예배공동체의 장소규정은 **종교적인 의식법규를 위한 형성공연장**Gestaltungsspielraum을 개시한다: 그것은 주관적인 "형성—공상phantasie"을 드러내는 것이 아니라, 타당하고 효력 있는 종교적 언사와 행위를 위한 규칙들의 계속적 발전이다.

1. 길들—의식들: 순례, 영접의 의례들, 성체거동 행렬들

상이한 내용의 예배들 안에서 형식적으로 비교할 수 있는 주제들이 등장하는데, 이것들은 신성과의 관계의 "근본유형"을 지시한다.

신성은 "멀리" 있지만, 구하고 발견되게 한다(순례들).

신성은 "거기에 있었고", "멀어졌지만", 다시 돌아온다(영접의 의례들).

신성은 사람들 사이에 자신의 장소를 갖고 있지만, 사람들은 그 장소를 늘 새롭게 획득해야 한다(성체거동 행렬들).

모든 "길들—의식들"은 하나의 의미계기를 부각하는데, 그것은, 덜 명시적이더라도, 각각의 예배행위에 속한다: 성스러움의 "멀리 있음"과 "근접"의 중재(그것이 인격적인 신성으로 생각되지 않는다고 하더라도). 성스러움의 "멀리 있음"은 길들을 필요한 것으로 만들며, 그 길들 위에서 인간들은 성스러움에게로, 성스러움은 인간들에게로 가고 있으며, 혹은 그 길들 위에서 성스러움은 의례를 거행하는 공동체와 함께 공동으로 자신의 "세상 안으로의 진입"을 갱신한다. 성스러움의 "근접"은 길들을 가능하게 만드는데, 왜냐하면 인간이 성스러움을 구하고 발견하며, 그를 기억하고 혹은 초대하며 인사할 수 있기 때문인데, 오직 이러한 각각의 행위 안에서 성스러움 자체가 자신을 현현하며 작용하는 것으로서 입증하는 한에서 말이다. (그런 한에서 각각의 길들–의식은 "성체거동적theophorisch"이다.)

　근접과 멀리 있음의 이러한 대립–통일과 "임재"의 사건을 통한 그
것들의 중재는, 이러한 관계를 공간적인 길들과 궤도들을 통해서 표징
적으로 제시하지 않는, 예배적인 축제의 다른 형식들 또한 규정한다.
그때에도 예배의 말들과 행위들은 그러한 "임재"의 현상형태들이다.

　보기들

a) 엘로이시스Eleusis를 향한 순례

　예배과정의 요약: 아테네의 출입문들 앞에 일군의 사람들이 모여
있는데, 이는 유괴당한 딸을 찾으려는 모신 데메테르Demeter를 동
행하기 위함이다. 찾고 있는 신성의 현존표징들이 전날 밤에 한 "상
자" 안에 감추어진 채 아테네로 옮겨졌고, 엘로이시스로 가는 길에
함께 운반되고 있다. 순례자들은 출발한 후 곧 그림이 없는 길들–
신이 그들 가운데 현현하고 있음을 인식하고, "이아크 오 이아케
Jakch'o Jakche"[* 역자 주 : '이아쿠스'를 가리키는 말, 이아쿠스는 디오니소
스의 별칭이거나 혹은 페르세포네의 아들 혹은 데메테르의 아들의 호칭인 것으로
여겨지고 있다]라는 이름을 부르며 그에게 인사한다. 엘로이시스에 도
착하자, 그들은 창문이 없는 주랑식 현관으로 가서 햇불의 빛을 받
으며 원무를 춘다. 거기서 찾고 있는 신성이 그들에게 금으로 된 이
삭의 현상형태 안에서 나타난다. 이러한 관조(Epopsis)는 새로운 탄
생의 순간으로서 여겨지며, 이를 통해서 순례자들은 죽음 안으로의
그리고 새로운 생명을 향한 여신의 길을 따라 걸을 수 있게 된다.

b) 디오니소스Dionysos의 영접

예배과정의 요약:

합창단이 송가를 부르는데, 그 안에서 합창단은 신성의 탄생과 삶에 대해서 이야기한다. 이때 합창단은 그 신성이 자신의 기억에 충실함을 찬양하며, 그에게 새롭게 출현할 것을 청한다: "당신을 드러내소서, 신성이여"[* 역자 주 : 이 문장은 그리스 원어의 음역으로서 내용이 정확히 확인이 안 되어서 역자가 문맥에 맞게 의역함]. 성들 위의 파수꾼들은 멀리 떨어진 섬들로부터 도착하고 있는, 그가 탄 배가 가까이 옴을 선포한다. 그 배가 접안되는 도처에서 춤을 추는 요정들이 나타나며, 그들은 신의 주도 아래서 별들의 춤을 모사적으로 반복한다. 그에 따라서 나무들과 덩굴들이 열매를 맺는다. 기다리고 있는 공동체는 마찬가지로 운무를 준비하는데, 그것은 공동체가 신이 거기에 있을 때 비로소 실행할 수 있는 것이다. 배가 항구에 도착하고, 선박운반대에 올려지고, 선박차량(carrus navalis)으로서 도시 안으로 이끌려진다. 신이 근접함에 따라, 사람들은 "신적인 광기"(Theia Mania)에 빠지며, 이것이 그들에게 "신적인 말들"을 발설하게 한다. 이때 그들은 상징적으로 신의 죽임을 "무녀들"을 통해서 묘사한다. 축제는 범람하는 술잔치인 "바커스제Bacchanal"와 함께 끝나며, 그 마지막에 "바실레우스Basileus"는 "바실리사Basilissa"와 함께 거룩한 동침을 실행한다.

c) 예루살렘에서의 성전행렬

예배축제의 요약:

도착하는 순례그룹은 도시의 입구에서 입장허가를 열망한다 —

3장. 종교적인 세계이해의 표현으로서의 예배

"누가 주님의 산에 오를 수 있으랴..."(시편 24,3-6) - 그리고 대답으로서 열거된 조건들을 얻는다: "깨끗한 손을 가진 자..."(더 상세히는 시편 15). 순례그룹의 인솔자는 조건들의 이행을 확인한다: "이들이 그분께 대해 묻고, 야곱의 하느님인 당신의 얼굴을 찾는 세대입니다"(가정해야 할 것: 선행하는 정화의 의례들). 이로부터 "영광의 주님을 위한" 문들의 열림이 청해지고, 이때 그 문들은 "영원히 지속하는" 것들이다 - 세계만큼이나 오래된! 그렇기에 시편의 시작은 이렇다: "땅과 그것을 채우는 것은 주님의 것이라네", 시편 93 참조: "오 주님, 당신은 한 처음에 땅을 만드셨습니다", "당신의 어좌는 예로부터 굳게 세워져 있고".

삽입: 이 왕은 어떤 분인가, 놀라워하는 되물음, 그리고 응답: "군대들의 주님". 가능한 설명: 비판적인 습득을 요구하는 예배-인수Kult-Übernahme의 침전.

2. 제의들, 가면들 그리고 그림들에 대하여

제의들과 가면들의 착용이 역할을 하는 특별한 예배형식들 안에서 예배적 행위 일체의 특징이 분명해진다: 인간적인 행위와 말 안에서 신적인 말들과 행위들의 복합체가 효력 있는 현재를 획득한다. 그 안에 포함된 것은: 세상 안에서 신의 "인격"으로 존재하는 인간의 위탁: 그것을 통해서 신성과 그의 말 건넴이 "관통하여 울리는" 바로서의 형태. 그러나 여기서 새로운 현재를 획득하는 것은, 신성으로부터 유래하여 일찍이 벌써 발생한 것이고, 예배-상기의 내용을 이룬다. 이것은 다시금, 존재하는 모든 것(전체의 세속적인 세계)이

동일한 신적인 말들과 행위들을 통해 규정되어 있다는 점을 통해서 만 가능하다. 이것들이 예배 안에서 그 명시적이고 구상적인 형태를 획득한다(예를 들면, 거인족과 신들의 평화를 통해서, 주피터의 우주적이 고 정치적인 세계통치를 통해서). "신성한 것"과 "속된 것"은, 그것들의 상호적인 부속 안에서 신적으로 일으켜진 태초의 사건이 새롭게 그 리고 갱신하면서 회귀하는 바로서의 양쪽의 절반의 그림들이다. 이 때 그림행위들과 그림형태들은 신성의 현재상징들로서 불가결의 역 할을 한다. 그것들은 의례거행자들에게 신성의 저 효력 있는 현재 를 확신하게 만드는데, 그것에 의거하여 의례거행자들은 신성의 작 용을 그림-말들과 그림-행위들을 통해서 모사적으로 현현하게 설 정하는 능력을 갖게 된다. 그러나 신성의 중심적인 현재상징은 의례 를 거행하는 공동체 자체이며, 그 안에서 비록 어떤 가면도 착용하 고 있지 않음에도 불구하고 "신의 인격으로" 말하고 행동하도록 부 름을 받은 인격들이다(바오로와 용서의 말!).

이로부터, 수많은 "시원론들" 안에서 인간의 소명과 함께 세계의 창조에 대한 설화가 예배축제로 끝나고 있다는 점이 이해가 된다 (완성된 창조활동의 날로서의 안식일, 그것의 축제에 인간이 부름을 받고 있다).

모든 그림행위들과 그림형태들의 두 개의 위험들:

a) 예배가 주술로 전도되는 위험: 세계를 갱신하는 신적인 근원들 의 임재에 대한 봉사로부터 인간적인 목적을 위해서 초세계적 인 힘들을 이용하려는 시도가 생긴다.

b) 성상숭배와 성상파괴의 이중의 위험: 그림이 그것이 현재에 드 러내야 하는 것과 동일시되거나, 혹은 추정적으로 신적인 것과

의 직접성에 도달하기 위해서, 대개는 "순수한 내면성"의 평가
절상을 통해서, 그림이 파괴된다.

보기들

a) 아테네 여신 대축제-행렬: 몇몇의 "아테네 신전들"의 병합인가?

예배축제의 요약:

선발된 소녀들이 아테네를 위한 옷을 짜고(그리고 수놓고?), 다음
을 위해서 제시되었다: 거인들에게 승리할 때 여신의 행적들. 의복
은 바닷물에 씻겨지고, 선박수레에 단 돛으로서 아크로폴리스로 운
반된다. "폴리아스Polias"의 입상이 (아테네와 포세이돈의 공동의 성전
에서) 새로운 의복으로 입혀진다.

b) 로마의 개선 행렬

예배축제의 요약:

원로원과 의회는 승리를 거둔 사령관의 제안으로 개선행진을 허
락한다. 병사들은 정화의 "좁은 문들"을 통과한다. 황제는 월계관,
별들로 수놓은 외투 그리고 주피터의 독수리문장 지팡이(후에는 주
피터의 천구도)를 몸에 지니고, 그렇게 신 자체를 드러낸다. 그는 "주
피터의 인격으로", "신의 가면을 쓰고" 행위한다(그래서 다음의 경고:
"네가 죽을 존재라는 것을 기억하라Memento te esse mortalem" – "그러
므로 세상의 영광을 거스른다Sic transit gloria mundi").

전리품들은 축성의 선물들로서 주피터의 신전에 올려진다(참고.

로마의 티투스 개선문 위에서의 제시), 황제는 신에게 그의 주권의 상징들을 돌려준다.

c) "위대한 디오니소스 축제"와 가면들

예배과정의 요약:

디오니소스의 초상이 엘라우테라이로부터 아테네로 옮겨지고, 그의 가면이 코라Chora에 있는 기둥에 걸린다. "가무단Choreutai"은 원무로 춤을 추며, 본래는 수염소들("Tragoi")로서 분장하거나 혹은 디오니소스 행렬("Komos")의 에로틱하게 자극하는 의상으로 상응하는 노래들을 부르며(트락오다이Trag-odai 혹은 콤오다이Kom-odai[* 역자주 : 비극과 희극의 드라마 경연 의미]), 하지만 이제는 무녀들처럼 무아경의 열광적인 형식들 안에서가 아니라, 이쪽과 저쪽에서 (응송과 계송) 합창단의 보조를 맞추는 제약된 형식 안에서. 그들의 대열로부터 "합창단원들Chorageten"이 등장하는데, 이들은 합창대와 대담하며 등장하고, 마침내 "주역들" 또한 등장하여, 이들은 신으로부터 가면을 빌려서 이제, 합창대 및 지휘자와 교체하며, 신들과 영웅들의 행위들, 수난과 말들을 볼 수 있게 그리고 들을 수 있게 만든다.

d) 로마의 백주년 기념제

예배 거행의 몇 가지 계기들:

- "누구도 두 번 거행하지 않는다"는 축제의 외침, 시간적으로 이전의 백주년 기념제를 체험한 마지막 시민의 죽음을 통해서 정

의됨: 그 어떤 시간상의 증인도 존재하지 않는 백주년들 사이의 시간을 위해서는, 전승의 전달을 통해서 그것들의 증언이 대체되어야 한다.

- 지하 제대들의 발굴: 일상의 세속적인 삶을 가능하게 만드는 거룩한 토대는 명시적으로 빛을 받도록 올려져야 한다.
- 쌍둥이 신들Dioskuren의 도래, 이들은 사멸성과 불멸성을 서로 나누어 가지며, 그래서 그때마다 살아 있는 세대들의 죽음을 넘어서서 국가의 존속을 가능하게 만든다.
- 세대들의 교체 안에서 로마 국가의 "주기적인" 갱신의 현재표징으로서의 쌍둥이 신들의 경마(이를 위한 표징: 각각의 회전이 완성될 시에 깨뜨린 달걀).
- 도시신들을 거명하고, 국가의 역사를 상기시키며 그 갱신의 때를 알리는, "시대의 찬송가Carmen saeculare".
- 도시법규와 그것의 "수정"의 장엄한 낭독.

3. "근원들로부터의 갱신"의 의례들: 신년축제, 즉위축제, 도시창립축제

a) 체계적인 예비적 소견

예배의 과제는 신적인 근원들의 발생적인 임재에 대한 봉사 안에서 그들의 "멀리 있음"과 "근접"의 중재이다. 성스러움의 멀리 있음과 근접의 이러한 중재는 구함, 발견 그리고 "영접"의 길들 안에서 **공간적인** 현상형태를 가지며, 도래와 만남의 장소들 안에서 질적인 현상형태를 갖는다: 그림(옷, 가면, 그림말 그리고 그림행위)은 성스러움 자체가 아니다; 하지만 이것은 그림 안에서 현재를 획득한다. 그런데 성스러움은 *시간적인* 현상형태 또한 갖는다: 발생하는 임재의 순간을. 이것은 사건들 그리고 그와 함께 시간의 세속적인 경과를 중단하고, 동시에 그것에 견고한 연관점을 부여한다. 이로부터 예배 상의 "시간의 리듬화Rhythmisierung"가 생겨나며, 이것은 그것의 한 갓 주기성과는 구분되어야 한다.

축제의 때는 시간의 흐름 속에서의 "지금"이다: 이 임재들의 각각 은 축제거행자들을 근원들과 "표징적으로 동시적이게" 만들며, 그 런 이유로 동시에 그 안에서 세계와 인간적 생명이 "다시 한번 시초 에 서게 되는" 바로서의, 그리고 그렇기에 근원으로부터의 철저한 갱신의 기회를 선사 받게 되는 바로서의 때이다. 각각의 예배적인 행위의 이러한 국면은 특별한 예배형식들 안에서 명시적으로 드러 나며, 이것들은 세계의 근원들로부터의 세계의 갱신을 특별한 주제 로 삼는다.

b) 의미계기들

그림형태들의 사용 하에서의 그림말들과 그림행위들의 결합체로 서의 예배적인 축제는 스스로 이미 예배적으로 이해된 해(年)의 *해석* 이거나(별들의 혹은 신적인 창조일들의 표징으로서의 일곱 행성들의 군무 – 일곱 행성들의 그리고 그와 함께 안식일로 완성되는 창조의 표징으로서 의 가지가 일곱인 촛대 – 티투스가 예루살렘을 정복하고 로마로 가져온 승리의 전리품들의 일부로서의 로마 티투스 개선문에 제시됨) 혹은 스스 로 이미 예배적으로 이해된 세대들의 연속의 해석이며(쌍둥이 신들의 "사멸하는 불멸성"의 모사), 그러나 동시에 근원들의 발생적인 임재의

중재이다. 이 근원들은 자연적인 혹은 사회적인 사건에 비로소 한 처음에 발생한 것이 효력 있게 회귀하도록 하는 능력을 부여한다.[1]

여기서 존재론적인 그리고 동시에 종교적인 근본범주로서의 "모방Mimesis"의 의미가 나타난다: "세속의" 순환적인 경과들은 예배적인 모사행위들(모방들) 안에서 새롭게 그리고 갱신하면서 현재를 획득하는 것의 일련의 모사사건들(모방들)이다. 그렇기에: 좋지 않은 때에 거행된 예배는 신성모독이며, 태만한 예배는 세계에 대한 거절된 봉사이다.

c) 보기들

신년축제들, 부족과 도시의 근원의 축제들
즉위의 축제들 – 빈번하게 서로 결부된 채
유대의 신년축제
로마의 백년제

4. "신적인 생명에 참여함"의 의식들: 죽임의 의식들, 희생제물, 성찬례

체계적인 예비적 소견:
예배적인 행위들은 순수한 목적행위들도 아니고, 순수한 표현행

---

1   그런 이유로: 열린 결정의 지금 안으로 시간의 전 순환의 집결: "시대의 강력한 순환이 새롭게 시작됩니다Magnus ab integro renascitur orbis saeclorum"(베르길리우스Vergil, 4. Ekloge Vers 5); 하이데거Heidegger: "축제는 역사의 근원이다"(Höld. 191).

위들도 아닌, 그림행위들이다.

그것들의 과제: 재-현 = "현재화됨"의 준비

특별히: 의식적인 죽임들은 "모든 시간에 앞선 죽음"의 모사들로서 여겨지며, 동시에 이 세상 안에서 "죽음을 지닌 생명"의 근원으로서 여겨진다.

a) 인식할 수 있는 제물-성격이 없는 죽임의식들 혹은 제물-성격이 이차적인 죽임의식들

보기들:

머리사냥과 식인풍습

아즈텍의 "인간제물" (제물성격이 이차적임)

축조제물, 다시 말해서 도시성곽과 가옥의 축조 시 죽임의식들

거기에 속하는 "시원론적인" 경험세계의 해석:

경작지와 호흡공기 안에 맡겨진 생명력, 그러나 또한 모든 생명들의 죽음배태(설명되어야 할 것Explanandum)은 신성의 생명을 선사하는 죽음(설명함Explanans)으로부터 유래한다.

결론: 모든 생명은 신성(아도니스, 오시리스)의 죽음으로부터 유래하며, 아마도 심지어 신성의 자발적인 자기헌신으로부터 유래하며(그리스도교 안에서만이 아니라!), 신성 그리고 동시에 세계에 대한 봉사로서 신성과의 죽음의 공동체 안에서 인간의 자기헌신으로 완성된다.

b) 종교의 현상학을 위한 이 의식들의 일반적인 의미

죽음을 배태한 자신의 생명 안에서 인간 자신은 세상의 생명을 위해서 자신을 헌신한 신성의 탁월한 그림이다("우리는 신들의 죽음으로 살고, 그들의 생명에로 죽는다", 헤라클레이토스 B 62). 인간에게 이로울 수 있는 세계요소들의 모든 생명력은 신성의 생명을 선사하는 죽음의 현재형태이다. 그리고 인간의 특수한 작용력은 이 생명을 선사하는 죽음의 모사로 존재하는 소명 안에서 그리고 세계요소들의 일반적인 모사성을 그들의 근원들로부터 갱신하는 바로서의 특별하고 새로운 모사들을 설정하는 소명 안에서 정초된다. 이 모든 그림은 그런 한에서 인간의 대리자들이다. 이때 이러한 의식의 피로 물든 형식들과 나란히 피로 물들지 않은 형식들도 가능하다. 가장 단순한 것은: 생명을 선사하는 호흡, 그것은 피리 안에서 음향이 되며, 씨앗을 싹트게 하고, 죽은 조상들에게 되돌려진다: 죽어가는 신이 선사한, 신적인 생명호흡의 모사(아즈텍의 매장-의식의 일부로서의 피리연주; 오늘날까지 멕시코에서 계속되고 있다).

c) 구성적인 제물성격을 가진 죽임의식들: 희생제물

α) 두 개의 보기들:
- 바빌로니아인들의 창조 서사시인 "에누마 엘리쉬Enuma Elis"에
  따른 희생제의 제정:
  희생제물을 위한 직접적인 동기는 신들을 경작일로부터 면제
  하려고 제공된 신들의 음식이 다. 그런데 그와 함께 문제는 단
  지 유예되고 있다: 어째서 신들은 일을 하고 먹어야만 하는가?

그리고 어째서 경작지가 신들을 위해서도 생명을 산출할 수 있는가? 더 넓은 맥락을 형성하는 것은 신들의 태곳적 전쟁이다. 여신 티아마트Thiamat의 죽음과 그녀의 시신으로부터 세계의 창조, 특별히 그녀의 피로부터 인간의 창조. 그런 이유로 히브리어로 담Dam(피), 아담Adam(인간) 그리고 아다마Adamah(경작지)는 동일한 어원에서 형성되고 있다.

- 지속하는 생명-요소로서의 극복된 무질서:

시리아(우가릿Ugarith)에서는 비는 승리한 바알Ba'al에게 바치는 바다-용의 공물로서 간주된다. 인간은 무질서에 대한 승리의 지속적인 갱신을 위해서 지정되었다. 이러한 갱신은 신들에게 바치는 피-공물을 통해서 발생한다.

인간의 소명의 표징: "천상의 현관"("Bab ili" - 그런 이유로 도시의 이름)으로서의 바빌로니아 탑과 희생제물에 연결되는 신들과 인간들의 향연.

β) 의미계기들:

- 설명되어야 할 것Explanandum: 무질서는 우주보다도 "더 오래된" 것이다. 무질서는 저절로 생겨나며, 질서는 사람들이 만들어야만 한다; 투쟁은 저절로 생겨나며, 평화는 사람들이수립해야만 한다. 각각의 질서는 "무질서를 배태한" 것이며, 각각의 평화는 "갈등을 배태 한" 것이다. 질서와 평화의 "표면 아래에" 무질서와 투쟁이 계속해서 존립한다.

- 설명Explanatio: 모든 질서는 싸워 이긴 무질서로부터 생성되었으며, 무질서의 상태로 되돌아가지 않기 위해서 이 승리의 갱

3장. 종교적인 세계이해의 표현으로서의 예배

신을 필요로 한다.

d) 일반화의 시도

무질서의 힘들에 대한 승리의 상기가 모든 희생예배들에 있어서 결정적인 역할을 하는 것은 아니다. 그렇다면: "도살"로부터 "식사"로 강세의 옮김. 도살은 이제 단지 식사의 준비일 뿐이다.

세계를 그 근원들로부터 갱신하는 필연성은 호흡, 영양 그리고 세대교체에서 알려지며, 이 근원들과의 약화된 관계로부터 해석된다: "그 자체로" 마지막으로 발생한 것은, "우리를 위해서" 늘 새롭게 발생해야만 한다. 이러한 갱신의 필요성은 근원들 자체의 약화로서 이해될 수 있다. 신성들의 식사의 필연성은, 세계의 갱신필요성으로부터 그 근원들의 갱신필요성으로 추론되자마자, 생겨난다(신들은 "영양"을 통해서 강화되어야만 한다).

반대검증: "멀리 있음"이 "약함"으로서 해석되지 않는 곳에서, "식사"가 없는 "도래"가 가능하다. 최고신들에 대해서는 희생제물이 없음.

상응하게도 성서의 신은 그 어떤 식사도 필요로 하지 않는다: "나 비록 배고프다 하여도 네게 말하지 않으리니 누리와 그를 채운 것들이 나의 것이기 때문이다"(시편 50,9 이하). 예언자들에게 있어서는: 불신을 통한 신 관계의 교란과 화해양식으로서의 희생제물. 인간은 용서를 통해서 생명을 선사하는 신과의 근원적인, 그러나 상실된 관계 안으로 받아들여져야 한다. 공물은 희생하는 자의 자기헌신을 위한 대리의 표현이 되며, 그리하여 화해양식의 "질료"가 된다.

이때 특별히 빈번한 공물들: 음식물, 따라서: 신성의 영양에 기여하는 것으로서의 공물. 그로부터 그것과 도살과의 연결이 이해할

만한 것이 된다(식물들–추수 역시 "도살"이다).

5. 입교의례들과 정화의례들

a) 특징들

공통적인 것: 한 개인이 예배공동체의 삶에 적극적으로 참여할
  수 있도록 혹은 그 안에서 특별한 기능들을 넘겨받을 수 있도
  록 능력을 주는 예배의 행위들.
차이: 입교의례들은 개인의 삶 안에서 오직 한 번만 수행되며, 경
  우에 따라서는 새로운 삶의 시기에 들어설 때마다 한 차례 수
  행되며, 정화의례들은 반복된다.
공통의 전제:

  인간은 "태곳적으로부터" 예배로 불림을 받았다고 하더라도,
  자체에 의해서eo ipso 예배의 능력이 있는 것은 아니다. 예배능
  력은 그에게 고유한 예배의 행위 안에서 부여된다.

b) 다른 예배형식들의 이해에도 기여하는 의미계기들

α) 두 계기들의 긴장:
– "처음부터의"(종종: 선조의 소명) 인간의 예배능력과
– "구체적인"(존재적인 혹은 습득된 불순함) 인간의 예배–무능.
  그런 이유로 종종: 원죄를 통한 원(原)역사의 종결은 본래의
  "순수성"(예배능력)의 상실 을 해석한다. 그러나 생활세계 역시
  "불순하게 만드는" 계기들을 내포한다(인간의 잘못과 함께 혹은

그것 없이).

β) 불순함은 예배에 함께 작용함을 신성모독으로 만든다:

예배가 신에 대한 봉사일 뿐만 아니라 세계에 대한 봉사이듯이, 불순함은 개인적인 신 관계의 교란일 뿐만 아니라 세계질서의 교란이고 동시에 그것의 결과이다.

그런 이유로 종종: 신성한 것은 터부를 통해서 보호받는데, 그것의 침해는 "신성의 분노"를 일으키며, 또한 범죄자에 대한 심판뿐만 아니라 세계에 대한 심판에까지 이르게 한 다.

결과: 자기보호로서의 범죄자에 대한 인간들의 분노, 그러나 또한 "신성의 분노의 공(共)수행".

위험: 공격의 방출.

"신의 분노"라는 개념에 대한 소견들: 신성의 "복수심"이 아니라, 인간에 의해 일으켜진, 신적인 구원의도들의 전도의 결과.

c) 특별히 유포된 수행형식들

입교와 반복가능한 정화의례들에 대해서 공통적인 것:
- 단식, "세속적인" 환경세계와의 분리, "세속적인" 일상의 용무들의 단념을 통한 준비
- 그런 연후에 이중의 의미에서, 곧 정화의 목욕으로서 그리고 죽음 안으로 담금과 새로운생명으로 깨어남으로서의 목욕,
- 이중의 의미에서, 곧 "낡은 인간을 벗음"으로서 그리고 죽음상징으로서 좁은 문을 통과해감, 그리고

- 새로운 의복(서임Investitura).

입교 시에 특수한 것:

- 거룩한 말들과 기구들의 넘겨줌을 통한 준비.
- 다른 죽음상징들(육체의 의례적인 상해, 상징적인 매장)과 결부된 목욕
- 새로운 의복, 때때로 "섬유로 된" 것이 아니라, 피부를 태워서 (존재론적인 부착Inhaesio ontologica의 표징).
- 새로운 이름, 종종 "성체거동적인 요소"와 함께.
- 의례의 고유한 부분으로서의 신성한 기능의 일회적인 실행: 신성을 통한 입양, 신성에게 입교자를 넘겨줌 그리고 "회수", 때때로 또한 "남신과 여신의 성교를 흉내 내는 종교의식hieros gamos".

눈에 띄는 것: 죽음과 새로운 탄생의 의례들의 우세.

인간은 온전히 신성의 현재형태가 되기 위해서 "스스로 죽어야"만 한다. 이것을 가능하게 만드는 예배의 행위는 드물지 않게 세계의 생명을 위한 신성의 죽음의 추(追)수행으로서 해석된다. 그런 연후에 입교자 자신이, 그러나 또한 화해자는 "첫배의 희생제물"이 되는데, 이것은 신의 죽음을 "복제한" 것이다.

혹은: 무질서의 시원적인 극복의 추수행. 그렇다면 입교 혹은 정화는 "무질서의 힘들의 억제"가 된다.

혹은: "이 세상"에 대한 심판과 또 다른 세상으로 넘어감(통과의 의례rite de passage)의 선취.

3장. 종교적인 세계이해의 표현으로서의 예배

B 예배를 통해서 해석된 세계의 "기초건립계획"

1. 세계의 이념

a) 예배적으로 해석된 경험세계의 근본규정들

예배적으로 해석된 경험세계의 근본규정들은 그 경험세계가 자신의 근원들과 갖는 관계 안에서 다음과 같다: "멀리 있음", "근접" 그리고 현재를 구축하는 "그림들" 안에서 "발생하는 도래". "시초들"은 시간이 없는 원(原)-형태들로서가 아니라, 전-시간적인 원-사건들로서 생각된 것이기 때문에, 세계 역시 모사적인 사건들의 총체적 결합체로서 생각되고 있다. 예배적으로 이해된 세계는 "에너지론적으로" 생각된 것이다. 세계요소들과 마찬가지로 누멘들의 "존재"는 그들의 "작용-중에-있음", 그리스어로 "ἐν ἐργεια"이다.

이러한 세계이해의 중심적인 표현은 언어적으로 표현된 상기와 비-언어적인 행위들의 결합인데, 이 행위들을 통해서 회상의 내용은 "현재화" 되어야만 하는 것이다. 이러한 결합의 근거는, 신성이 "저 시대에in illo tempore"(시원론적으로 이야기된 사건들의 전(前)-시간에 혹은 시간 안에서 일으켜진 새 시작의 시점에) 행한 것이 늘 새롭게 인간의 경험시간의 한복판에서 "회귀" 할 수 있다는 점에서 알려진다.

여기서부터 시원론적인 상기와 예배적인 행위 사이의 연관이 분명해진다: 시원론적인 말은 인간의 경험세계의 요소들을 누멘적인 시초들의 재-현적인(현재를 중재하는) 모사형태들로서 해석한다. 예배적인 표징행위가 가능한 것은, 세계-요소들이 늘 이미 시초들의 그와 같은 현재형태들이기 때문이다; 예배적인 표징행위가 필수적인 것은, 그것이 늘 새롭게 누멘적인 시초들의 그와 같은 모사형태들이 되어야 하기 때문이다. 예배는 경험세계의 근원들로부터 그것의 "재탄생"을 기념하는데, 그것이 "새로운 우주개벽설"로서이든, 그것의 구축 안에서 우주개벽설이 완성된 바로서의 예배공동체의 재탄생으로서이든 말이다. 시간 내에서의 사건들이 예배적인 축제의 내용들이 된다 하더라도, 그것들은 곧 우주개벽설의 해석을 발견한다.

보기들:

– 이집트로부터 탈출함은 그 안에서 신이 "휴식에 이른" 바로서의 창조–안식일의 모사로 해석되고 있는데, 이는 신이 세계를 자립하도록 방출했고, 그런데 이스라엘은 이러한 "숨을내쉼"을 노예와 하녀들 그리고 심지어 동물들에게 계속 전해주기 위해서 모사적으로 "휴식에 이르게" 되면서이다.

– "죽은 이들 가운데서 첫 번째로 태어난 이"로서 그리고 동시에 "모든 피조물 중에서 첫 번째로 태어난 이"로서 부활한 예수 – 새로운, 그러나 또한 이미 옛 피조물의 원형.

b) 행위로서의 예배와 사건맥락으로서의 세계

– 일반적으로: 예배는 행위(τὰ δρώμενα)이다.
  저마다의 행위자와 같이 예배거행자 역시, 세계를 하나의 사건–맥락으로 파악하면서, 자신이 무엇을 하는지를 이해한다. 그 맥락은 그에게 결정을 위해서 열린 양자택일을 제공한다.

– 특수하게: 예배는 특별한 의미에서 행위인데, 말하자면 인간적 행위의 현상형태 안에서의 신의 행위이다.

그러한 행위 역시, 세계가 세계-사건으로서 파악된다는 것 그리고 "오늘"이 열린 결정의 지점에 도달했다는 것을 함축한다: 이 특별한 경우에 신성의 임재가 세계와 인간의 구원 혹은 비구원에 대해서 결정하는 그곳으로.

c) 세계이해를 위한 결론들

그와 같은 이해의 전제는 모든 경험현실의 근본특징으로서의 "반대의 결합Complexio oppositorum"에 대한 벼려진 시선이다. 그것으로부터 경험현실의 현존재와 그 존재방식의 우연성이 생겨나며, 이것이 태초의 열린 결정을 늘 새롭게 회귀하게 한다. 그러한 이해의 길은 그 때문에 모든 존재의 원-형태의 드러냄이 아니라, 원-사건과 그 안에서 작용하는 누멘적 자유의 드러냄이다.

d) 종교적인 세계이해의 주도개념: "그림"

종교적으로 이해된 세계는 그림들의 세계이다: 자기 자신 안에서는 발판이 없는, 원형에 접해서 발판을 발견하는. 여기서 형상Eidos과 이미지Eidolon, 친교Koinonia와 참여Met-Hexis, 분리Chorismos와 임재Parousia라는 플라톤의 근본개념들의 종교적인 유래가 나타난다. 예배의 그림-행위들은 이중의 방식으로 경험세계에 부속되어 있다: 그것들이 세계사건을 모사-사건들의 결합체로서 *해석하면서*, 그리고 세계현실을 그 근원들로부터 *갱신하면서*. 그 안에 자기비판적인 이해와 마찬가지로 세계비판적인 이해가 함축되어 있다: 예배는 세계비판적인데, 왜냐하면 그것이 세계발생의 사건들을 그것들이 모사하는 것과 혼동되어서는 안 되는, 모사들의 결합체로서 파악하게 하기 때문이다. 예배는 자기비판적인데, 왜냐하면 그것이 자기 자신 역시 그러한 모사행위들의 결합체로서 파악하기 때문이다. 그것을 위한 의례적인 표현은 축제를 통한 일상의 중단이며, 그러나 또한 스스로 예배적인 예배-중단이며(토템 기둥의 벌채, 공의회 이전의 성 금요일 의례 안에서의 "제대의 파괴destructio altarium"), 무엇보다도 입교와 정화의 필요성에 대한 의식이다. 왜냐하면, 신성의 창립행위들에 대한 탁월한 그림은, 개인으로서 그리고 무엇보다도 공동체로서, 의례를 거행하는 인간 자신이기 때문이다. 양자는 예배-능력부여(입교)의 고유한 의례들을 필요로 한다. 양자는 예배능력을 상실할 수 있으며, 그 결과로 그들은 정화를 필요로 한다.

2. 공간과 시간의 직관형식들

근원들의 임재에 대한 봉사로서의 예배는 세계를 근원들이 회귀하는 장소들과 때들의 결합체로서 주석한다.

결론: 공간도 시간도 동질적이지 (내용들의 교체에 대해서 무관심하지) 않다. 공간도 시간도 순수한 치수들이 (운동 내지 확장의 "셈해진 숫자"가) 아니다. 공간과 시간은 두드러진 내용들로부터 생각되고 있다.

이러한 이해는, 철학 안에서 무엇보다도 아리스토텔레스 이래로 기술되어 온 바대로, 공간과 시간의 본질적인 특성들을 "오인하는" 것처럼 보인다. 진실로 관건이 되는 것은, 현세적인 공간이해와 시간이해에 대한 대안이다.

3장. 종교적인 세계이해의 표현으로서의 예배

a) 예배적인 시간이해

시간형식의 내용—무관심을 "오인하는" 예배적인 "오늘"은, 만남과 동시에 자기발견의 시간지점이다. 종교적으로 이해하자면: 그 안에서 전체로서의 삶에 대해서 결정이 내려지는 바로서의 "거룩한 시간"이다. "오늘 너희가 나의 목소리를 듣게 되거든, 너희 마음을 무디게 가지지 마라"(시편 95,7 이하).

시간계열의 연속성을 "오인하는" 예배적인 "판단중지Epoché"는 – 달아나는 시간의 중지로서 – 자유로운 결단의 조건이다. 종교적으로 이해하자면: 근원들과의 직접성 안으로 들어서기 위한 조건. 그러한 판단중지로부터 생각했을 때 시간계열의 연속성은 형식적인 경과형태들의 법칙성의 결과가 아니라, 신실한 회상의 약속의 표현이다(바커스신에게 보내는 송가: "당신은 당신의 고향도시인 테벤을 회상합니다", 이스라엘에서는: 신적인 회상의 날로서의 신년축제: Yom ha-sikkaron[* 역자 주 : 전사한 이들을 기념하는 이스라엘의 국경일]). 신성의 이러한 신실한 회상은 인간적인 회상보다 앞서가며, 삶의 모든 부침 안에서 "용채를 구하고", 그래서 발생하는 모든 것 안에서 하나의 신을 재인식하는 가능성을 인간에게 개시한다.

시간질서의 불가역성을 "오인하는" 예배적인 "회귀"는 상태들과 정황들의 교체 안에서 동일성발견을 가능하게 만드는 시간 리듬을 구축한다. 종교적으로 이해하자면: 시간—통일성들의 모든 셈을 가능하게 만드는 우주적인 주기성은, 세계를 갱신하는 "인간을 향한 신의 회심Conversio Dei ad hominem"의 "그림"이다.

"저희를 다시 살리시어 당신 백성이 당신 안에서 다시 기뻐하게 하지 않으시렵니까?"(시편 85,7 이하). "돌아오소서, 주님, 제 목숨을

건져 주소서. 당신의 자애로 저를 구원하소서"(시편 6,5). 비로소 이러한 "인간을 향한 신의 회심"이 "신을 향한 인간의 회심"을 가능하게 한다. "하느님, 저희를 다시 일으켜 주소서. 당신 얼굴을 비추소서. 저희가 구원되리이다"(시편 80,4.8.20).

경험적인 사건들을 전(前)시간적인 사건들에로, 곧 시간들을 "배가시키고" 시간 이전πρότερον χρόνω과 말 이전πρότερον λόγω사이의 차이를 "오인하는" 사건들에로 예배적으로 되돌림은, 포괄적인 "시간의 질서"의 고유한 해석을 내포한다. 사건들의 경험된 우연성은 단지 "우리에 대해서" 잠정적으로 은폐되어 있는 필연성으로 되돌려질 뿐만 아니라, 누멘적 자유로 되돌려진다. 그러나 그 누멘적 자유의 결정들은 "취소될 수 없는" 것이고 "증가할 수 없으며", 그 때문에 세계경과를 전체적으로 규정한다.

b) 예배적인 공간이해

공간형식의 내용—무관심을 "오인하는" 예배적인 "여기"는, 진실로 "회귀"를 가능하게 만드는, "지속해서 생각할만한" 만남의 장소이다. 종교적으로 이해하자면: 신현Theophanie의 "거룩한 장소". 그러한 장소들을 찾아다니는 순례는 순수히 정신내적인 과정에서 비롯되는 회상을 표징행위로 만든다.

공간 안에서의 모든 방향들의 동질성을 "오인하는" 예배적인 "방향정위"는 모든 "삶의 실행"과 "고유한 관점의 검증"의 지각가능한 형태이다. 종교적으로 이해하자면: 신의 시선과 만나기를 희망하는 "기대". "주님께 바라고 바랐더니, 나에게 몸을 굽히시고 내 외치는 소리를 들으시어"(시편 39,2).

결과:

시간과 공간의 예배적인 이해는 (고전적인) 자연과학의 형식적인 시간이해와 공간이해의 불완전한 전(前)단계가 아니라, 그것에 대한 대안이다. 그것들은 실천적인 삶의 경험들과 그 문제들에 더욱 근접해 있다: 시간의 흐름 속에서 "귀중한 순간"의 규정에 그리고 삶의 영위의 "장소"와 "방향"의 획득에.

3. 예배 안에서의 세계-주석의 범주들[2]

a) *효력 있는 행위로서의 예배*는 결정을 요구하는 우연성들의 결합체로서의 세계의 이해를 함축하며, 상응하는 인과성의 이해를 함축한다

예배의 근저에는 우연성들에 대한 벼려진 시선이 놓여있고, "작용"은 예배에 친숙한 범주이다. 그러나 예배는 자신의 작용을 누멘적 힘의 결정에 대한 효력 있는 표징의 설정으로서 이해한다. 이 누멘적 힘을 통해서 세계의 우연성들은 늘 이미 결정된 것이다. 그러나 그렇게 해서, 이 결정은 늘 새롭게 현재화되어야만 한다. 인과성은 근원들의 "권능을 부여하는 힘"이며, 이 힘이 세계와 인간에게 능력을 부여해서 그들의 작용의 효력 있는 현재형태들을 설정하고, 그와 함께 스스로 또한 세계를 형성하고 세계를 갱신하면서 활동하게 한다.

---

2   Vgl. R. Schaeffler: Erkennen als antwortendes Gestalten, Freiburg/München 2014, 71-138. 특히 87-97.

b) *현실의 갱신으로서의 예배*는 변천 안에서 지속하는 것과 유한
   한 존재자들의 자립(그들의 실체성)을 특별한 방식으로 해석
   한다

바로 우연성들에 대한 벼려진 감수성이 무엇이 존립을 가지며 존
립을 허용하는지의 물음을 절박하게 만든다. 그러나 유한한 현실의
존립은 모든 시간적인 것의 변화무쌍과 무관하게 남아 있을 "본질핵
심" 안에서 구해지는 것이 아니라, 신적인 신뢰와 인간적인 신뢰의
상호관계 안에서 구해진다. "그분은 당신 피조물 중의 어느 것도 잊
지 않으신다", "너희가 믿지 않으면 정녕 서 있지 못하리라"(이사 7,9).

   지상의 현실을 위한 결론:
   세상 안에서 지속하는 것은 세상의 불변적인 존립이 아니라, 미
래개방적인 갱신의 신뢰성이다(위를 참조. 신년축제). 이로부터 존립과
자립에 대한 예배적 이해의 고유성이 생겨난다.
   – 누멘적인 근원들의 자신을 보존하는 "작용–중에–있음"(ἐν ἐρ
     γεια). "한 처음에 발생한" 것은 단순히 지나가서 사라진 것이
     아니라, 효력을 발하며 현재에 남아 있고, 시간의 새로운 각각
     의 시기와 함께 자신의 작용을 갱신한다. 예배 안에서 이 시작
     들이 기념될 수 있으며, 믿는 이들이 이 축제로부터 세계를 갱
     신하는 효력을 기대한다는 것이 그것에 기인한다.
   – 시간적인 존재자들에게 존립을 허용하는 것은, 신적인 근원들
     의 이와 같은 계속적 작용이다. 그러한 계속적 작용은 늘 더
     멀리 떨어져 있는 작용들의 생산이 아니라, 경험적 시간의 모
     든 순간과 근원들의 동시성에 기인한다. 이러한 근원들의 "영

3장. 종교적인 세계이해의 표현으로서의 예배

원성"은 근원적인 "아프리오리"인데. 이것은 늘 새롭게 "더 이전 것으로부터" 도래하며, 시간적인 것에 새-시작들을 시간 한복판에서 가능하게 만든다. 오직 이 지속적인 갱신의 힘으로 시간적인 것은 존립을 가진다. 예배 안에서 거행된 근원들의 이러한 "영원성"은 시간과의 모든 관계 밖에 존립하는 것이 아니라, 예배적인 "지금"을, 다시 말해서 사물들과 사람들을 근원들의 동료Zeitgenossen로 만들고, 이를 통해서 이들을 늘 새롭게 존재와 비존재 사이의 열린 결정 앞에 세우는 때를, 가능하게 한다.

− 축제의 때에 "다시 한번 시초에 서게 되는" 사물들과 사람들은 이를 통해서, 그들 편에서도 새-시작들을 설정하고, 그래서 세상과 자신의 삶에 새로운 형태를 부여할 수 있게 된다. 모든 세계내적인 자유는 그것에 기인한다. 이를 위한 고전적인 보기는 로마의 백년축제이다: 그것은 도시 로마의 건립을 위해서 서둘러 오는 쌍둥이 신들과 재회의 때이며, 바로 그 때문에 나라와 그것의 법질서의 철저한 갱신의 때이다(참고. 백년축제의 틀 안에서 선포된 아우구스투스의 법률-개혁).

예배에 특유한 실체의 이해:

한 존재자의 "변천 안에서 지속하는 것"은 그것의 "실체"라고 불리는데, 그리스어로는 "hypo-stasis", 곧 "존재자가 그 위에 자신의 견고한 위치를 획득하는 바로서의 지탱하는 토대"이다. 이제 한 존재자의 이러한 "지속하는 것"이 그것의 연속적인 갱신됨이라면, 그때 그 존재자는 이 위치를 미래에 발견하며, 그것이 존재하는 방식

종교의 현상학

을 통해서 이 미래를 향해 팔을 내젓는다. 자기의식의 재능을 부여받은 존재자가 관건이 된다면, 그때 이러한 내저음은 희망의 성격을 갖는다. 그러한 존재자의 "실체"는 "그것이 희망하는 것 안에서의 자신의 위치획득"이며 – "희망하는 실체ἐλπιζομένων ὑπόστασις" (참고. 히브 11,1), 이는 현실의 은폐된 심연 안으로의 시선과 결부되어 있고, 희망한 것은 그 안에서 이미 오늘 선취적으로 "작용 중에 있다", ἐν ἔργῳ ἐστίν.

근원들의 이러한 작용–중에–있음은 경험적인 사실이 아니며, 그런 한에서 우리의 시선에서 벗어나 있다. 그러나 우리의 지속적인 갱신–됨의 경험은 이러한 작용–중에–있음의 효력에 대한 생생한 행위증명Tatbeweis이다. 우리가 우리의 현존재를 경험하는 방식은 그런 한에서 "우리의 시선을 벗어나 있는 사실들로부터 확증됨"을 함축한다, ἔλεγξις πραγμάτων οὐ βλεπομένων (참고. 재차 히브 11,1).

히브리서간이 특별히 신학적인 맥락에서 인간이 신앙 안에서 획득하는 견고한 위치에 대해서 말하는 것은, 그렇게 해서 일반적으로 존재론적인 맥락에서 유한한, 세계내적인 존재자들을 "실체들"로 만드는 것이 무엇인지 물을 때에도, 도움이 되는 것으로 입증된다: 그리고 대답은 다음과 같다: 그것은 근원들의 계속해서 활동하는 작용–중에–있음이며, 이 작용–중에–있음이 그것에 접해서 자신의 충만에 이르게 되는 바로서의 목적의 선취적인 현존이다. 근원들과 목적의 이와 같은 이중의 현존이 시간적인 존재자에게도 시간의 모든 덧없이 흘러감 가운데서도 저 현재의 존재를 부여하며, 그것에 자신의 자립과 고유활동이 의거한다.

c) 예배 안에 함축된 인과성의 이해

실체와 인과성의 범주들은, 그 모든 차이에 있어서, 서로에게서 독립적이지 않다. 존재 안에서의 자립은 행위 안에서의 고유활동성을 위한 전제이다. 한 존재자의 존재가 기능들의 맥락 안에 있는 종속된 지체라는 데서 소진되는 한, 다른 존재자들에 대한 그 존재자의 행위 또한 이 기능들의 한갓 표현이다. 상응하게도 역으로 행위 안에서의 고유활동성은 존재 안에서의 자립에 대한 시금석이다. 실체는 하나의 존재자인데, 그것에 그러한 고유활동성들의 결합체로서의 존재자의 행위가 귀속될 수 있다.

그런데 한 원인의 모든 효력은, 그것이 그 효과에 따라서 한 존재자의 존재수행의 자립 안으로 방출된다는 데서 확증된다. 결과는 원인으로부터 "발원하는데", 이는 강이 그 근원에서 "발원하는" 것과 같다: 그 근원에서 자신의 진행과정의 고유법칙성 안으로 말하자면 "멀어져 발원한다". 인과성은, 곧 효력을 야기하는 원인은, 그것이 작용을 가하는 바로서의 대상의 실체성 안에서 확증되는데, 물론 모든 세계내적인 존재자들의 상호의존성에서 벗어나는 것이 아니라, 이것을 특유한 방식으로 습득하는 실체성 안에서 확증된다.

이제 제시된 것은 이렇다: 예배적인 행위들로부터 (또한 언어-행위들로부터) 기대되는 특수한 효력은 이것들이 표징들을 설정한다는 데에 존립하는데, 그 표징들 안에서 근원들의 작용이 각기 새로운 현재를 획득하며, 동시에 그 표징들 안에서 갱신의 모든 방식이 그것으로 정향되어 있는 바로서의 목적이 모사적으로 선취되고 있다. 그리스도교적인 예배 안에서 그에 대한 뛰어난 보기는 성찬식이다: 예수의 최후만찬의 모사적인 현재화 그리고 신앙인들이 마지막 날에 참여하기를 희망하는 천상적 향연의 선취.

이 보기에서 범례적으로 알려지는 것은, 어떤 방식으로 예배가 자신의 고유한 행위와 작용을 이해하고 있으며, 그리고 어떻게 예배가 그곳으로부터 또한 온전히 세속적인 원인들의 작용과 효력을 해석하는가이다. 예배적인 행위는 "효력있는 표징"(signum efficax)이다. 그리고 이 표징은, 자신의 수취인, 예를 들면 성사의 수혜자 역시 "한 처음에" 행위한 신성의 그림이 되게 하면서, 작용한다. 그러나 세속적인 맥락 안에서도, 이것이 예배를 통해서 주석되는 한에서, 타당한 것은 이렇다: 새로운 것을 산출하는 모든 작용은, 세계내적인 원인들이 "한 처음에 발생한" 것의 효력을 새롭게 현재에 설정한다("재현한다")는 점에 의거한다. 세계내적인 원인은, 그것이 근원의 "그림"(경험가능한 현재형태)이 되면서, 작용한다. 그리고 그것의 작용이 효력있게 되는 것은, 그것이 자신의 작용의 대상 또한 저 자립으로 그리고 저 고유활동성으로 권능을 부여하는 한에서인데, 이를 통해서 이 대상은 시초적인 새 시작의 "그림"이 된다. 세계내적인 원인의 작용과 효력은, 그것이 이런 의미에서 "그림"이 되며 그리고 새로운 "그림들"을 산출하는 점에 의거한다.

d) 선-합리적인 인과성의 이해?

이로써 이제 물론 예배적 행위와 그 안에 함축된 세계주석의 한 국면이 분명하게 되었는데, 이는 늘 재차 철학자들, 무엇보다도 인식론자들의 비판을 불러일으켰다. 예배의 자기이해와 세계이해는 본질상이한 고찰방식들의 혼합에 기인하는 것처럼 보인다. 우리가 우리 경험의 내용을 그림이자 표징으로서 고찰한다면, 그때 적합한

3장. 종교적인 세계이해의 표현으로서의 예배

물음은 그러한 그림들과 표징들이 무엇을 *의미하는지*에 대한 물음이다; 우리가 동일한 경험내용을 인과맥락의 지체로서 고찰한다면, 그때 적합한 물음은 *조건들과 작용들*에 대한 물음이다. 자신이 실행하는 그림말들과 그림-행위들에 의미뿐만 아니라 동시에 작용을 귀속시키는 예배는, 두 고찰방식들을 허용되지 않는 방식으로 혼합하는 것처럼 보인다.

예배가 자기 자신과 세계를 이해하는 방식은 그런 한에서 "의미하다"와 "생기게 하다"의 차이를 아직 발견하지 못한 "선(先)합리적인 의식"의 표현인 것처럼 보인다. 그것은, 철학과 경험과학의 합리적인 의식이 이러한 선합리적인 의식 안에서 모종의 계기들을 발견한다는 점을 배제하지 않는데, 그 계기들은 철학과 과학 또한 비판적으로 주석할 때에 도움이 되는 지침들을 줄 수 있는 것들이다. 바로 예배적인 세계이해의 이러한 함축들에서 철학과 과학을 위한 그것들의 의미를 확보하기 위해서, 물론 또 다른 계기들을 선-합리적인 것으로서 비판적으로 주석할 뿐만 아니라, 비합리적인 것으로서 결연히 거부하는 것은 필수적인 것처럼 보인다.

e) 예배적인 자기이해와 세계이해: 선-합리적인가, 비합리적인가 혹은 철학과 과학의 특수 한 합리성에 대한 대안인가?

α) 예배적인 자기이해와 세계이해의 선-합리적인 계기들

종교는 철학보다도 수백 년 더 오래된 것이다. 그리고 나중에 철학적인 반성의 주제들이 된 물음들 가운데서 수많은 것들은 그 이전에 종교에 의해서 그것의 방식으로 제기되고 대답이 된 것들이다(참고. 그에 대해서는 공의회의 교령 "비그리스도교와 교회의 관계에 대한 선언Nostra aetate" 1번). 그것은 방금 다루어진 물음들에 대해서도 타당하다: 변천 속에서도 지속하는 것에 대한 물음, 작용과 그것의 효력의 조건들에 대한 물음 그리고 인식의 "선천적인" 조건들에 대한 물음. 철학자들과 경험과학의 대변자들이 종교의 그와 같은 진술들 안에서 자신들의 물음들이기도 한 것들에 대한 대답들을 인식하면서, 종교가 주는 대답들로부터 자신들의 고유한 문제들의 해결을 위한 지침들을 얻는 기회가 그들에게 생겨난다.

이때 종교적인 대답들을 단순히 넘겨받는 것이 아니라, 늘 단지 그것들을 비판적으로 검토하고, 사안에 따라서는 그것들이 철학적인 내지 경험적인 문제제기의 특수한 고유성에 적합하도록 그렇게 그것들을 변형하는 것이 관건이 될 수 있다.

이제 더 자세한 고찰이 보여주는 것은 이렇다: 종교는 철학보다 오래될 것일 뿐만 아니라, 생성되는 철학에 영향을 미쳤고, 그 언어를 각인시켰다. 그런 연후에 생겨나는 과제는, 철학이 종교적인 진술들을 특수하게 철학적인 방식으로 다시 표현하는 시도에 있어서 그것의 고유한 언어 또한 비판적으로 검토할 필요는 없는지를 그리고 사안에 따라서는 종교로부터의 자신의 유래에서 거리를 두도록 그렇게 그것을 변형해야만 하는지를 시험하는 것이다.

그것은 인식의 선천적인 조건들에 대한 물음의 보기에서 특히나 분명하게 드러난다: 인식의 조건들에 대한 철학적인 진술들 안에서의 종교적인 언어형식들의 후속적 영향은 진술-의도의 새로움과 대조된다. 언어에 따라서는 "이전"과 "이후"에 대해서 언급되며, "회귀"와 "다시 한번 시초에 서 있음"에 대해 언급된다. 진술-의도에 따라서는 모든 공간-시간적인 함의들이 버려졌다. "모든 시간에 앞선 시초들"로부터 무시간적인 원리들이 되어버렸다. 공간—시간적으로 생각된 "회귀"로부터 경험세계의 현상들의 충만 안에서의 그와 같은 원칙들의 동일성을 재인식하는 가능성이 되어버렸고, "바라는 것들의 보증"으로부터 잠재력의 과잉의 발굴이 되어버렸는데, 이것은 자신의 "최초의 현실성actus primus"으로서의 각각의 존재자의 존재로부터 생겨나며, "이차적인 현실성actus secundi"의 다양으로 넘어감을 가능하게 만드는 것이다.

열거한 보기들이 가르치는 것은 이렇다: 철학적인 진술이 자신의 고유한 의향에 부응하는 것은 오직, 언어적인 표현의 모든 공간—시간적인 계기들이 무시간적인 논리적—존재론적인 사태들을 위한 한갓 은유들로서 이해될 때이다. 그것들이 그렇게 통역될 때에야 비로소, 종교에서 차용한 언어형식들이 그것들의 특수한 합리성을 전개시킨다. 이러한 어법에 철학적인 통역자들이 없는 한, 그것은 선—합리적인 의식의 표현인 것처럼 보인다. 종교들이 그들의 진술들을 철학적으로 통역하는 이러한 방식에 저항해야 한다고 생각하는 한, 그들의 자기이해와 세계이해는 선—합리적일 뿐만 아니라, 비합리적인 것처럼 보인다.

β) 철학을 통한 습득에서 상실된 혹은 비합리적인 것으로서 제거되어야만 했던, 예배적인자기이해와 세계이해의 그와 같은 계기들에 대한 철학적 관심

예배적인 세계주석을 철학적인 그리고 마지막으로는 경험적—과학적인 세계이해 안으로 변형함에서 몇몇의 의미계기들이 상실되곤 한다. 이러한 "상실"은 무거워 보이지는 않는데, 그 이유는 그것이

바로 철학적인 습득을 위해서 적합하지 않은, 그런 이유로 "선-합리적"이 아니라 "비합리적"으로 지칭되어야만 하는 저 계기들과 관계되기 때문이다. 그렇지만 되돌아보자면 바로 이러한 계기들이 특별한 철학적 관심을 얻을만하다는 것이 밝혀질 수 있다.

그것에 속하는 것은 무엇보다도 예배 안에 함축된 세계의 우연성에 대한 이해이다. 그와 함께 세계의 비-실존의 사유가능성, 곧 세계의 원인에 대해서 묻는 것 그리고 이 물음의 대답으로 "우주론적인 신증명"을 실행하는 것을 필수적으로 만드는 사유가능성만이 의미된 것은 아니다. 예배적으로 주석된 세계 내에서 그것의 "가능한 비-실존"은 하나의 생각일 뿐만 아니라, 경험의 내용이다: 세계는 실재적인 자기-위기에 내맡겨져 있으며, 이를 통해서 그것의 존재와 비존재 사이의 양자택일이, "한 처음에는" 그것의 존재를 위해서 결정되었는데, 늘 새로운 순간들 안에서 열린 양자택일로서 회귀한다는 것을 고지한다. 그때 세계는 다시 한번 그 안에서 "모든 것이 아직 열려 있는" 바로서의 저 시작에 서며, 그것의 비존재에 반대하고 그것의 존재를 위한 원초적인 결정의 새로운 현존을 요구한다. 이때, 그 안에서 원초적 결정의 이 새로운 현존이 발생하며, 우연적인, 다시 말해서 자신의 실존 안에서 스스로 위태롭게 되는 세계가 그 근원들로부터 갱신되는 바의 것은, 예배적으로 거행된 축제의 시간이다.

자기-위기에 직면해 있는 세계의 갱신에 대한 그러한 언사는 확실히 모든 철학적인 "원리론들"과는 철저하게 다른 것이다. 하지만 바로 예배적인 세계-주석에 특징적인 자기-위기와 우연성의 계기가 철학을 위해서도 관심을 얻는 문제-상황들이 존재한다.

철학은 무시간적인 원리들을 (선-시간적인 시초들이 아니라) 기술하며, 그것들에 따라서 우리 스스로가 하나의 세계를 구축한다. 그 안에서 대상들이 척도들이라는 주장과 함께 우리와 만나며, 그 척도들에 접해서 우리는 우리의 견해와 의도를 비판적으로 측정해야만 한다. 그리고 철학은 이 원리들을 이성의 이념들과 오성의 범주들 안에서 발견한다. 그러나 선험철학에 대한 최근의 토론 안에서 분명하게 된 것은 이렇다: 대상세계의 이러한 구축은 실패할 수 있다 — 더욱이 우리가 이념들과 개념들을 부주의하게 사용함을 통해서가 아니라, 바로 이념들과 개념들의 일관된 사용이 우리를 우리 자신의 구성물들 안으로 가두고, 우리에게서 대상들에 대한 시선을 차단하게 함을 통해서 말이다. 그때 우리는 사물들과 사태들에 대해서 본질적인 모든 것을 이미 선천적으로 알고 있노라고 믿으며, 이념들과 개념들에 대한 우리의 이해가 사물들이 우리에게 나타나는 방식을 통해서 교정되게 하는 어떤 필연성도, 아니 가능성조차도 보지 못한다. 경험을 가능하게 만들도록 규정된 이념들과 범주들이 그렇게 되면 경험을 하지 못하도록 우리를 면역시키는 장애들이 된 것이다.

이러한 위험은 바로 그것들이 없이는 대상들과의 관련이 가능하지 않은 바로서의 조건들로부터, 곧 우리의 이념들과 개념들로부터 유래한다. 이러한 대상연관을 가능하게 만들어야만 하는 이성은 그런 한에서 외적인 힘들을 통해서 위협받는 것이 아니라, 철저한 자기위기에 내맡겨져 있다.

γ) 이성의 자기위기—진단과 처방

이러한 경험에 직면해서 철학에게 관심이 될 수 있는 것은, 어떻게 종교가 상응하는 자신의 자기위기의 경험들과 교제하는지 그리고 따라서 자기의 우연성의 경험들과 교제하는지를 보는 것이다.

이제 제시된 것은 이렇다: 종교는 그리고 무엇보다도 예배 안에 함축된 세계현실의 주석은 주술의 유혹이라는 형태 안에서 그것의 자기위기를 알고 있다. 이 유혹은 신에 대한 그리고 세계의 갱신에 대한 봉사를 전도시켜서, 효력 있는 표징들의 도움으로 인간적인 목적에 봉사하도록 신적인 힘들을 이용하게 하며, 그리하여 사물들과 인간들에 대한 지배를 수행하게 한다. 그러나 종교는 동시에 이러한 위험을 극복하는 길도 알고 있다: 그 길은 행위자 자신의 의도를 세계에 강요하는 모든 시도의 일관된 포기에 존립하며, 예배의 행위를 저 선-시간적인 근원들, 곧 우리의 작용의 대상들 역시 그들의 존재와 작용을 갱신할 수 있게 만드는 저 근원들의 재-현으로서 이해하는 데 존립한다.

이로부터 다음의 물음이 생겨난다: 만일 철학이 자신의 고유한 자기위기를 인식하고 그 극복을 위한 길들을 구하려는 과제 앞에 처해 있음을 본다면, 철학은 이러한 관점에서도 종교로부터 무엇인가를 배울 수 있는가?

*진단*과 관련해서, 철학이 그렇게 예배의 세계이해를 통해서 자신에게 상기시킬 수 있는 것은, 철학적인 맥락 안에서도 우선은 이론적인 그리고 곧 실천적이기도 한 세계지배의 시도가 경험과 마주해서 눈이 멀게 이끈다는 것이다. 칸트 이래로 고전적인 선험철학 안에서는 이념들과 범주들을 경험세계에 대한 이성과 오성의 일면적인 입법의 수단으로서 이해하는 것이 관례가 되어 버렸다. 그리고 이러한 인식의 방식을 통해서 가능하게 된, 기술적인 세계지배의 성

공은 이성의 이러한 자기이해를 확증하는 것처럼 보인다. 칸트의 삶과 영향 이래로 지나간 시간 안에서 이성과 그리고 대상세계에 대한 그것의 관계를 파악하는 이러한 방식에 대한 근거 있는 의심이 생겨났다. 만일 이성이 자신의 자기위기에서 해방되어야만 한다면, 지배의 앎과 지배의 실천에 대한 포기는 아주 세속적인 맥락들 안에서도 필수적인 것처럼 보인다.

그러나 이성의 이러한 자기이해에 대한 대안이 어떻게 보일 수 있는지는 열려 있는 물음이다. 그런 한에서 관건이 되는 것은 자기위기의 진단일 뿐만 아니라, 그것의 *처방*이다. 이런 관점에서 예배의 세계이해는 철학을 위해서 방향설정의 도움을 제공할 수 있을까?

요구된 것은 명백히 하나의 경험세계의 구축인데, 그것은 우리 경험의 대상들에게 객체들(문자적으로 "맞서–던짐Gegen–Würfe")로서 우리와 마주해서 등장하게 허용하는, 말하자면 우리의 견해와 의도들에 맞서는 살아 있는 반대들Ob–jektionen로서 등장하는 것을 허용하는 그런 종류의 경험세계이다. 이성–이념들과 오성–개념들의 어떤 사용이 그렇게 구조화된 경험세계를 구축하는 것을 가능하게 만드는지는 비로소 이제 해명되어야만 할 것이다. 그러나 이제 벌써 분명한 것은 이렇다: 이것이 예배적인 세계이해에서 성공하는 방식은 철학을 위한 방향설정의 본보기가 될 수는 없다. 왜냐하면, 그 방식은 바로 선시간적인 근원이 효력 있는 표징들을 통해서 새로운 현재를 획득할 수 있다는 생각에, 말하자면 앞서서 선–합리적일 뿐만 아니라, 비합리적인 것으로 지칭되었던 예배적인 세계주석의 저 계기에, 의거하기 때문이다. 물론 물음은 이러한 판단이 변경되어야만 하는 것은 아닌가이다.

δ) 예배적인 세계이해─선-합리적인 것도 비합리적인 것도 아닌,
　　철학과 과학의 합리성에 대한 대안

　　현세적인 이성을 위한 예배적인 세계이해와 자기이해의 의미는
특히 윤리적인 의무의식의 아포리아들에 접해서 분명해진다. 우리
가 말하자면 우리의 윤리적인 진력의 늘 근소한 결과들을 고찰한다
면, 그때 쉽게 생겨나는 인상은, 모든 윤리적인 계명들과 금령들이
향해 있는 목적에 우리가 근접하지 못했다는 것이다. 이러한 "법의
의지Voluntas legis"는 그와 같은 훈령들의 다양을 더 이상 필요로 하
지 않는 인간적인 사회를 도래케 하는 데 존립하는데, 왜냐하면 누
구나가 선을 "쉽게 그리고 기쁨으로 행하기" 때문이다(그렇게 덕에 대
한 고전적인 정의). 우리의 가장 정직한 윤리적 진력 또한, 그렇게 보
이는 것처럼, 우리를 이 목적에 더 가깝게 나르지 못했다. 윤리법칙
은 "공허한, 공상적인 목적을 향해서 설정된" 것처럼 보인다.

　　인간적인 행위에 대한 예배적인 견해는, 그것에 따르면 인간적 행
위는 구원을 스스로 만드는 것이 아니라, 그 안에서 신적인 구원행
위가 현재에 경험가능한 것이 되는 바로서의 효력 있는 표징들을 설
정하는데, 윤리적인 의무의식이 회의적인 자기해체로부터 보호될 수
있는 오직 그런 전제를 명명한다. 이러한 견해는 현세적인 합리성의
의미에서 "합리적인" 것이 아니다. 그러나 그것이 현세적인 실천적
이성 역시 회의로부터 보호하는 한, 그것은 "비합리적인" 것으로도
지칭될 수는 없다. 그것은 역설적으로 현세적인 이성을 위해서도 불
가결한 것으로 입증되는, 현세적인 이성의 대안이다.

4장

종교적인 전통들과 제도들
─ 과제들과 그들의 평가의 척도들

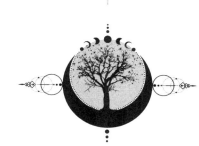

4장. 종교적인 전통들과 제도들
- 과제들과 그들의 평가의 척도들

주제에 대해서

전통들은, 내용적으로 보았을 때, 한 공동체 내의 지식과 능력들이 계속 전달되는 방식이며, 이는 각각의 세대가 오래전에 알려진 것을 새롭게 발견하거나, 오래전에 할 수 있었던 것을 새롭게 고안할 필요가 없게 하기 위함이다. 이런 의미에서 모든 진보는 전통들에 기인한다. 전통들은, 형식적으로 보았을 때, "정신의 형성 Formatio Mentis"의 학교들, 다시 말해서 그 안에서 지각 혹은 상기의 내용들이 하나의 "위상"을 획득하는 (다시 말해서, 이론적인 그리고 실천적인 물음들의 결정을 위해서 "의미 있게" 될 수 있는) 바로서의 맥락들의 구축능력을 형성하는 학교들이다. 그런데 동시에 전통들의 학교 안에서는 이러한 맥락들을 융통성 있게 간주하도록 가르쳐지는데, 이는 우리와 만나는 현실적인 것이 자신의 요구를 우리의 견해나 의도와 맞서서도 타당하게 할 수 있도록 하기 위함이다. 이런 의미에서 전통들은 경험에로의 능력의 학교이다.

　제도들은 공동생활과 공동작용의 형식들인데, 이것들이 사회적인 역할놀이 안에서 기능의 승계를 가능하게 만든다. 오직 이를 통해서 전통들은 각기의 세대의 삶의 시간을 넘어서 존속한다. 동시에 오직 그렇게 해서만 한 전통의 내용들과 형식들의 전달은 그 전통의 담지자들의 개인적인 고유성에 상대적으로 독립적이게 된다. 그리고 한 전승공동체의 지체들은 그렇게 규율된 역할놀이를 통해서 "카리스마적인 지도자들"의 과도한 힘에 맞서서 보호된다.

방법론에 대해서

　전통들과 제도들의 기술, 해석 그리고 비판을 위한 적합한 방법은 계속 발전된 선험철학이다. 이것은 경험을 현실과의 대화로서 이해하며, 이 대화를 가능하게 만드는 조건들을 직관과 사유의 형식들 안에서 구하고, 그런데 동시에 이 형식들을 가변적인 것으로서 기술한다: 직관과 사유의 형식들은 우리가 만나는 현실적인 것의 요구를 화제로 삼는다; 그런데 화제가 된 현실적인 것의 요구는 늘 재차 이 형식들의 계속적인 발전을 강요한다.

　전승들이 확증되는 것은, 그것들이 개인들에게 현실적인 것과 이러한 대화를 할 수 있도록 능력을 주면서이다; 제도들은 그러한 전통들에 대한 봉사를 통해서 적법하게 되며, 전통들은 개인들의 고유경험 그리고 그와 함께 고유한 능력을 대체하는 것이 아니라, 가능하게 만든다.

　이것은, 특수한 방식으로, 이러한 숙고들의 대상을 형성하는, 종교적인 전통들과 제도들에 대해서도 타당하다.

주제설정에 대한 비판적인 회고

a) 전통들과 제도들은 우세하게도 "교육조직들"인가?

그들은 **단지** 그것만은 결코 아니며, 그러나 늘 그것*이기도* 하다: 왜냐하면 제도적으로 확립된 전승의 내용들은 대개가 "교육받지 않은 시선"이 아니라, 단지 "가르쳐진"(적합한 형식으로 운반된) 직관과 사유에 개시되기 때문이다. 그리고 오직 그것들이 그러한 방식으로 "가르쳐진" 경우에만, 전승의 수용자들은 전승공동체의 스스로 책임을 지는 지체들이 될 수 있다. 그들이 전승된 내용들을 통해서 "정신이 새롭게 변형되도록" 도전받으면서, 그들은 고유한 경험들에로의 능력 그리고 그와 함께 그때마다 전승의 전문영역에서 고유한 판단을 하는 능력을 획득한다(참고. 로마 12,2: "여러분은 정신을 새롭게 해서 판단능력이 있는 사람이 되도록 하십시오").

b) 선험철학은 우세하게도 하나의 "교육이론"인가?

선험철학의 주제는 경험의 가능성의 조건들이다. 이것들은 한 맥락의 구조 안에 놓여있는데, 그 맥락 안에서 현실적인 것은 주체의 참된 그리고 잘못된 판단의 척도가 되도록 그렇게 주체와 만날 수 있다. 그와 같은 맥락들의 구축에 기여하는 것이 직관형식들, 개념들 그리고 이념들이다(이성의 피할 수 없는 과제들의 이행의 목표상들).

이러한 직관형식들, 개념들 그리고 이념들의 기능을 적합하게 기술하기 위해서는, 그것과 대조 속에 있는 실패하는 경험의 유형들에 생각을 맞추는 것이 도움이 될 수 있다. 주체가 자신의 체험들을 통해서 압도되고, 그래서 직관과 사유의 자기활동성에 방해를 받게 될 때, 경험은 실패한다. 경험이 실패하는 것은 또한, 직관형식들, 개념들 그리고 이념들을 통해서 구축되는 맥락이 닫힌 체계가 되고, 추정적인 경험이 주체의 자기대화로 변질될 때이다. 이때의 주체는 그와 만나는 모든 것을 통해서 단지 자신의 견해와 의도 안에서 확증될 수 있을 뿐이다. 압도당함과 자기대화 사이의 "제 삼의 길"은 현실과의 대화적 관계인데, 그 안에서 우리의 직관과 사유는 현실적인 것의 요구에 응답하고 그 요구를 그렇게 비로소 감지할 수 있게 만든다. 그런데 이 요구는 그때마다 도달된 직관과 사유의 형식을 밀어내면서 넘어서는 것이다. 경험은 그렇게 해서 "현실과의 대화"로서 입증된다 ― 대화들이 문자적인 의미에서 가능하다는 것에 대한 근거를 명명하는 은유: 우리가 우리의 동료인간들과 대화를 이끌 수 있는 것은, 오직 우리가 우리의 말함 안에서("외적인 말Verbum Oris" 안에서) 현실적인 것의 요구를 그들에게 계속 전하기 때문인데, 그 요구는 우리가 그 전에 우리의 직관과 사유 안에서("내적인 말Verbum Mentis" 안에서) 대답한 바의 것이다. "현실적인 것과의 대화"는 사람들 안에서의 대화를 가능하게 하며, 이를 통해서 확증된다.

직관형식들, 개념들 그리고 이념들의 이러한 사용은 타고난 것이 아니라, 습득되는 것이다. 그런 한에서 선험철학은, 만일 그것이 경험의 가능성의 조건들을 기술한다면, 교육학에도 목적을 지시한다: 그것은 성장하는 이들에게, 또한 성장한 이들에게도, 경험이 가능해야 한다면, 필수적인 저 능력들을 중재해야 한다.

c) 선험철학의 계속적 발전을 위한 동인으로서의 경험방식들의
다수성

선험철학과 교육이론 사이의 연관은 더욱 긴밀한 것이다. 유일한
종류의 경험만 존재하는 것이 아니라, 여러 종류의 경험이 존재한
다; 그것들 각자는 특별한 구조를 가진 맥락의 구축을 전제한다; 이
때 직관형식들, 개념들 그리고 이념들은 각기 특별한 형태와 의미를
획득한다. "일반적인 선험철학"이 추상적으로 저마다의 경험의 가능
성의 조건들을 규정해야 한다면, "특수한 선험철학"은 그렇게 구체
적인 경험방식들의 (예를 들면, 과학적인 경험지식의, 미적인, 윤리적인
혹은 종교적인 경험의) 가능성의 조건들을 규정해야 한다. 직관형식
들, 개념들 그리고 이념들에 각기 특수한 형태와 의미를 부여하는
능력은, 그것에 각기 특수한 경험방식의 가능성이 의거하는데, 현실
적인 것과의 대화 안에서 습득된다. 그 대화는 개개인들의 수명을
포괄하며, 그런 이유로 구체적인 전승공동체들을 전제한다. 그렇기
에 이러한 전승공동체들 역시 선험적인 의미를 지닌다. 다시 말해서
그것들은 경험을 가능하게 만드는 조건들에 속한다. 그리고 이런 관
점에서 전승공동체들 역시 선험철학적인 탐구의 대상들이다.

이때 특수한 선험철학은 (일반적인 선험철학과 달리) 이러한 전승공
동체들에게 그것이 선천적으로 ("경험 일체"의 개념으로부터) 발전시키
는 과제들만을 앞서 지시할 뿐만이 아니다; 오히려 그것은 구체적인
전승공동체들에 대한 시선을 통해서 각기의 구체적인 경험방식들의
고유성을 알게 되며, 오직 그렇게 해서 그것의 특수한 조건들도 규
정할 수 있다. 구체적인 전승공동체들과 그들의 역사에 대한 시선이
없이는 선험철학은 "공허하게" 남는다; 역으로 전승공동체들이 그들

의 지체들에게 중재하는 바로서의 "정신의 형성Formatio Mentis"의 선험적인 의미를 파악하지 못하면, 그것은 "맹목적으로" 남는다.

d) 전통들과 제도들의 평가를 위한 첫 번째 척도들

전통공동체들이 그들에게 전형적인 종류의 내용들을 계속 전달할 수 있는 것은, 오직 청자들에게 동시에 경험맥락들을 구축하는 능력이 중재 될 때뿐이다. 그 맥락들 안에서 이 내용들은 그들의 자리를 발견한다.

오직 내용들을 전달만 할 뿐, 직관과 사유의 상응하는 형성에 기여하지 못하는 자는, 내용들 역시 의미 없는 것으로 만든다.

청자들로 하여금 요구되는 정신의 형성을 마지막으로 획득했노라고 생각하게 만드는 자는, 현실적인 것과의 대화를 눈에 띄지 않게 전통적으로 고착된, 제도적으로 확립된 자기대화로 변화시킨다.

그 대신에 청자들에게 늘 단지 "압도하는 체험들"만을 중재하길 원하는 자는, 그들에게서 현실적인 것의 요구에 책임 있는 응답을 하는 능력을 빼앗는다.

A 언어 – 전승과 그 산물의 가장 중요한 매개체

언어는 전승의 가장 중요한 매체이다. 비–언어적인 전승형식들의 모든 의미에 있어서 그럼에도 불구하고 말해져야만 하는 것은: 언어가 없이는 전승이 불가하리라는 것이다(참고. 위의 2장. "종교적 언어"). 동시에 언어는 전승의 산물이다; "언어"가 존재하는 것이 아니라, 한 전승공동체 내에서 발견되는 형태 안에서 발전된, 늘 구체적인 언어들이 존재한다. 그런 이유로 각각의 "전승에 대한 봉사자"는 언어교사이기도 한데, 왜냐하면 전승공동체의 삶에 대한 참여는 능동적인 언어능력을 전제로 하기 때문이다. 그 능력은 타고난 것이 아니라, 가르쳐지고 배워져야만 하는 것이다.

1. 언어의 보편적인 특징들

언어는 자기발견의 가장 중요한 수단이다: 고유한 정체성은 역사들의 설화 안에서 구축된다. 그것은 동시에 경험세계의 구축을 위해서 가장 중요한 수단이다: 실체범주의 이해는 이름의 사용을 통해서 습득되며, 인과범주의 이해는 화자와 청자의 상호작용의 경험을 통해서 습득된다. 소유대명사의 사용은 (인칭대명사를 익힘에 선행하곤 하는데) 공동의 세상 안에서의 상호주관성의 첫 경험들을 중재한다. 그런 이유로 언어는 선험적인 의미를 지닌다. 그리고 언어교사는, 자신의 학생들에게 언어공동체의 삶에 능동적으로 참여할 자격을 갖추도록 훈련하는 자이며, 동시에 체험을 경험으로 변형시키는 장인이다.

그러나 "언어"는 늘 구체적인 전승공동체의 특정한 언어이다. 그것의 그때마다 발견되는 형태는 그것의 각기 특별한 역사를 반영한다.

2. "인간의 언어구조의 상이성들"[1]

언어-관습들(예를 들면, 인사, 부탁, 감사)의 습득은 동시에 사회적

---

1   이 표현으로 빌헬름 훔볼트Wilhelm von Humboldt는 자신의 언어철학적인 주저에 표제를 붙였다.

인 역할놀이의 습득이다. 이미 현존하는 어휘와 이미 현존하는 문법적 가능성들의 차별화시키는 사용의 습득은 동시에 차별화된 경험세계의 구축을 위한 학교이다. 모든 언어들이 의미가 동일한 어휘들과 형식이 동일한 문법을 갖고 있지 않다는 경험은, 우리가 그때마다 그것에 대해서 말하는 바로서의 그 하나의 현실이 경험방식들의 다수와 어떻게 관계되는지의 물음에 대한 첫 번째 암시이다. 번역가능성의 한계들은 민족언어들 간의 관계 안에서뿐만 아니라, 상이한 전문분야언어들 간의 관계 안에서도 등장한다. 사람들은 하나의 시, 또한 하나의 기도를 의미가 동일하게 과학의 언어로 번역할 수 없다. 다수의 언어들을 말하는 능력은, 그때 각기 하나의 언어를 통해서 그어진 경험능력의 한계들을 넘어서는 그리고 거기서부터 혁신적으로 고유한 언어의 발전에 관여하는 학교가 된다. "(그때그때의) 언어의 한계들에 접해서 말하기"는 언어역사를 그리고 그와 함께 그때마다의 언어공동체의 역사를 진척시키는 계기가 된다.

3. 전통들과 제도들의 이해를 위한 결론

전통들은 증언된 경험으로부터 살아가며, 동시에 이러한 경험의 내용들과 함께 그러한 경험들을 홀로 가능하게 만든 정신의 형성 Formatio Mentis을 계속 전해준다. 이러한 전달의 가장 뛰어난 수단이 그러한 전승공동체의 각기의 특수한 언어이다. 전통들은 그래서 늘 동시에 세대들을 넘어서 존속하는 언어공동체들이다.

제도들은 특수한 내용들의 전달과 함께 동시에 직관과 사유의 형식을 계속 전달하는 과제를 갖는다. 이 형식은 이전 세대들의 증언된 경험을 이후 세대들의 고유한 경험을 위해서 열매 맺게 하고 그들 서로 간에 해석학적인 상호관계에 이르도록 허용한다.

언어는 전승의 가장 중요한 매체이기 때문에, 전승의 가장 중요한 기관들에 속하는 것은 언어교사들이며 – 우선은 "모국어"("조상의 풍습"에 상응하게도)의 교사로서의 부모들이며, 그런 연후에 제도화된 언어공동체의 특수한 기관들이다. 그들의 과제를 이행하기 위해서, 그들은 세 물음에 대해서 명료함을 얻어야만 한다: 언어전승에 들어서기 위해서(전승된 "언어놀이에서 함께 역할 하기" 위해서) 사람들은 무엇을 할 수 있어야만 하는가? 어째서 누군가가 그것을 원해야만 하는가? 그리고 책임 있게 그것에 찬성하거나 반대하는 결정을 내리기 위해서 사람들은 무엇을 이해해야만 하는가?

언어교사가 학생들에게 중재해야만 하는 "할 수 있음"은, "능동적인 언어능력", 다시 말해서, 습득된 언어로 아무도 앞서 말하지 않았던 것 역시 말하는 언어공동체의 지체들의 능력을 의미한다. 그것에 속하는 것은 한 언어의 어휘에 대한 지식뿐만이 아니라, 마찬가지로 그 문법의 실천적인 습득인데, 이것이 언어의 규칙들에 따라서 (그리고 그런 이유로 언어공동체의 지체들에게 이해가 되게) 새로운 단어들과 어법을 각인시키는 것을 허용한다. 그런데 능동적인 언어능력의 습득은 무엇보다도, 화자들이 (의미론 그리고 문법과 나란히) 그때마다 말해진 언어의 화용론을 파악하는 것에 달려 있다. 다시 말해서 그들이 모종의 언어적인 표현들과 표현연속들을 사용할 때 그들이 무엇을 하는지를(πράττουσιν), 즉 그들이 이를 통해서 언어공동체의 다른 지체들과 어떤 관계 안으로 들어서며, 그들의 언사를 통해서 그들의 청자들과 대화상대자들에게 어떤 "역할들"을 할당하는

종교의 현상학

지를 의식함에 달려 있다.

"어째서 누군가가 이러한 언어능력을 습득하기를 원해야만 하는가?"의 물음은 시선을 무엇보다도 언어의 화용론적인 관점으로 향하게 한다: 한 언어의 어휘와 문법은 가르쳐지고 익혀지는 것인데, 그 이유는 그것들이 없이는 특정한 종류의 대화공동체들이 구축될 수 없기 때문이며, 객관적인 타당성의 특정한 방식들은 오직 상응하는 대화공동체들 안에서만 검증되고 확립될 수 있기 때문이다 (보기들: 오직 **탐구자들의 공동체**community of investigators 안에서만 과학적인 인식들의 특수한 객관성이 검증되고 확립될 수 있다). 언어교사가 자신의 학생들에게 중재해야만 하는 이해는 무엇보다도 타당성의 양식, 대화공동체 그리고 한 언어의 어휘와 문법 사이의 이러한 맥락과 관계된다.

어휘의 세분화되어 있음, 문법적인 형식들의 기능 그리고 무엇보다도 언어사용과 "사회적인 역할놀이"의 맥락에 대한 통찰은 언어공동체의 지체들에 의해서 그들의 전승공동체의 "고전적인 텍스트들"에 접해서 검토되며, 그것들에 접해서 그들은 전승공동체 안에서 이미 한번 도달되었던 바로서의 의미론적, 문법적 그리고 화용론적인 가능성들 뒤로 그들이 되돌아간 것은 아닌지를 자기비판적으로 측정한다. 이러한 기능 안에서 ─ 그리고 한갓 모방 때문이 아니라 ─ 전승공동체의 "고전적인 텍스트들"은 능동적인 언어능력의 습득을 위한 불가결의 수단이다. 그런 이유로 규범적인 텍스트들의 제도화된 전달은 전통정초적인 그리고 동시에 전통비판적인 기능을 이행한다. 그 같은 종류의 텍스트들은, 전통정초적인 그리고 동시에 전통비판적인 기능을 이행하기 위해서, 제도화된 전달의 또 다른

4장. 종교적인 전통들과 제도들 ─ 과제들과 그들의 평가의 척도들

기관을 필요로 한다: 언어공동체의 지체들을 그와 같은 텍스트들의 이러한 사용으로 이끄는 "독서전문가들".

B 종교적인 전통들과 제도들의 특수한 과제들과 적법성의 척도들

1. 종교적 전승의 언어적 형식들 그리고 말씀에 대한 봉사의 제도화된 방식들

a) 기도들과 기도전통들

기도는 그것에 접해서 종교적인 언어의 고유성이 특히나 분명히 부각하는 바로서의 저 언어형식이다. 이 언어형식 또한 전승공동체들 안에서 배워지며, 이를 위해서 언어교사와 기도전통의 규범적인 텍스트들의 사용을 필요로 하며, 종교적인 "독서전문가들"이 그 텍스트들의 이해로 안내한다. 이러한 언어교사들과 독서전문가들에게도 타당한 것은 이렇다: 그들의 과제는 능동적인 언어능력을 중재하는 것이다. 그들 역시 삼중의 물음에 대답해야 한다: 기도전통 안으로 들어서기 위해서 사람들은 무엇을 "할 수" 있어야만 하는가? 어째서 누군가가 그것을 원해야 하는가? 그리고 책임 있게 그것에 찬성하거나 반대하는 결정을 내리기 위해서 사람들은 무엇을 이해해야만 하는가?

기도하면서 "신과의 상호관계" 안으로 들어설 준비를 위한 전제는, 특정한 종교적 전통의 빛 안에서 "신과 떨어져 있음" 그리고 "신과 가까이 있음"의 경험들로서 이해하도록 만드는 그런 경험들이

다: 우리 이성의 우연성에 대한("암흑의 심연 너머로 빛이 떠오름"에 대한) 경험들 그리고 마찬가지로 우리 자유의 분명한 우연성에 대한(우리가 자기연루를 통해서 당하는 자유의 상실에 대한, 그리고 우리가 강요할 수 없는, 그래서 "해방된 자유"로서 입증되는, 자유의 회복에 대한) 경험들. 전승된 신(神)이름들은 그때, 모든 그와 같은 경험들을 유일한 역사의 단계들로서 포괄하는 상호관계 안으로 들어서게 하는 제안들로서 이해된다. 그리고 이러한 제안의 빛 안에서 동시에 이러한 역사의 요소들을 구성하는 저 경험들을 위한 의미가 벼려진다.

오직 성스러움의 증여에 대한, 권능을 부여받은 응답으로서만 말해질 수 있는 종교적 단어의 이러한 "반응적인" 성격에 대한 표현은, 그것의 의례화된 형식과 그리고 권능을 부여받은 봉사자들을 통한 그것의 전달이다. 그런 이유로 기도의 선도자는 종교적인 언어공동체의 구축에 있어서 제도화된 역할의 담지자에 대한 특이나 분명한 보기가 된다.

기도하면서 언어행위들을 수행하려는 준비는, 이때 언어행위들은 빛을 발하는 신의 "영광"에 대한 응답하는 봉사로서 파악되는데, 또 다른 경험들을 전제로 한다: 우리가 내적으로 혹은 외적으로 말하는 각각의 말은 우리에 대한 그리고 다른 이들에 대한 사물들의 증여와 요구를 감지하게 만드는 것이라는 일반적인 경험들, 그리고 각각의 사물과 인간은 "명백한 신비"의 무엇인가를 자체적으로 갖는다는 것, 그리고 이때 현실적인 것이 우리를 압류하고 우리의 자기압류에서 해방하는 방식은 더 커다란 "명백한 신비"의 흔적으로서 이해되어야 한다는 특별한 경험들. 이 신비는 모든 사물들과 사람들 위에서 자신의 반사를 발견하는 바의 것이다. 전승된 송가적인 설화들은 모든 사물들과 사건들 안에서 이 신적인 "영광"의 현상형태들을 해독하는 범례적인 방식들이다. 그렇게 해서 전승의 그와 같은 종류의 텍스트들은 기도자에게 자신의 고유한 언사와 행동을 신의 이러한 "영광Doxa"의 새로운 빛남에 대한(다시 말해서, 신이 우리와 다른 이들을 위해서 자신을 감지하게 만드는 방식에 대한) 봉사로서 파악할 수 있게 능력을 부여한다.[2]

기도의 언어행위들을 통해서 종교적인 언어공동체의 구축에 함께 작용하려는 준비는, 다음의 경험들을 전제한다. 곧 어떤 말도 (내적인 말도 외적인 말도), 만일 그것이 다른 이들에게로의 전달에서 근본적으로 벗어난다면, 현실에 부응하지 못한다는 경험. 그리고 언어공동체의 각각의 종류가 아니라, 오직 신 스스로 그의 현재의 장소(성전)로 구축하고, 그런 다음에 "이스라엘의 찬양 위에 좌정하는"(시편 22,4) 그런 공동체만이 송가적인 말의 전달에 적합하다는 경험.

종교적인 전통들은 이러한 언어행위들을 위해서 적합한 언어적 형식들을 준비하며(호칭이름들, 송가적 설화들, 전례적인 환호들, 이것들을 통해서 의례거행자들이 종교적인 언어공동체로 집결된다), 동시에 그러한 언어행위들의 빛 안에서 적합하게 이해되는 경험들에 대한 상기를 깨어 유지한다. 이로부터 기도와 신의 "크기"에 대한 고백의 언어형식들에 접해서 하나의 주성분이 생겨나는데, 이것은 매우 상이한 종교적인 전승들에 공통적이며, 그런 이유로 또한 그들 간에 교환될 수 있다. 기도진술과 고백진술의 내용 안에서의 아주 현저한 차이들조차도 그러한 공동체들의 한계들을 넘어서서 배움을 가능하게 만든다. (곧 제시되겠지만, 그러한 전승공동체들 안에서 전달되고

---

2   "Δόξα"라는 말은 "Δέχεσθαι", "수령하다"라는 동사로부터 형성된 것이다.

종종 개별적인 공동체의 구별표지들을 형성하는 종교적 설화들에 있어서는 경우가 다르다.)

제도들은 개인적인 혹은 공동체적인 정신적 "건조"의 시기들을 넘어서서 기도전통의 전달을 확립하며, 기도의 형식들과 내용들이 그것에 접해서 측정될 수 있는 바로서의 척도들을 중재하며, "세상 안에 있는 신의 집"이 그것을 구하는 사람들을 위해서 지속해서 발견될 수 있게 보증한다. 이러한 가르침의 특별히 강조된 장소는 입교준비인데, 이때 입교자들은 종교적인 전승공동체 안에서 규범적인 성격을 가진 기도들과 설화들에 친숙하게 되며, 동시에 이 언어적인 수단의 자립적인 사용을 통해서 전승공동체의 능동적인 지체들이 되는 것을 배워야만 한다.

b) 종교적인 설화들과 설화전통들

"신 앞에서 이야기되는" 역사들의 제도화된 (계승을 목표로 한) 전달은, 동시에 자기 삶의 사건들을 "한 자 한 자 읽어서", 그 결과 그것들의 맥락이 신과 인간의 공동 역사의 표현으로서 읽힐 수 있게 하는 안내이다.

기능의 부분으로 이루어진 사회들 안에서 이러한 과제는 고유한 "말씀의 봉사자들"에 의해서 이행된다: 그들의 청자들이 추후의 그리고 계속되는 이야기를 할 수 있게 능력을 부여하는 "역사–설화자들"에 의해서. 종교적인 공동체는 늘 또한 설화공동체이며, 그 안에서 그러한 설화들의 전달이 제도화된다.

모든 종류의 설화들 가운데서 종교적인 맥락에서는 "시원론들", 곧 "한 처음에" 발생한 것에 대한 설화들이 특별한 의미를 갖는다.

종교적인 세계이해를 위해서 본질적인 것은, 그러한 시원론들이 이야기되고, 그 내용이 의례적으로 거행된다는 점에 달려 있으며, 또한 어떤 시원론들이 이야기되고, 그것들의 어떤 내용이 의례적으로 거행되는가에 달려 있다. 그것들은 종교적 경험에 근본유형을 지시한다. 그것들은 제도화되며 (전승능력이 있게 되며), 이는 그러한 경험맥락들의 구축의 가능성이 상실되지 않기 위함이다. 그리고 그것들이 확증되는 것은, 그러한 경험맥락들의 구축을 가능하게 만듦을 통해서이다.

그렇게 해서 다음의 물음이 생겨난다: 종교적인 설화공동체의 능동적인 지체가 되기 위해서 사람들은 무엇을 "할 수" 있어야만 하는가? 사람들은 그것들의 전달 안에서 그러한 공동체가 늘 새롭게 구성되는 바로서의 설화들의 보화를 알아야만 하며, 그리고 무엇보다도 그것들의 빛 안에서 늘 새로운 경험들을 해석하는 것을 배워야만 한다. 어째서 사람들은 그것을 원해야만 하는가? 상기로부터 자신의 실행의 모든 가능성을 넘어서는 바로서의 희망을 획득하기 위해서. 그와 같은 배움을 위한 결정을 책임 있게 내리기 위해서 사람들은 무엇을 이해해야만 하는가? 사람들은 그와 같은 희망의 힘 안에서만 개인적인 그리고 공동체적인 삶의 부침들이 역사의 통일성 안으로 통합된다는 것을 파악해야 하며, 이러한 역사의 연속성만이 다음의 질문에 대답하게 하는 바로서의 개인들과 공동체의 저 정체성을 정초한다는 것을 파악해야만 한다: 나는 누구인가? 우리는 누구인가?

종교적인 설화공동체가 그것의 모든 제도들과 함께 확증되는 것은, 그것이 자신의 지체들에게 전승된 상기로부터 획득한 저 희망

의 빛 안에서 그들의 고유한 경험들을 해석하도록 능력을 부여함에
따른다.

2. 전승의 언어적 형식들과 비-언어적 형식들의 결합. 탁월한 보기: 예배

예배 안에는 말이 없는 의례들이 있기는 하나, 아무런 말도 없는
전체의 의례들도 존재하지 않는다. 이때 종교적 언사의 각기의 형식
은 또한 예배의 구성요소가 될 수 있다. 종교적인 언어형식들의 특
수한 종교적 성격은 예배와의 이러한 가능한 관계 안에서 특히나
분명히 드러난다.

a) "예배의 세계상"

"세계"는 상호적으로 작용하도록 능력을 부여하는 모든 모사형태
들의 활력적인 맥락이다. "나" 혹은 "우리"는 누멘적인 근원들의 탁
월한 "그림"이며(그 근원들의 효력 있는 현재의 현상형태이며), 이것은
자기편에서 효력 있는 "그림들"을 설정할 능력이 있다.

예배는 그렇게 특정한 세계상을 전제할 뿐만 아니라, 예배거행자
들에게 직관형식들, 개념들 그리고 이념들의 특정한 사용을 습득하
게 하며, 그들에게 그렇게 해서 특수한 경험세계를 구축하도록 자
격을 부여한다. 그 경험세계 안에서 그들은 자신들의 체험들을 종
교적 경험의 내용들로 변화시킨다.

이 모든 관점들 안에서 예배적으로 주석된 세계는 철학적으로
그리고 후에는 과학적으로 주석된 세계의 선구자이며, 그러나 동시

에 그리고 무엇보다도 그것들에 대한 지속적인 대안이다: 과학적인 자기이해와 세계이해의 "환원주의"와 마주해서, 우리의 "생활세계적인" 물음에 이들보다 더 가까이 서 있는, 경험에로의 가능성을 열어놓는데 적합한 [대안: * 역자 첨언].

b) 예배공동체의 삶에 능동적으로 참여하기 위한 전제들

누군가가 예배공동체의 삶에 능동적으로 참여할 능력을 갖추기 위해서는 무엇을 할 수 있어야만 하는가? 우선은: 그는 의식을 알아야만 하고, 그 안에서 자신의 고유한 역할을 파악해야만 한다. 그러나 그것을 넘어서: 그는 그 안에서 예배의 실천이 자신의 자리를 가지며, 또한 "세속적인" 일상세계를 포괄하는 바로서의 경험세계의 고유성을 파악해야만 한다. 그에 덧붙여 필요한 것은, 종교적인 전승공동체 내에서 제도화를 통해서 전승능력을 갖춘 역할을 하는 "신비학의mystagogischen 교사들"이다.

어째서 누군가가 그것을 배우기를 원해야 하는가? 그 이유는 그가 다음과 같은 경험을 했기 때문이다. 곧, 모든 인간적인 인식과 작용의 애매성은 오직, 그것을 예배적인 언사와 행위의 모델에 따라서 파악하는 것을 그가 배울 때만 해소된다는 것이다: 모사형태들의 해독으로서 그리고 새로운 모사형태들의 설정으로서.

누군가가 이러한 결정을 책임 있게 내리기 위해서는 무엇을 이해해야만 하는가? 그것과 함께 우리와 만나는 것이 우리를 압류하는 바로서의 무조건성은 "그림", 다시 말해서 한 위탁의 경험가능한 현상형태라는 것인데, 그 위탁을 위해서 신적인 위탁수여자는 우리를 자신의 요구 아래에 세운다는 점이다. 무조건성이 그렇게 이해될 때에만, 독단론과 회의론이라는 이중의 위기가 피해질 수 있다.

c) 예배의 전통들과 제도들의 입증시험

전승공동체의 지체들에게 경험세계의 구축을 위한 자격을 부여하는 것이 제도화된 예배에서 성공하지 못할 때, 그 경험세계 안에서만 그들은 "자신들의 고유한 체험들을 한 자 한 자 말하면서 그것들을 종교적 경험으로서 읽게" 되는데, 그때 생겨나는 인상은, 형식적인 규칙의 준수가 자기목적이라는 것이다. 그렇게 되면 실제로 "내용이 비워진 의례주의"가 생겨난다.

고유한 경험능력의 동일한 결핍으로부터 생겨나는 인상은, 예배의 행위들("축성들")을 통해서 예배행위 수행의 능력을 부여받게 된 "예배봉사자들"이 집단-내재적인 특별활동을 수행하며, 반면에 "평신도들"은 단지 그것의 "열매들"에만 참여한다는 것이다. 그렇게 되면 실제로 "종교적인 다수계급-사회"가 생겨나며, 동시에 사람들이 종종 일상세계에 대한 진저리에서 특별한 기회에 그 안으로 퇴거하는 바로서의 퇴행적인 시대착오가 생겨난다. 그런데 그것은 예배 안에서 발생하는 것에 대한 결함을 가진 이해의 결과이다. 예배공동체의 지체들이 능동적이고 자기책임적인 지체들이 되어야만 한다면, "신비학의 교사들"이 필요하다. 그리고 이러한 과제를 전승할 수 있게 만드는 것이 종교적인 제도들이다.

3. 종교적인 법규

그것의 고유성은 오직 예배법규로부터의 유래에서 이해될 수 있다.

a) 가장 중요한 법규영역들

(1) 좁은 의미에서의 예배법규:

그것은 예배의 의례들, 또한 그것들의 변경의 가능성 및 한계를 규정한다. 그것은 예배 의 장소들과 시간들을 규정하며, 예배 안에서 사용되도록 승인된 텍스트들을 "정경으로 인정한다".

(2) 신성한 인격법규:

그것은 예배에 참여하도록 혹은 특정한 예배기능을 행사하도록 승인된 부류의 사람들과 이러한 전권이 양도되는 방식을 규정한다.

(3) 인격법규의 중요한 부분: 가족법규

그것은 가장 오래되고 가장 중요한 예배공동체로서의 "집"을 기술한다.

(4) 정결법규:

그것은 예배능력의 조건들, 일탈행위를 통한 그것의 상실("세속적인" 일상 안에서도) 그 리고 그것이 회복될 수 있는 방식들(화해의례들과 정화의례들)을 규정한다.

(5) 신성한 처벌법규:

그것은 지체들의 잘못된 행동을 통해서 공동체에 가해질 수 있는 "오염"으로부터 공동체 의 "정화"에 기여한다.

b) 기관들

(1) 종교적인 공동체의 "원(原)기관"으로서의 부모들:

종교의 현상학

아들들과 딸들을 위해서 부모들은, 그것과 함께 성스러움과 그것의 구원을 만드는 현재 가 자녀들의 모든 행위와 방임에 선행하는 바로서의 "태고성Unvordenklichkeit"의 경험형태이며, 그로써 그와 함께 삶이 과제Aufgabe가 될 수 있기 이전에 늘 먼저 은사 Gabe가 되는 바로서의 상위의 경험형태이다.

(2) "교부들의 협의회"와 "원로들":

세대들의 교체 안에 있는 사회적인 동일성의 경험형태(개인들은 바뀌며, "법률적 인격"은 지속한다), 그런 이유로 각기의 종교적인 직무승계는 동시에 사회의 성스러운 근 원들의 "지속하는" 생명력에 대한 표현이다.

(3) 신성한 "왕권":

"우주개벽설의 동시대인"이었던 인류의 아버지의 대변자. 그런 이유로 수많은 종교들 안 에서 즉위식의 축제와 신년축제의 동일성.

(4) 사제들과 해석학자들, 독서전문가들(주석자들과 설교자들) 그리고 율법학자들:

효력 있는 말들과 행위들 안에서 수행되는, 성스러운 근원들에 대한 상기의 수호자, 현 실화하는 적용의 교사들, 무엇보다도 예배능력의 조건들을 정의하는("누가 하느님의 산으로 오를 수 있는가?") "성전-토라"를 통해서.

(5) 카리스마를 지닌 사람들과 종교적인 특수공동체들:

그들의 필연성: 예배와 그 직무자들의 연속성은 공동체를 위해서는 불가결한 것이다. 그러나 그것은 예배 안에서 누멘적인 자유의 행위가 현재에 설정되고 있다는 점을 잊게 할 수가

있다. 카리스마를 지닌 사람들은 신성의 이러한 처분할 수 없는 자유의 현 상형태가 된다.

카리스마를 지닌 자들의 작용에서 종종 관찰할 수 있는 형식들: 그들은 "조국에서 아무 것도 아닌 것으로 여겨지며", 밖에서 편력하며, 그리하여 지금까지 그들의 전승과 거리 가 있었던 나라들에서 선교사가 된다(예를 들면, 붓다). 혹은 그들은 전승공동체 내에서 자신들 주위로 생활과 직무계승의 고유한 규칙들을 가진 특수공동체들을 모아들인다(예 를 들면, 엘리야, "젊은 예언자들" 그리고 엘리사에게 "예언자의복"의 수여). 그렇게 해 서 그들은 자신들의 전승공동체 안에서 개혁가들이 된다. 그들의 금언들과 저술들은 "경 전의 지위"를 획득한다. 혹은 그들은 추방되고, 되돌아오고, 그들의 추방자를 추방하고, "종교창립자"가 된다(예를 들면, 무하마드).

그들이 그로부터 유래하고, 그 전승으로부터 그들이 알고 있는 것 이상으로 각인된 바로 서의 공동체에 대해서 그들은 대조의 표징들이 되는데, 그것들은 중요한 관점들에 있어 서 모방할 수 없는 것들이며, 그런 한에서 제도화를 벗어나 있는 것들이다. 그러나 그것들은 전승의 지속적인 개혁필요성의 의식을 생생하게 유지한다.

c) 종교적인 법규의 적법성의 근거들과 평가척도들

법규는, 모든 제도들처럼, 전통들의 보호에 기여한다. 그것의 특별한 과제는, 한 그룹 안에서의 역할놀이를 갈등의 경우에도 예견할 수 있게 만드는 데에 있으며, 그때 그룹의 구성원들이 부당한 권위들의 자의성에("모모는 무엇이 올바른지를 알고 있어") 종속되지 않게, 또한 갈등중재자의 너무도 "착상이 풍부한" 개별성에 종속되지 않게 만드는 데에 있다("현명한 재판관Kadi"의 예측불가한 중재판정). 그런 이유로 발전은 정당들 자체에 의해서 선발된 중재자의 "중재자법규"로부터 제도적으로 임명된 재판관의 "재판관법규"를 넘어서서 입법적인 법정들의 "설정된 법규"로 이어진다.

— 그것은 종교적인 공동체 안에서의 상호주관적인 역할놀이의 예견가능성에 대해서도 타당하며(예배적인 보기: 무엇 때문에 나는 "네 그리고 아멘"이라고 말해야만 하는가?), 어떠한 예배적 행위 그리고 예배 밖에서의 행위가 신적인 구원작용의 "재-현"의 위탁에 적합한지 혹은 적합하지 않은지의 물음에서 생겨날 수도 있는 갈등들의 중재에 대해서도 타당하다(자신의 혹은 외래의 행위가 "공동체의 교화"에 기여하는지를 나는 무엇에 접해서 인식하는가?).

법규가 전통을 보호하기 위해 있는 것이라면, 그것은 이 과제에 접해서 측정되어야만 한다. 전통은, 만일 그것이 쇄신을 불가능하게 만든다면, 자신의 목적을 달성하지 못하며, 오직 전통의 재화("선조들의 전승") 안에서 그 안에 내포된 쇄신의 잠재력을 발굴할 때에만 목적을 달성한다. 쇄신은, 전통을 포기할 때, 자신의 목적을 달성하지 못한다; 그때에는 단지 지나가 버리는 현재의 필요들에 대한 순응만이 생겨난다. 쇄신이 그 목적을 달성하는 것은, 오직 그것이 전통에서 늘 재차 쇄신을 요구하고 가능하게 만드는 바로서의 저 "항상 더 큰 진리"에 대한 증언을 얻을 때뿐이다. 상응하게도 법규는, 사회 안에서의 특정한 역할놀이를 불변적인 것으로 확정할 때, 자신의 목적인 전통보호를 달성하지 못하며, 한 사회의 법규전통 안에

4장. 종교적인 전통들과 제도들 – 과제들과 그들의 평가의 척도들

서 그 안에 내포된 쇄신잠재력을 발굴할 때에만 자신의 목적을 달성한다. 법규-쇄신은 전통을 포기하면서는 그 목적을 달성하지 못하며, 한 사회 안에서의 역할놀이의 전승된 형식들을, 법규동료들의 행동에 대한 요구Anspruch에서 타당성을 마련하는 노력으로부터 이해하면서 그 목적을 달성하는데, 이 요구는 자체적으로 개혁의 동인을 내포하고 있는 바의 것이다.

이것은 종교적인 법규에 대해서도 타당하다. 그것이 자신의 목적을 달성하는 것은, 오직 그것이 전승을 이전 세대들이 성스러움의 요구에 대해서 내린 응답으로서 이해할 때이며, 그리고 이 응답에서, 이 응답을 가능하게 만들었고 동시에 그것을 넘어서도록 재촉하는 성스러움의 늘 더 커다란 요구에 대한 증언을 끌어낼 때이다. 그렇게 전통 자체가 종교적인 공동체의 "영속적인 개혁"을 요구하며, 그것에 동시에 척도들을 앞서 부여한다. 그렇기에 종교적인 맥락에서는 법규설정보다 법규발견이 우위를 가진다. 그러나 법규발견은 법규의 계속적 발전에 능동적으로 관여한다. 그것은 중요한 관점들 안에서 법규전승 내의 쇄신잠재력의 발견이다.

보기: 공의회는 종교적인 공동체를 "새롭게 고안해내는" 그 어떤 "제헌의회assemblée constituante"가 아니라, 회상의 충실로부터 그것을 갱신하는 기관이다. 오직 그런 이유로 그것은 자신의 쇄신을 위해서 공동체의 지체들에게 종교적인 순명을 요구할 수 있다.

그와는 반대로 명시적인 법규설정은 종교적인 맥락에서는 위기의 징후이다. 그러한 상황에서는 전승의 새로운 이해가 필요한데, 그것은 또한 종교적인 법규의 새로운 형성을 그 결과로 가지며, 극단적 경우에는 전승의 종말론적인 새-해석을 결과로 가진다. 그것

종교의 현상학

은 "설정된 신성한 법규" 역시 "이 세상" 한복판에서 "도래하는 세상"의 시민으로 살아가는 지침으로 만든다.

C 유대교와 그리스도교의 전승 및 그 제도들의 특성들

1. 이스라엘의 전승

a) 결정적인 "근원사"("시원론")

결정적인 "근원사"("시원론")는, 그 빛 안에서 "이스라엘 교회"는 그의 모든 경험들을 해석하는데, "모든 시간에 앞선" 사건에 대해서가 아니라, 시간 한가운데서의 사건에 대해서 이야기한다: 이집트로부터 이끌어냄에 대해서 그리고, 그 전제로서, 하느님이 "이집트의 모든 신들을 심판했을" 때에, "히브리인들의 집들"을 "지나가셨음"(파스카)에 대해서 이야기한다.

이때 전제가 된 것은 "참된 신에게는 혐오"가 되는 신들을 숭배하는 세상 안에서 살아가는 경험이다. 그에 대한 범례는 죽음과 풍요의 신들이다. 그것의 현재-상징은 황소(Ser-Apis, Ba'al)이다. 이 신들은 — 그리고 이차적으로 그 숭배자들은 — 하느님의 심판 아래서 있다. 그것들의 숭배로 되돌아감은 자신의 전승공동체에 대해서도 지속적인 유혹이다(참고. 사막에서의 "금송아지" 숭배). 이 심판의 면제와 되돌아감의 예방은 무상의 보존은총이며, 이는 "구원받은 이들의 큰 무리가 되도록 하기"(창세 45,7) 위함이다. 이러한 보존은총은 모든 민족들로부터의 선택의 표징이며, 이는 모든 민족들을 위한 축복이 되도록 하는 위탁과 결부되어 있다.

선택과 위탁에 대한, 그리고 또한 자신의 지속적인 위기에 대한 의식의 결과들은, 이 전승공동체의 구성원들이 그것들에 의무 지어져 있음을 아는 바로서의 근본태도들이다:

- 신의 명령에 대한 순종(토라Thorah),
- 신의 위탁에 대한 열의(성년의례Mizwah),
- 늘 새로운 회심의 준비(회심Tschubah) 그리고
- 신적인 그리고 인간적인 계약충실(사랑의 친절Chesed)의 관계 안에서 홀로 견고한 자리(믿음Emunah)을 얻는다는 신뢰. "너희 가 믿지 않으면 정녕 서 있지 못하리라"(이사 7,9).

b) 전승의 적합한 형식들

문제: 신적인 선택의 자유로운 행위는 그렇게 전통의 내용이 되기 위해서 "전달"되는가?

첫 번째 대답: 시조에게 주어진 신의 "맹세"는 명시적으로 아들들과 딸들을 선택 안으로 포함한다. 이미 이러한 후손들의 물리적 현존은 무상의 신적 신뢰의 표징이다. 그에 대한 전형을 형성하는 것은 시조의 "사그라든 육체"로부터의 이사악의 놀라운 탄생이다. 그리고 역사 안에서 아들들과 딸들의 계속적 현존은 이러한 계약충실의 지속적인 갱신에 달려 있다.

그런 이유로 두 번째 대답: 이러한 전승의 결정적인 형식은, 그 안에서 선조들에게 발생한 것이 아들들과 딸들에게서 새롭게 발생하는 바로서의 축제들의 거행이다. 그 형식에 따라서 그것은 연중의 축제들이다(봄철축제, 추수감사절, 여름철 건기의 끝, 포도수확축제); 그러나 이것들은 혼동될 수 없는 역사적 내

종교의 현상학

용을 보유한다(이집트로부터의 탈출, 시나이에서의 계약체결, "신적인 회상의 축제" – 신년축제로서의 죽은 군인들의 기념일Yom-haSikkaron, 신의 지시 아래서 도상에 있다는 기쁨의 축제, 장막절 그리고 종결로서의 "율법의 기쁨"의 날). 그것이 그러한 방식으로 역사화 되었던 연중축제들이었다는 점은 역사적인 회상내용들의 보편적인 의미의 표현이다. 그것들이 단호히 역사화 되었다는 점은 이스라엘의 개별적인 선택과 소명의 표현이며, 무엇보다도 역사적으로 힘이 있는 신의 자유의 표현이다. 그 빛 안에서 그의 작용 또한 "원–시초들" 안에서 새롭게 읽혀야 한다(보기: 창조일들의 일곱 숫자, 신적인 휴일 안에서 이행되는, 종살이 집에서 해방될 때 노예들의 "날숨"에 대한 원(原)형태로서).

c) 이러한 종류의 전승이 "정신의 형성Formatio Mentis"에 대해서 갖는 의미: 역사에 대한 새로운 감수성

연중축제들의 "역사화"의 한 결과는, 이집트로부터의 탈출 때 시간 한가운데서 새로운 시작들을 마련할 수 있었던 저 신의 자유가 개별자들과 민족의 삶 안에서도 늘 새로운 사건들 안에서 작용하고 있음을 보는 벼려진 주의력이다. 그렇게 역사적인 것의 일회성에 대한 감수성이 생겨나고, 그와 함께 그때마다 새로운 것의 새로움에 대한 감수성이 생겨난다. 그럼에도 불구하고 지나간 것이 생각할만한 것으로 남았다는 점은 유신론의 결과였는데, 이것은 "새것과 옛것"을 "처음이자 마지막인" 하나의 신의 작용에 대한 동일한 정도로 귀중한 증언으로서 이해하는 것을 승인했다. 이때 유일신론(하나의 유일한 신에 대한 배타적인 숭배)으로부터 유신론으로의(다른 모든 신들의 비-실존에 대한 확신으로의) 이행은 곤경 속에서 확증된 희망의 열매였다. 이러한 이행이 무엇보다도 아시리아와 바빌론에서의 이스라엘의 유배 시기 동안에 수행되었다는 것은 우연한 일이 아니다.

자신의 역사에 대한 이러한 의식은 신적인 건립행위의 이해에 영향을 되 미쳤고, 이러한 역사의 그때마다 비판적인 전환 이후에 전승의 "재독relecture"을 그리고 그와 함께, 그 안에서 신에 의해서 설정된 시초가 거행되고 그와 함께 현재에 설정되는 바로서의 축제들의 재독을 야기했다(참고. 첫 번째 성전의 파괴 후에 규범적인 저작들의 새-편집과 파스카-축제의 새-해석, 그런 다음에는 다시 두 번째 성전의 파괴 안에서 정점에 달했던 위기들 안에서).

d) (종교적) 경험의 학교로서의 이스라엘의 전승

이 자리에서 무엇인가 일상적이지 않은 방법적 단초가 선택되고 있다: 오랜 시간 경멸받았고, 근래에 다시 발견된 "4중의 성서의미"는, 대개 그것을 알지 못한 채, 말해진 모든 것의 네 의미계기들을 명명한다: 진술, 자기고지, 요구, 약속. 경험된 모든 것의 네 의미계기들이 이것들 근저에 놓여 있다. 각각의 경험은 역사적인 일회성을 가지며, 우리가 현재에 그 경험에 접해서 파악하는 것을 넘어서 가는, 현실적인 것의 자기고지를 내포하며, "따라서 여전히 다른 것을 말하며 – Alla agoreuei", 우리에게 "달리 생각하기"(회심Tropos)를 요구하며, 우리에게 계속해서 "위를 향해서 이끄는 – an-agogische" 인식의 길들을 개시한다.

(1) 이스라엘의 전승의 중심에는 "**상승적인**anagogische" 의미계기, 다시 말해서 자유로운 그런 이유로 늘 놀랍게 하는 신의 증여

의 계기가 있다. 그것은 경험자에게 용기를 주며, 심지어 위협하는 신적 심판에서도 특전을 부여한다(참고. "신의 얼굴과 함께 가기"를 청하는 모세 - 모세가 이 얼굴의 일별을 감당할 수 없을 것이라는 경고에도 불구하고, 탈출 33). 그렇게 각기의 개별적인 경험은 동시에 지속적인 길-동반의 약속이 된다. 고통 스럽게도 "신의 얼굴이 감추어진" 국면에서도.

(2) "**전향적인**tropologische" 의미계기의 이해를 위한 결론들:
신의 명령과 위탁에 대한 (오직 유대교적인?) 기쁨은, 종교적인 경험 자체가 그것이 요구하는 것을 일으킨다는 점에 근거해 있다: 자신의 죄를 알고 있는 자들에게도 "찬양실 천Doxopraxie"의 가능성들에 대한, 다시 말해서 "신적인 영광의 빛남"에 기여하는 실천의 가능성들에 대한 시선을 개시하는 전향.

(3) "**역사적인**historische" 의미계기를 위한 결론들: 이스라엘의 중심적인 고백어, "들어라Sch'ma"는 신의 유일성 그리고 오직 신 사랑 안에서만 얻어진 마음의 전체성 사이의 상관관계를 명명한다. 그와 같은 "(신적인) 이름의 일치를 통한 마음의 일치"에 이르는 능력은 강요할 수 없는 은사로 입증되는데, 이 은사는 그 우연성 안에서 자유로운 수여자를 지시한다. 그렇게 수령한 은사는 경험하는 주체의 역사에 대한 시선을 벼린다 —그 안에서 주체가 자신을 잃어버릴 수 있는, 자신을 다시 발견할 수 있는, 그리고 무엇보다도 자신에게 새롭게 선사될 수 있는 바로서의 역사.

(4) 각각의 경험의 "**우의적인**allegorische" 의미계기는, 다시 말해서

우리의 직관과 사유의 현재적인 방식 안에서 우리가 파악하는 것에 비한 경험의 의미잉여는, 이스라엘의 이해에 따르면, 저마다의 개별적인 종교적 경험 안에서 신적인 신뢰와 무제약적인 혁신력의 긴장 가득한 관계가 함께-경험되고 있다는 점에 의거한다. 이러한 관계는 각인된 고백의 표현들 안에서 발설될 수 있는데, 그것들은 동시에 한 전통공동체에 소속되어 있음의 표지이다. 그렇지만 그와 함께 상기들과 새로운 경험들이 "한 규칙 아래의 보기들"(마치 헬레니즘의 신화-우의 안에서처럼)이 되거나 혹은 "늘 동일한 것의 변형들"(마치 신화들 자체의 "설화장인들"에게서처럼)이 되는 것이 아니라, 신적인 신뢰와 마찬가지로 신적인 자유의 예견할 수 없이 새로운 그리고 동시에 지속적으로 생각할만한 현재형태들이 된다. 그런 이유로 그렇게 이해된 "우의적인" 의미계기는 그 경험을 하는 자를 역사 밖으로가 아니라 그 안으로 들어가도록 지시한다. 그렇기에 "우의적인 주석"의 기예 역시 증언들의 역사적 탐구를 대체할 수 있는 것이 아니라, 바로 그것들의 "역사적 의미 sensus historicus"를 비로소 드러낸다: 전승공동체 안에서 그것들의 "역사적 삶의 자리"를.[3]

결론들, "세속적인" 경험에로의 능력을 위해서도:

이스라엘의 전승이 그러한 방식으로 특별히 종교적인 경험의 학교로서 자신을 입증하면서, 그것은 또한 세속적인 맥락들 안에서도

3　"역사적-비판적 방법론"의 창시자인 리하르트 시몬Richard Simon에 있어서의 "역사적-비판적 입문" 참조: Histoire critique du texte du Nouveau Testament, Rotterdam 1689.

종교의 현상학

네 개의 거명된 의미계기들에 대한 증대된 감수성을 구축한다. (1) 그것은 회고 안에서 자기 역사의 놀라운 전환들 역시 "위를 향해서 이끄는 길"의 국면들로서 이야기하는 능력을 증대시키며, (2) 그것은 절망적으로 보이는 상황들 안에서도 새로운 종류의 이론과 실천을 발견해내는 "윤리적인 상상력"을 일으키며, (3) 그것은 주체와 전승 공동체의 역사적인 자기이해를 교육한다. 이들은 자기이해와 세계이해의 능력의 우연성을 의식한 채 남아 있으며, 그리고 (4) 그것은 일찍이 경험한 것의 사유할 만함에 대한 시선을 개시하고, 그것에게서 변화된 상황들 안에서 새로운 의미를 획득하고, 바로 그와 함께 자기 역사의 연속성을 보전하는 가능성을 개시한다.

그런 이유로 이스라엘의 전승이 세속적인 맥락들 안에서도 늘 재차 "설화의 장인들"을 산출한 것은 우연이 아니다.

e) 전승의 제도화와 그 기관들

그 내용에 따라서 온전히 신적인 자유와 인간적인 자유 사이의 관계에 주목하고 있는 전승은 제도화에다 특별한 어려움들을 야기한다. 그것은 종교적 전승의 전통적인 기관들에다 새로운 형태를 부여하는 것을 필요로 한다.

(1) *아버지들과 어머니들*: 그 "원-형"인 아브라함과 사라는 신의 자유로운 증여의 특별한 표징으로서 "시들어버린 육체"로부터 물리적인 어버이의 자격을 얻는다. 그렇게 세대들의 교체 안에서의 물리적인 생명의 전달 역시 자연적인 생명력과 생존력의 결과로서가 아니라, 신의 자유로운 신뢰의 결과로서 해석되고 있다. 모든 아들들과 딸들에게는 백성의 존속을 위협하

는 "곤경"은 "정상적인 경우"이며, 늘 새로운 세대들의 보존은
"기적"이다.

(2) **계승되는 사제직**은 이스라엘의 이해에 따르면 세상만큼이나 오
래된 것이 아니라, "인도자"(모세)의 형제에게로 소급된다. 상
응하게도 그것의 주요 과제는 축제들의 일관된 "역사화"이며,
그것의 주요 유혹은 의례의 재-자연화이다(신적인 인도자를 그
상징이 "금송아지"인 풍요의 신과 혼동하는 것). 이러한 유혹에 저
항하기 위해서 "성전-토라Thorah"(예배능력이 그것에 달린 바로서의
조건들의 정의)가 도덕적으로 강조되고 있다("누가 하느님의 산 위로
오를 수 있으랴? 깨끗한 손과 무죄한 마음을 가진 자"). 예배능력은
신의 위탁과 명령에 대한 자유로운 신뢰에 매여 있다.

(3) **신성한 왕권**은 성서적인 증언에 따르면 신의 원-창립이 아니
라, 순응과 쇠퇴를 향한 의지의 표현이고("우리는 다른 민족들
처럼 되고 싶습니다"), 신적인 자유의 특별한 행위를 통해서 이
차적으로 신적인 약속의 담지자가 되며("그의 왕권은 영원히 존
속한다"), 그렇게 해서 불충한 민족에 대해서도 신적인 신뢰의
표징이 된다. 그렇지만 그것은 예언자의 비판의 두드러진 대상
으로 남으며, 그것의 생성에 선행했던 신의 통치에 다시금 길
을 비켜 주는 유보조건 하에 존립한다("내가 몸소 내 양떼를 먹
이고", 에제 34,15).

(4) **카리스마를 지닌 전승의 봉사자들**(예언자들)은 죄의 폭로와(다윗
앞에서의 나탄), 심판과 속죄의 외침의 사자가 되며, 동시에 심
판 한복판에서 구원하는 것으로서 입증되는 신의 말씀의 사
자가 된다.

이 모든 제도들은 체험된 것의 다양성을, 이야기할 수 있는 역사의 통일성으로 결합하는 경험의 학교로서 확증된다. 그것의 가장 중요한 내용들은 이렇다: 신의 선택, 인간의 죄 그리고 무상의 신적인 은총.

2. 유대교, 혹은: 자기 전승의 위기들에 처한 이스라엘

"유대교" 하에서 사람들이 이해하는 것은, 이스라엘과 유다 왕국들의 몰락으로부터 생겨난 "이스라엘 교회"의 저 새로운 형태이다.

a) 이스라엘과 유다 왕국들의 몰락: 경험과 해석

왕권, 도시 그리고 성전의 몰락은 모세와 아론에게 "불평하는 백성"의 물음에 새로운 시사성을 부여했다: "당신들은 우리를 사막에서 죽게 하려고 노예살이 집에서 끌어낸 것이오?" 아시리아와 바빌론의 유배 안에서 예언자들은 이러한 재난을 불충한 민족에게 내린 신의 심판으로 해석했다. 이러한 심판의 무지한 도구들은 민족들의 왕들이었다; 마찬가지로 신의 은총의 무지한 도구는 남은 자들에게 조국으로의 귀향을 가능하게 만들었던 페르시아 왕 카이로스였다. 이로써 아브라함과 계약을 체결했던 신은 그를 알지 못하는 민족들에 대해서도 자신을 지배자로서 입증했으며, 반면에 민족들이 섬기고 있다고 생각했던 신들은 자신들을 "신-없음"으로 입증했다(유일신숭배-외래의 신들을 섬기는 것의 거부-로부터 유신론-외래의 신들의 실존을 논박함-에로 이행).

이러한 종류의 예언적인 선포는 신의 계획이 지닌 생각을 함축했는데, 그 계획이란 목적에 도달하기 위해서 자신의 도구들에게 우선은 비밀로 해야 하지만, 비로소 "마지막 날에" 명백해지도록 하기 위한 것이다. 이로써 예언으로부터 묵시록에로의 이행이 준비되었다.

b) 본국으로의 귀환, 새 예루살렘 그리고 새 성전

유배지로 흩어졌던 이들의 생존은 이제 특별한 보존은총의 표현으로서 여겨졌다. 그리고 본국으로의 귀환, 예루살렘과 성전의 재건은 "새로운 계약"의 표징으로서 해석되었고, "옛 계약"과는 대조적으로 그것은 다시는 깨어지지 않을 것이라는 희망(예레 31), 그리고 도시와 민족에게 내린 새로운 심판은 이제, 노아-계약을 근거로 새로운 홍수가 배제된 것과 마찬가지로, 배제되었다는 희망(이사 54,9-14)이 그 계약과 결부되었다. 왜냐하면, 이스라엘은 저 신적인 심판을 이미 뒤로 하고 있지만, 다른 민족들은 여전히 그 앞에 있기 때문이라는 것이다. "옛 계약", "첫 번째 예루살렘" 그리고 "첫 번째 성전"은 이제 새로운 것의 실재적-선취로서 이해되었고, 전승된 증언들에서 추론될 수 있었던 약속은, "새로운 계약", "두 번째 예루살렘" 그리고 "두 번째 성전"에서 그 실현을 발견했던 바의 것이다. 현재의 경험들이 과거의 약속들을 회수했다는 입증은, 역사의 전 과정이 — 다른 민족들의 역사 역시 — 신적인 계획의 실현에 기여한다는 것, 그리고 이를 통해서 이스라엘의 신은 "처음이자 마지막"으로서, 전 세계와 그 역사의 지배자로서 입증된다는 것에 대한 결정적인 논증이 되었다(이사 41,4; 44,6).

c) 두 번째 성전 시기 유대교 내의 제도들

예루살렘의 재건 이후에도 다윗 왕조의 회복에 이르지는 못했다. 오히려 본국에서는 (일시적으로) 대사제의 직무가 왕의 직무와 하나의 손으로 통합되었다. 분산 안에서도 잔류했던 유대인들 가운데서는 사제직 역시 지금까지의, 희생제와 관련된 의미를 상실했고, 공동체에 축복을 내리는 기능으로 제한되었다. 그만큼 더 중요하게 된 것은 예언자들의 카리스마적인 봉사와 새로운 제도로서의 율법학자였다.

예언자들은 이제 자신들을 묵시록의 선포자로서(감추어진 신적인 구원계획의 계시자로서) 이해했다. 그들에게 다가선 것은, 전승의 새로운 제도적 담지자로서의 율법학자였다. 율법학자는 전승의 증언들 안에서 약속의 내용을 드러냈고, 그리하여 현재의 사건들 안에서 "시대의 징표", 말하자면 모든 약속들의 임박한 실현의 표징을 발견하는 능력이 있었다.[4] 이 새로운 직무는 세습을 통해서가 아니라, 교육을 통해서 그리고 기도와 안수 하에서의 의례적인 직무임명을 통해서 양도되었다. 이산Diaspora의 유대교를 위해서 율법학자는 전승의 결정적인 기관이 되었다; 본국의 유대교를 위해서 율법학자는, 부분적으로는 협력하면서, 부분적으로는 경쟁하면서, 사제직과 나란히 등장했다. 그들의 협력을 제도화하는 시도는 "최고 의회"였다(신약 안에서는 "대사제들과 율법학자들").

또 다른 기관은 "사절"이었는데(히브리어로: Meschullach – Ἀπόστ

---

4 참조: 그에 대해서는 마태복음에 나오는, 헤로데를 통해서 율법학자들에게 문의함.

ολος), 이는 최고 의회로부터 이산의 공동체들로 파견된 자로서, 지나치게 분기하는 특수한 발전들에 맞서야 했다(사울/바오로는 자신의 회심 이전이나 이후나 그러한 사도Apóstolos였다).

d) 곤경의 새로운 경험들과 새로운 해석

알렉산더와 셀레우코스인들 그리고 로마인들을 통한 새로운 곤경의 경험들은, 재건된 예루살렘은 재건된 성전과 함께 약속된 "새 것"이 아니라는 신념으로, 그리고 결과적으로 새로운, 다시는 깨지지 않을 계약은 비로소 임박해 있다는 신념으로 이끌었다. 이것은 특수한 그룹(분리된 자—바리사이들)의 출현으로 이끌었는데, 이들은 특별히 철저한 율법준수를 통해서 "복구자"의 도래를 준비했다. 이를 통해서도 새로운 재난(로마인들을 통한 두 번째 예루살렘의 파괴)이 피해질 수 없었다는 점이 예측되었던 만큼, 새로운 해석이 동의를 획득했다: 곤경 자체가 선택의 새로운, 역설적인 형식으로서 이해되었으며, 그 힘으로 이스라엘 민족은 "수난당하는 하느님의 종"으로서 민족들의 죄를 대신해서 짊어져야 한다는 것이었으며, "민족들의 왕들" 역시 그렇게 선택된 수난받는 자들이 그들을 위해서도 "상처로부터의 치유"를 일으켰다는 것을 인식하게 되기까지 말이다(이사 53,13-54,5).

e) 유대교 전승에로의 능동적인 참여의 조건들

유대교의 전승에 능동적으로 참여하기 위해서 사람들은 무엇을 할 수 있어야 하는가? 기도공동체와 예배공동체로의 "활동적인 참여actuosa participatio"는 전승의 규범적인 상기를 자기 역사의 부분들로서 습득하고, 이것을 신적인 그리고 인간적인 자유의 역사로서 파악하는 특별한 능력을 요구한다.

어째서 사람들은 그것을 원해야만 하는가? 그러한 경험맥락의 구축이 성공하는 것과 똑같은 정도로 사람들은 자신의 정체성의 우연성에 예민해지며, 이 정체성은 그 어떤 본질필연성을 통해서도 확실하게 된 것이 아니라, 상실될 수 있고, 오직 희망에 기대서만 다시 획득될 수 있다는 것을 사람들이 알아차리기 때문이다.

이러한 결정을 책임 있게 내리기 위해서 사람들은 무엇을 이해해야만 하는가? 사람들이 인간적 삶의 고유성을 적합하게 파악하길 원한다면, 사람들은 직관과 사유의 특별히 역사적인 방식을 습득해야만 한다. 이 맥락 안에서 공간과 시간의 직관형식들 그리고 실체와 인과성의 범주들은 그것들의 자연적인 이해와 구분되는, 특수한 의미를 획득한다.

유대교 전승의 제도들은, 유대교 전승공동체의 지체들에게 범례적인 방식으로 그러한 경험세계를 구축할 수 있게 능력을 부여한 것을 통해서, 자신을 확증했다. 이러한 "정신의 형성Formatio Mentis"의 성공은, "주님의 법규를 낮이고 밤이고 탐구하는" 랍비가 우선은 유대교의 전승공동체 내에서 모범이 되었다는 점에서 알려진다: 순수하게 종교적인 맥락을 넘어서서 그러한 배움의 열정이 유대교 안에서처럼 발전된 곳은 그 어디에도 거의 없다. 그런데 그다음에 이러한 "경전의 탐구자"는 다른 전승공동체들을 위해서도 식자의 전형이 된바, 그는 "고전적인 텍스트들"로부터 교체하는 역사적 상황 안에서 늘 새로운 의미내용을 얻어낸다.

3. 그리스도교 전승

그것은 이스라엘 전승 내에서 생겨났으며, 자신과 이스라엘적-유대적인 전승과의 관계를, 더 가깝게는 이 전승의 위기와의 관계를 규정하는 영속적인 과제를 가지는데, 이 위기는 "무엇 때문에 우리가 이집트로부터 이끌어졌는가?"라는 물음에 대해서 "수난당하는 하느님의 종"에 대한 암시로써 대답하는 것을 필요하게 만든 바의 것이었다. 그 종에 대해서 다른 민족들의 왕들이 고백하게 될 것은: "그의 상처를 통해서 우리가 구원을 받게 되었다."

a) 그리스도로서의 예수

이러한 진력들의 출발점은 "예수는 그리스도이다"라는 고백이다. 이 고백은 두 개의 물음들에 대답하는 한에서만 이해가 된다:

(1) 두 번째 성전 시기의 유대교를 위해서 전형적인 물음: "어떤 자가 그리스도인가?" 혹은 "당신이 오기로 된 그 사람이오?" 예수의 제자들의 대답: "다른 누구도 아닌 예수".

(2) 예수의 제자들에게 향해진 물음: "너희는 나를 누구라고 생각하느냐?" 대답: "당신은 그 리스도 이외의 누구도 아닙니다."

그리스도의 표지로서 타당한 것은 기적("눈먼 이가 보게 되고, 절름발이가 걷게 된다")과 가난한 이들에 대한 온정("거지들에게 기쁜 소식이 선포되고 있다")이다. 예수의 이러한 자기진술들이 이스라엘 전통과의 일치에 서 있다면, 갈등에 불을 붙이는 것은 "세리들과 죄인들"에 대한 온정인데, 이를 통해서 예수는 "정결"의 요구를 깨뜨리고 있고, 그리하여 유대인의 판단에 따르면 전체의 공동체를 새로운 신의 심판의 위기에 내맡기고 있다. 예수 자신이 죄인들에 대한 이러한 배려를 죄인들을 용서하는 전권이 있다는 주장과 함께 근거 짓고 있으며, 그와 함께 "하느님에 대한 중상"이라는 비난을 자초하고 있다(마태 9,6). 그는 이 비난에 대해서 자신이 아버지와 비교할 수 없는 관계에 서 있다는 계속되는 주장으로써 대답하고 있으며 ("아들 말고는 누구도 아버지를 알지 못한다"), 그와 함께 그를 못마땅 해하는 유대인들을 "하느님을 알지 못하는 이방인들"(예레 10,25)의 단계로 밀어내고 있다. 아버지와 그의 특별한 관계는, 많은 이들의 죄와 병을 단지 대신해서 자신이 짊어지도록 그에게 능력을 부여할 뿐만 아니라, 이를 통해서 동시에 낫게 하는 능력도 부여한다: 치유의 기적과 죄의 용서는 그를 "수난당하는 하느님의 종"의 완성형태로서 입증한다(마태 8,17).

유대교와의 갈등이 치명적인 격렬함으로 상승하기 시작했을 때, 이미 "수난예고들" 안에서, 예수의 임박한 십자가상 죽음 역시 수난 받는 하느님의 종에 대한 노래들을 통해서 해석되었다. 특별한 갈등점(그리고 재판에서의 고발점)을 형성하는 것은 성전에 관한 예수의 말로서, 성전이 파괴된 후 3일 만에 그가 성전을 다시 세우겠다는 것이었다(마르 14,58). 요한복음은 무엇인가 수수께끼 같은 이 말을 예수의 죽음과 사흘 만에 그의 부활에 대한 예언으로 해석하고 있다: "그런데 그는 자신의 몸이라는 성전에 대해 말했던 것이다"(요한 2,21). 하느님의 종의 대속적인 수난이 포함한 것은, 이 사람이 두 번째 성전의 두드러진 재난 역시 자신의 몸에서 선취하며 끝까지 당했고, 동시에 극복했다는 점이다: 유대교와의 연대의 표현, 유대교의 위기 상황에서도 그리고 유대교와 예수의 가장 철저해진 갈등 상황에서도. 이러한 갈등으로부터 해석했을 때, "예수는 그리스도이다"라는 고백은 십자가-신학에로의 전개를 요구한다: "그리스도는 그러한 고난을 겪고서 자기의 영광에 들어가야 하는 것이 아니냐?"(루카 24,26)

b) 시작되는 그리스도교 전승의 세 증언들

α) *시메온의 찬미(루카 2,29-35)*는 ─ 선-루카적인 예수-전승의 "결정점"이자, 동시에 루카 에 의해서 기술된 예수 생애에 대한 "표어" ─ 예수에 대해서 결정적인 진술들을 포함하고 있다.

(1) 모든 "시대의 징표들" 중에서 그는 결정적인, 동시에 가장 다의적인 것이다. "모순적인 언사를 불러일으키는 표징",

(2) 그것은 심지어 신앙인들 자신에 대해서도 타당한데, "그들의 영혼이 칼에 꿰찔리는 가운데",

(3) 그러나 올바로 해석하자면 예수의 이러한 삶과 죽음은 이스라엘의 역사가 그 충만에 도달했다는 점에 대한 표징이다: "다른 민족들에게는 계시의 빛이며 당신 백성 이스라엘에 게 는 영광입니다".

β) *전례적인 외침: "우리의 파스카 양이신 그리스도께서 희생되셨기 때문입니다"* (바오로에 의해서 도덕적으로 사용된 것은: "묵은 누룩으로부터 정제된")

주의 성찬은 이스라엘 전승과의 결합의 탁월한 표징이자 동시에 ─ 주의 죽음에 대한 선취로서 ─ 그것과의 경계 짓기의 표징이다. 수난당하는 주님의 종은 ─ 이집트에서의 선조들과는 대조적으로 – 유월절양Osterlamm의 식사를 통해서 죽음에서 보호받지 못하였다. 유다인들의 눈에는 그 점에서 심판하는 신의 "지나감"의 축제의 파기 그리고 그와 함께 이스라엘 전통의 모든 "시초들"(이사악의 "몸값"으로 거슬러가기까지: 이사악은 하느님이 보내주신 숫양이 도살되었을 때, 목숨을 부지하였다. 예수는 그의 부모의 비둘기 희생물을 통해서도 "되찾을" 수가 없었다)의 축제의 파기가 놓여 있다. 그리스도교의 이 해 안에서 그는 바로 자신의 죽음을 통해서 "많은 이들의 몸값"(마르 10,45)이 되었으며, "새로운 계약"(1코린 11,25)의 중재자가 되었다. 이 계약은 "낡은 계약"을 폐지하는 것이 아니라 그 완성에로 이끌며, 이는 "우리 조상들에게 말씀하신 대로, 그 자비가 아브라함과 그 후손에게 영원히 미칠 것"(마리아의 노래, 루카 1,55)이라는 맹세에 부합하는 것이다.

결론: 그 시초들로부터 현재에 이르기까지의 이스라엘의 전 역사에 대한 "다시 읽기". 왜냐하면 하느님의 충실함에 대한 신뢰는 그리스도교인들에 대해서도 하느님이 이 "맹세를 결코 폐지하지 않으신다"는 확신과 결부된 채 남아 있기 때문이다. "하느님의 은사와 소명은 철회될 수 없는 것이기 때문입니다"(로마 11,29).

γ) 세례

주의 성찬이 "새로운 계약의 파스카"라면, 세례는 그리스도교의 신조어로서, 요한의 속죄세례를 통해서 준비되었고, 자신 편에서 유대교 의례의 정화시키는 담금욕(Mikwäh)과 연결된 것이기는 하나, 이를 변형시킨 것이었다. 담금욕이 베푸는 자 없이, 정화되어야 할 사람 자신에 의해서 수행되는 반면에(그렇게 해서 예수와 그의 제자들에 의해서도 그때마다의 연중 축제들 이전에 수행되었다), 요한의 세례는 수동적인 물속에-담가짐이고, 이러한 형식 안에서 도래하는 심판에 대한 일별 안에서의 죽음-선취이다.

예수는 아마도 결코 세례를 베푼 적이 없지만, 요한의 세례를 받았고, 하지만 아들 선포와 결부되었고, 그 세례를 자신의 죽음에 대한("내가 받아야만 하는 세례가 있다") 그리고 제자들의 죽음공동체에 대한("너희는 내가 받게 될 세례를 받을 수 있느냐?") 그림으로서 이해하였다. 여기서부터 세례-명령(마태 28,19)이 의례의 수행을 위한 위탁으로서 이해되었고, 이것은 (바오로가 이미 알려진 것으로서 전제하고 있는 이해에 따라서 - "너희는 알지 못하느냐...?") 예수의 죽음과 부활로써 "함께 자라남"(Συμφύεσται)을 그 내용으로 가진다. 유대교 안에서의 직접적인 상응이 없이 형식과 내용에 따라 볼 때, 그렇게 이해된 세례는 그럼에도 불구하고 오직 유대교 전통 안에서만 생겨날 수 있었던 다음의 물음에 대답하고 있다: 어떤 방식으로 하느님의 종의 수난은 많은 이들을 위해서 생명을 선사하는 수난이 될 수 있는가? 그리스도교의 대답은 이렇다: 죽어가고 부활하는 그리스도와 "함께 자라남"과 "형태공동체"를 통해서, 그것들의 효력 있는 표징이 세례이다.

δ) 주의 성찬과 세례에 대한 이러한 이해로부터 다음의 물음이 생겨났다: "그리스도와 함께 자라남"이 어떻게 가능한지가 이해되어야만 한다면, 그리스도의 "몸"은 어떻게 생각되어야만 하는가? 신약성서 안에서 이미 알려진 것으로 전제되고 있는, 또 다른 **초기 그리스도교**의 송가들은, 마찬가지로 전례적인 맥락 안에서, 세례-고지와 주의 성찬-고지의 진술들을 설명하

고 있으며, 이후에 발전된 그리스도론을 이미 간단하게 자체에 포함하고 있다.

c) 그리스도교의 전승, 그 제도들과 기관들

α) 중심적인 과제: "그리스도의 인격 안에서 행하기Agere in persona Christi"

그리스도교의 확신에 따르면 그리스도의 행적과 수난은 그 기능 계승이 배제된 그러한 방식으로 유일하며 종결적인 것이다. 그리스도교는 그 어떤 "후계자Kalifen"도 알지 못한다. 그리스도는 유일한 사제, 왕, 예언자, 하느님의 신비의 계시자("묵시록의 선포자")로 남는다. 다른 누구도 자신을 그렇게 명명해서는 안 된다(마태 23,8-12). 다른 한편으로 그리스도의 승천과 재림 사이의 시간 동안에 그의 작용력 있는 말과 구원을 일으키는 작용("그의 부활의 힘")은 늘 새로운 세대에게 전달되어야만 한다. 그것은 이러한 전달을 확실하게 하는 제도들을 요구한다. 그렇게 해서 그것들이 없이는 그 어떤 종교적인 전승 공동체도 생겨날 수 없는 바로서의 모든 제도화된 봉사들이 교회 안에서도 재귀한다.

외견상의 이 모순의 해소는 다음 안에서 발견되고 있는바, 곧 한편으로는 이스라엘 전승의 모든 직무들이 그리스도의 인격 안에서 통합되어 있고, 다른 한편으로는 사람들이 "그리스도의 인격 안에서" 말하고 행동하도록 불림받고 있다는 점이다(1코린 2,10). "그 리스도에게 인격적으로 귀속된 시종"(ὑπερέται)으로서 그들은 하느님의 신비와 구원행 위(Μυστήρια)의 "관리자"(Οἰκόνομοι)가 되며(1코린 4,1), 그들에게는 그리스도께서 일으키신 "화해의 직분"이 "주어져"

있다(2코린 5,18).

이것은 전례적인 봉사와 그 기관들에 대해서 타당할 뿐만 아니라, 전승에 대한 여타의방식들에 대해서도 그러하다: 기도선창자, 언어교사, 주석자와 주석기술의 교사, 또한 그 리스도교의 전승공동체에 특징적인 직무에 대해서도: "그릇된 가르침을 금지하는" 직무. 이 직무는 이미 바오로와 요한서간들의 저자에 의해서 "교회계율"의 방식으로도 행사되었는데, "불순한 자들"과 "사교도들"의 파문에 이르기까지.

β) 평가의 척도들

이로부터 그리스도교 전승의 모든 봉사들이 그에 접해서 측정되어야 하는 바로서의 척도들이 생겨난다.

우선 그리스도교 전승의 기관들에 대해서 타당한 것은 보편적인 척도들인데, 이것들에 접해서 모든 전통들과 제도들, 특히 종교적인 제도들이 확증되어야 한다. 전통들과 제도 들은 "정신의 형성"을 중재하면서 확증되는데, 이를 통해서 전승의 동료들은 경험의 특수한 형식들에로 능력을 부여받게 된다. 이들이 자신들이 하도록 능력을 부여받게 된 경험들을 전승의 빛 안에서 이해하고, 전승을 그들의 경험들의 빛 안에서 주석하면서 그들은 전승공동체의 능동적인 지체들이 된다.

여기서 생겨나는 물음은 이렇다: 그리스도교의 전승공동체는 어떻게 그들의 지체들이 능동적인 지체들이 되는 자격을 얻게 만드는가? 더 특수하게는: 신앙인들은 그리스도교 전승을 통해서 그들에게 중재된 "정신의 형성"을 통해서 어떤 종류의 경험을 하도록 능력을 부여받는가?

이 과제의 중심에는 특별히 윤리적인 경험에로의 자격부여가 서 있다(그것이 없이는 유대교의 "율법에 대한 기쁨"도 "율법과 복음"의 변증법적 관계도 파악되지 않는다). 그런데 그것에다 꼭 필요한 것은 세상과 고유한 자아의 상태에 대한 환영이 없는 그리고 동시에 낙담하지 않는 파악이다. 세상은 "좋은 나무들이 늘 좋은 열매들을 가져다주는" 그런 상태가 아닌데(환영이 없는), 부분적으로는 그것들 일체가 "열매맺기"에서 방해를 받기 때문이며, 부분적으로는 최상의 의도들로부터 때때로 최악의 결과들이 나오기 때문이다(한때 "새로운 길"의 신봉자들을 박해하는 것이 하느님과 그분의 선택된 백성에게 의무를 지는 것이라고 생각했던 시기의 바오로의 경험). 그러나 세계는 그 안에서 하느님의 해방시키는 그리고 의무지우는 요구가 우리와 만나는 바로서의 형태들로 충만하다(낙담이 없는). 이로부터 귀결되는 것은: 하느님의 효력 있는 선을 효력 있게 증언하는 것이 가능하지 않을 수도 있는 세계의 상태란 존재하지 않는다.

세계가 우리를 의무 지우도록 압류할 수 있기 이전에, 세계는 "더 좋은" 상태에 있어야 한다는 것은 진실이 아니다. 나 자신은 "나쁜 세계"를 심판할 수 있을 "의인"이 아니다(환영이 없는). 그리스도교의 에토스는 "이 세계"의 분쇄를 통해서 "하느님 나라"의 도래를 일으키도록 안내하는 "신성한 혁명이론"이 아니다. 이러한 시도는 늘 도덕성이테러로 전도하는 결과로 이끌었다. 그러나 그 안에서 내가 말과 행동으로 오직 하느님만이 일으킬 수 있는 구원의 증인이 되도록 소명 받지 못하거나 능력을 부여받지 못하는 바로서의 고유한 자아의 상태란 존재하지 않는다. 이로부터 귀결되는 것은: 내가 그러한 소명을 위해서 "충분히 선하지 않다"는 것은 진실이 아니다(그런 이유로: 낙담이 없는).

윤리적인 경험의 특별히 그리스도교적인 형식은 "죄 많은 세상 안에서 죄인"으로서도 자신의 삶과 세계의 늘 새로운 상황들 안에서 하느님의 구원작용의 활동적인 증언에로 불림받고 있다는 확신이다. 이러한 확신의 근저에는 희망이 놓여 있다. 그런데 이러한 실천을 안내하는 희망의 근거는, 죄인들을 죄 많은 세상 안에서 당신의 아들과의 "형태공동체"에로 부르신 하느님의 자비로운 증여의 소식 안에 놓여 있다. 하느님의 아들은 "새로운 법의 새 파스카"로서 죄와 모든 무죄한 이들의 수난을 자신이 떠맡아서, 그렇게 넘겨받은 "비천함"을 "이 세상의 제후들에 대한 승리"의 표징으로 만들었다.

그리스도인들이 이 희망 안에서 하는 자기경험과 세계경험의 빛 안에서 그들은 복음의 진리에 대한 자기책임적인 증인이 될 능력을 부여받는다. 이러한 경험과 그에 상응하는 이론과 실천을 위한 "말씀의 청자"의 자격부여 안에 모든 교회적인 봉사와 직무의 적법 성의 시험이 놓여 있다.

γ) 전승의 기관들에 대한 비판적인 질의들

그리스도교 전통과 그 제도들의 척도성주장을 적법화하는 특별한 근거들로부터 동시에이 전승의 기관들에 대한 비판적인 질의가 생겨난다: "그리스도의 인격 안에서" 말하고 행동한다는 그들의 주장이 봉사의 자기몰아성을 표현하고 있다는 점이 그리고 자신을 관철하기 위해서 그리스도의 위탁을 끌어다 대는 자기권력에로 전도되고 있지 않다는 점이 분명해지고 있는가? 이것은 교회의 교도권의 담당자들에게 향해진 것일 뿐만 아니라, 기도하면서, 선포하면서, 주석하면서 혹은 가르치면서 하느님의 활동하는 은총의 말씀을 전달하는 누구에게도 향해진 물음이다.

그리스도교 전승과 교회 안에서의 그것의 제도화의 과제가 그 지체들을 능동적인 구성원 이 되도록 자격을 부여하는 데에 있다면, 그리고 이것이 오직 가능한 것은, 그것을 통해서 그들이, 자신의 경험을 토대로, "그들의 희망에 대한 해명"을 하도록 능력을 부여받게 되는 바로서의 "정신의 형성"을 통해서라면, 그때 제도로서의 교회에 대한 모든 비판적인 질의는 동시에 그 지체들 각자에게도 향해진다: 그들은 신앙의 증언을 하도록 능력을 부여받았는가? 그 신앙의 증언이란 안과 밖을 향해서 "자신의 정의를 일으키도록" 잘 못 이끄는 것이 아니라, 자신을 잊은 "출중한 관리인"의 방식 안에서 그 홀로 "성실한 증인"이신(묵시 1,5) 그리스도 자신의 증언을 늘 새로운 청자들에게 전달하도록 능력을 부여하는 것이다.

제도로서의 교회가 그러한 증언을 하도록 지체들에게 자격을 부여함 안에서 자신을 확증한다면, 각각의 교회론 역시 신앙인들을, 이 제도의 지체들로서의 그들에게 양도된 과제에 대한, 용기 있고 동시에 자기비판적인 의식에로 이끄는 데서 확증된다.

이러한 해석의 제안을 받은 비판적인 독자는 여기서 개진된 것이 그렇게 이해된 교회론에 대한 기여가 되었는지를 시험해주길 바란다.

4장. 종교적인 전통들과 제도들 − 과제들과 그들의 평가의 척도들

5장

'종교들의 신', '철학자들의 신', 그리고 '성서의 신'

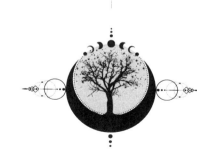

5장.

'종교들의 신들', '철학자들의 신' 그리고 '성서의 신'

예비적 소견: 문체에서의 변화

4장에서 5장으로의 이행에 있어서 독자는 문체 안에서의 변화를 눈치채게 될 텐데, 아마도 그는 이것을 심지어 성가신 문체단절로서 느낄 것이다. 1장은 3장 그리고 4장과 마찬가지로 핵심적인 간결 안에서 유지되었고, 2장은 어느 정도의 상세함을 "허용하고" 있으며, 5장은 3장과 4장을 합친 것만큼이나 길다. 이러한 차이는 그렇지만 내용적인 근거들을 갖는다: 종교철학의 방법들에 대한 1장의 숙고들은 현상학적인 방법의 선택으로 이끌었으며, 이를 넘어서서 다음의 통찰로 이끌었다: 종교적인 행위의 고유성과 그리고 종교적 행위에 개시된 대상들의 영역과 종교적 행위가 갖는 관계의 고유성에 대한 종교현상학의 물음은 오직 종교언어의 분석을 통해서만 대답이 된다. 그런 이유로 이 언어의 고유성이 적어도 몇몇 특징적인 보기들에 접해서 분명해져야만 했다.

그런데 종교적인 노에시스가 그것에 부속된 노에마와 관계 맺는 모든 방식들 중에서 신(神)관계는 탁월한 경우이다. 그것에 접해서 종교적인 현실연관의 고유성만이 특히나 분명히 알려지는 것은 아니다; 여기서 그것의 오류형성의 위험들과 그 극복의 가능성 또한 분명히 부각된다: 허구의 신들을 숭배하는 위험과, 이러한 그리고 비슷한 위험들을 피하는 바로서의 종교의 비판적인 자기이해의 가능성. 종교의 현상학이 자신을 확증해야 하는 것은, 그것이 종교를 낯선, "외부로부터" 그것에 끌어다 댄 평가척도에 복속시키는 것이 아니라, 종교의 특수한 고유-법칙성의 해명을 통해서 종교를 비판적인 자기이해에 이르도록 돕는 것 안에서이다.

주제와 방법에 대하여

1. "신", 종교철학의 주제?

이 탐구의 시작에 다음이 강조되었다: "종교철학은 철학적 신학이 아니다." 철학적 신학은 자신의 대상을 자신의 고유한 수단들을 가지고 확인하는데, 무엇보다도 "신 증명들"을 통해서, 자신의 고유한 신개념을 발전시키며, 그것에 접해서 종교들이 신 혹은 신들에 대해서 말해야 하는 모든 것을 측정한다. 종교철학이 그에 반해서 신에 대해서 말하는 것은, 오직 종교의 자기진술들 안에서 신이 등장할 때이며, 모종의 종교적인 행위들을 통해서 지향되고 있는 저 현실로서 신을 규정함을 통해서만 이 신에 대한 개념을 얻는다. 종교철학은 종교의 - 혹은 적어도 몇몇 종교들의 - 자기증언에 따라서 오직 이 행위가 관계 맺는 상관물로서만 신을 "안다". 따라서 "종교철학은 신에 대해서 무엇을 말할 수 있는가"라는 물음에 선행하는 것은, "어떤 근거들로부터 그리고 어떤 조건들 아래서 종교는 신에 대해서 말하는가?"라는 물음이다. 혹은 짧게 말하자면: "신은 어떻게 종교 안으로 들어오는가?"(이어지는 상론들의 1부)

2. 신에 대해서 말하는 세 방식들

"철학자들의 신"과 "아브라함, 이사악 그리고 야곱의 신"(무엇보다도 파스칼의 "비망록"으로부터 알려진) 사이의 전통적인 구분에다 여기서는 세 번째 지체인 "종교들의 신들"이 먼저 설정되고 있다. 이것은 방법적이고 내용적인 근거들을 갖는다.

a) "철학자들의 신"과 "성서의 신"의 전통적인 구분

성서의 신을 철학자들의 신과 구분할 뿐만 아니라, 그것에 맞세우는 것은, 오랜 시간 개신교 신학의 구분표지로 여겨졌다. 루터의 "스콜라 신학에 반대하는 테제들"(1519)로부터 칼 바르트Karl Barth의 "아니오Nein"(1934)에 이르기까지 그에 대한 보기들이 발견된다. 그렇지만 신에 대한 철학적 언사가 가능하며, 심지어는 아마도 필수적이라고 간주한 개신교 신학 또한 늘 존재해 왔다. 가톨릭 신학자들 역시 성서의 신을 "철학자들의 신"과 동일시하는 어려움을 보았다.[1]

그렇게 해서 다음의 물음이 생겨난다: 종교가 관계하고 있는 신에 대해서 철학적으로도 말하는 것이 가능한가? 혹은 철학은, 만일

---

1   Vgl. den Sammelband von Josef Möller(Hrsg.), Der Streit um den Gott der Philosophen, Düsseldorf 1985.

신에 대해서 말하고자 할 때, 필연적으로 그 대상을 그르치는가? "철학자들의 신"은 종교적인 경험 또한 그것에 접해서 측정되어야 하는 바로서의 "참된 신"인가? 혹은 "신앙의 신"은 그것에 접해서 모든 "철학의 사유구성물들"이 측정되어야 하는 바로서의 "현실적인 신"인가?

무엇이 이 물음에 대한 대답에 달려 있는가?

- 신앙을 위해서: 신앙은 - 비-신앙인들 앞에서, 그리고 또한 자기 자신 앞에서, "참된 신앙"을 한갓 경건한 환영과 구분하기 위해서, "자신의 희망에 대한 전말서"를 줄 수 있는 가?

- 철학을 위해서: 철학의 "신"은 저마다의 실재와 동떨어져 있는, 한갓 구성물인가? 종교 적인 경험과의 관련이 그것에 현실연관의 확실성을 마련해줄 수 있는가?

b) 세 번째 지체를 통한 전통적인 구분의 확장: "종교들의 신들"

α) 역사적인 그리고 의미론적인 관찰

역사적으로: 철학과 성서적 신앙이 생겨나기 전에, 이미 종교들이 존재했다. 의미론적으로:철학자들이나 성서적 신앙의 전령자들 모두가 "신"이라는 어휘를 새롭게 도입하거나 설명할 필요는 없다. 이 어휘가 의미하는 것은 청자들에게 종교의 언어로부터 알려져 있다. 철학과 신앙은 "신"을 인류의 역사 안으로 도입하지 않으며, 하지만 아마도 "민족들의 종교들"과는 다르게 그것에 대해 말하며, 다른 것을 말한다.

β) 역사적으로 정확한 규정

성서적 신앙이나 철학 역시, 신들에 대한 숭배의 전승된 형식들이 그 신빙성을 잃어버렸을 때, 종교사의 비판적인 국면 안에서 생겨났다. 이집트, 그리스, 페르시아 그리고 인도의 보기들에 대해서는 나중에 언급될 것이다. 이러한 국면 안에서 "종교"가 모두 환영으로서 여겨지지 않아야 한다면, 종교-내부적인 근거들로부터 "참된 종교"와 "오도된 종교형식들" 사이에 구분이 되어야 하며, 아마도 심지어는 "참된" 그리고 "거짓된" 신들 사이에 구분이 되어야 한다. 그러한 구분의 과제로부터 사람들이 ***종교비판적인 종교들***이라 명명할 수 있는, 새로운 유형의 종교들이 생겨났다.

이 과정은 "헬레니즘의 자산Proprium hellenicum"이 아니지만, 만일 사람들이 "유럽" 아래서 동-지중해의 공간과 그에 연접한 공간들의 전체를 이해한다면, "유럽의 자산Proprium europaeum"으로 여겨진다. 그것은 그리스 신화에 상응하는데, 그 신화는 "유럽"을 "피닉스Phoinix의 딸", "제우스Zeus의 강탈당한 신부"이자 "미노스Minos의 어머니"로서 표시하며, 그래서 페니키아, 그리스 그리고 크레타를 한 문화공간의 지체들로서 인식하게 해준다.

성서적 신앙은 물론이고 철학 역시 이러한 비판적 구분의 과제를 넘겨받는데, 그들이 이 과제를, 동시에 그들과 함께 종교사의 저 비판적인 국면에서 생겨난 종교형식들과는 달리 해결하고 있음에도 불구하고 말이다. 그렇기에 성서적 신앙과 철학은 공통의 주제를 가지며 서로 대화를 할 수 있다. 비록 이 대화가 때때로 논쟁의 성격을 띨 때가 있더라도 말이다.

비판적인 구분의 과제는 자기비판의 과제를 포함한다. 그릇된 종교형식들을 극복하는, 혹은 거짓 신들의 지배에서 해방되는 과제는 결코 종결에 이르러서 그 안에서 완성에 도달한 적이 없다. "종교비판적인 종교들" 역시 이러한 완성을 선취하는 지침들이지, 완성 자체가 아니다. 상응하게도 "지혜에 대한 사랑"은 인식의 저마다의 행위 안에서 모사적으로 선취되고 있는, 추구된 "지혜"가 아니다; 성서적인 신앙 역시 "지복직관"의 표징적인 선취이지, 그것 자체가 아니다.

비판과 자기비판이 회의주의로 전도되지 말아야 한다면, 그것들은 해석학적으로 남아야 한다: "도래하는 세상에서의 삶"을 희망하는 자도 "이 세상"의 현상들 안에서 "도래하는 세상"의 표징들을 해독할 수 있어야 한다. 그러나 이러한 해석학은 비판적으로 남아야 한다. 표징들은 그것들이 의미하는 것과 동일시 되어서는 안 된다. 우리의 일상적인 세계경험의 비판적인 해석학의 이러한 과제 역시 신앙과 철학이 그들의 생성시기로부터 넘겨받았고 계속 지니고 있는 유산이다. 그런 한에서 "종교들의 역사 안에서의 비판적인 국면"은 신앙과 철학의 생성조건들에 속할 뿐만 아니라, 그들의 역사 안에서 지속하는 공통의 유산으로서 계속 작용하고 있다.

도입: 신은 어떻게 종교 안으로 들어오는가?[2]

이 물음은 역사적으로 의미된 것이 아니다: 종교사의 "선-유신론적인 국면"이 있었는가(반델 레에우van der Leeuw: "신은 종교사 안에서 늦둥이이다") 혹은 성스러움에 대한 비-인격적인 표상들에 "원-유일신론"이 선행하는가(그렇게 빌헬름 슈미트Wilhelm Schmidt나 나탄

---

2   Vgl. Richard Schaeffler, Wie kommt Gott in die Religion?, in: M. Enders(Hrsg.), Phänomenologie der Religion, Freiburg 2004.

쇠더블롬Nathan Söderblom)? 그것은 체계적으로 의미된 것이다. 그
럴 때 두 개의 물음들이 생겨난다: 어떤 전제들 아래서 도대체 특수
하게 종교적인 언사와 행위가 생겨나는가? 그리고 어떤 전제들 아
래서 종교적인 언사가 "신에게 그리고 신에 대한 언사"이며, 종교적
인 행위는 "신과 혹은 신들과 관련된 실천"인가(예를 들면 신에게 혹
은 신들에게 하는 "봉사")?

1. 종교적인 언사와 행위 일반

a) 종교적인 근본-행위: 숭배

α) 사람들은 막스 셸러Max Scheler와 함께 종교의 근본적인 행
위를 "숭배"의 행위로서 지칭할 수 있다. 이것은 필연적으로 인격적
인 신과 관련될 필요는 없으며, 익명의 "누멘들"을 그것의 노에마적
인 상관물로 가질 수 있다. 어떤 경우에도 "숭배"는 "높은 평가" 그
이상이다. 그것에 속하는 것은 "숭배되어야 하는 것"과의 만남에서
자기 생명의 경계에 그리고 동시에 새로운 시작에 다다랐다는 의식
이다. 숭배자의 생명능력의 경계로서 숭배되어야 하는 것은 동시에
"전율케 하는 것das Tremendum"이다. 새로운 생명시작의 근거로서
그것은 "매혹하는 것das Fascinosum"[3]이다.

우리가 우리의 생명의 근거를 만나는 곳에서 동시에 우리의 한계
에 부딪힌다는 경험은 우리에게 우연성(비-필연성과 내적인 위협)을

---

3   Vgl. Rudolf Otto, Das Heilige, Marburg 1917, 마찬가지로, Das Gefühl des
Überweltlichen – Sensus Numinis, München 1932.

종교의 현상학

인식하게 해줄 뿐만 아니라, 동시에 우리가 이러한 위협 안에서 벌써 오래전에 몰락하지 않았다는 것에 대해서 놀라워하게 한다. 생명과 몰락의 양자택일은 우리 삶의 매 순간 열린 것으로 나타나며, 하지만 우리 삶의 시작부터 그리고 우리 삶의 전 시간을 통해서, 우리가 그것에 무엇인가를 더할 수 있기 오래전에, 늘 이미 생명을 위해서 결정된 것이다. 그런데 열린 양자택일을 결정할 수 있는 무엇은 이를 통해서 자유롭게 행위하는 의지력으로서 입증된다. 이것은 수고함이 없이, 머리로 그저 끄덕임(nuere)을 통해서, 생명을 위해 결정을 내렸다. 그것의 크기를 우리가 숭배하면서 승인하는 바로서의 저 생명근거와 생명경계의 통일성은 그렇기에 "누멘Numen"이라 불릴 수 있다. **누멘을 생각하는 것은 그렇기에 다음을 의미한다: 그것의 결정을 기억하면서, 그것에 감사하는 것.** (이것은 자기 자신의 물음에 대한 하이데거의 첫 번째 대답이다: "그와 함께 신앙이 생각하는 바로서의 사유는 어떤 성격을 가진 것일까?")

β) 종교적인 경험을 한 사람은 모든 존재자들 안에서 동일한 우연성(비-필연성과 내적인 위협)을 다시 발견한다. 존재와 비존재의 열린 양자택일, 또한 "누멘적인" 의지력을 통한 존재에로의 결정은, 존재하는 모든 것에 "처음부터" 실현되어 있다. 모든 사물들의 이러한 시작에 대하여, 그 시작은 동시에 매 순간 새로운 현재를 획득하고 있는데, "한 처음에 발생한 것에 대한 언사", 곧 "시원론"(플라톤이 "티마이오스Timaios"에서 사용하고 있는 표현)이 말하고 있다. **종교적인 "감사하는 기억"은 "시원론적인 설화들" 안에서 진술되고 있다.**[4] 락탄티

---

4   그에 대한 보기들은 미르치아 엘리아데의 모음집 "La naissance du monde"

5장. '종교들의 신들', '철학자들의 신' 그리고 '성서의 신'

우스Lactantius의 종교정의의 정당성은 여기에 의거한다: "종교는 묶음이다Religio est religatio" – "근원들에로 되돌려 묶음".

γ) 그러한 설화들은 우리의 경험시간의 그 어떤 시점에서 벌어진 사건이 아니라, 모든 시간 밖에서("한 번도 아닌niemals"), 하지만 이 경험시간의 저마다의 시점에서("늘") 현재화되고 있는 사건에 대해서 말한다. 그런 이유로 세네카Seneca의 표현대로: "여기서 이야기된 사건들은 결코 있어 본 적이 없는, 그러나 항상 있는 것이다". 그것들이 **종교적으로 이해된 "아프리오리"를 형성**한다. 이것은 "일찍이 그 이전 것으로부터" 늘 새롭게 도래하는, 시간 안에서 발생하는 모든 것의 조건이다. 저마다의 아프리오리(훨씬 후에 철학자들에 의해서 기술된, "경험과 그 대상들의 가능성의 조건들"을 명명하는 것 역시)처럼 종교적인 아프리오리 역시 자신을 확증하는 것은, 그것이 우리의 일상적인 경험들을 이해하게 해주고, 자기편에서 회고하면서, 그렇게 이해된 경험들의 빛 안에서 새롭게 파악되는 것을 통해서이다.

δ) 세상적인 것의 우연적인 현실은, "시초들로부터" "아프리오리 a priori" 작용하는 의지력의 현상형태로서 이해되었을 때, 누멘이 우리의 의해서 포착될 수 있는 방식이다. 그리스어로 "dechetai". 그 안에서 우리는 그것의 "영광Doxa"의 빛남을 경험한다.

누멘을 종교적으로 "숭배한다"는 것이 뜻하는 바는 그렇기에 이

가 제공하고 있다. 독일어로는: "Quellen des Alten Orients, Bd 1, Die Schöpfungsmythen", Einsiedeln 1964 – 주해: "창조신화들Schöpfungsmythen" 이란 단어는 본래의 제목인 "La naissance du monde", 곧 "세계의 탄생"을 정확히 재현하는 것은 아니다.

렇다: 세계의 모든 현실 안에서 그것의 영광의 빛남을 재인식하는 것.[5]

b) 종교적인 아프리오리: 개념들과 직관형식들

사람들이 종교적 경험을 그 내용에 따라서 묻는다면, 제시되는 것은 이렇다: "태고적으로부터", 따라서 문자적인 의미에서 "아프리오리", 발생하는 누멘의 현재. 사람들이 종교적 경험을 그 수행방식에 따라서 묻는다면, 제시되는 것은 이렇다: 그것은 오직 특수한 직관과 사유의 형식들 안에서 수행될 수 있다. 이것들이 주관−측면으로부터 종교적 경험의 "아프리오리das Apriori"를 형성한다(다시 말해서, 그것의 가능성의 조건들). 오직 그것들만이 한갓 종교적 체험을 통한 압도당함으로부터 종교적 경험에로 넘어가는 것을 허용한다.

여기에 필요한 개념들에 속하는 것은 또한 후에, 변화된 형태로, 철학 안으로의 입장을 발견한 그런 것들인데, 무엇보다도 다음의 두 개의 개념 쌍들이다. 이것들은 플라톤의 주도개념들이 되었고, 이차적으로 또한 아리스토텔레스 철학의 주도개념들이 된 것들이다:

α) 분리Chorismós(본질적인 분리되어 있음)와 임재Parousía(사건발생
    적인 현재화됨)

시초들은 우리에게 경험될 수 있고 인식될 수 있는 모든 것과 상이하다. 그런 이유로 수많은 종교들의 "시원론들"은, 그 안에서 인

---

5   "숭배"가 뜻하는 것의 이 일반적인 종교적 이해는 성서적 신앙의 특별한
    맥락 안에서도 회귀하는데, 범례적으로 세라핌Seraphim의 고백 안에서:
    "하늘과 땅이 그분의 영광으로 충만하도다".

간들이 누멘적인 힘들과 직접적인 근접 안에서 살았던 바로서의 저 "모든 시간 이전의 시간"이 종결되었다는 보도로 끝난다. 시원론적인 "당시에"는 각각의 경험가능한 "오늘날"과 상이하다. (플라톤은 이것을 모든 "시원론들"의 공통적인 표지로 간주한다.)

그러나 언제 그리고 어디서 인간이 종교적인 경험을 할 때, 그에게는 근원들의 새로운 현재, 곧 그것들의 "임재"가 발생한다. 그것은, 인간이 "다시 한번" 존재와 비존재의 열린 양자택일을 경험하고, 이 양자택일로부터 "새롭게 태어나게" 된다는 것에 대한 근거이다.

β) 원형–사건과 모사–사건

인간과 그의 전 경험세계가 누멘과의 만남 안에서 결정적으로 몰락하지 않고, 그로부터 새로운 생명으로 결과된다는 것은, 근원들의 발생하는 현재를 "한 처음에 발생했던" 것의 "모사"로 만든다. 이때 "모사"가 의미하는 것은, 종교적인 범주로서 이해되었을 때, "유사성"(부분적인 표지동일성)이 아니라, "현재화–됨의 형태"이다. 종교사 안에서의 빈번한 보기: 생명을 선사하는 호흡하는 공기는, 종교적으로 경험되었을 때, 누멘적인 힘의 날숨의 "모사", 다시 말해서 경험가능한 현재이다. 이 힘은 죽어가면서(숨을–내쉬면서) 자신의 생명력을 세상에 전달했고, 그 결과로 우리를 둘러싸고 있는 공기 안에서 우리에 의해서 "들이쉴" 수 있게 된 것이다.

종교적인 범주들의 이러한 사용의 결과는 우리 경험의 모든 내용들과의 비판적인 그리고 동시에 해석학적인 관계이다: 모든 세상적인 것은 *한갓* 모사이며, 그러한 것으로서 비판적으로 전모가 파악되어야 한다. 그렇지 않을 때 "그림들의 우상화", 곧 "성상숭배"가 생겨난다. 그러나 모든 세상적인 것은 **현실적**이자 우리에게 불가결한 모사이며, 그러한 것으로서 이해되어야 한다. 그렇지 않을 때 "그림들의 파괴", 곧 "성상파괴"를 통해서 누멘적인 근원들에로의 직접성을 얻으려는 늘 헛된 시도가 생겨난다. 이러한 시도는 헛된 것으로 남을 수밖에 없는데, 왜냐하면 우리에게 경험 안에서 주어진 모든 것의 시초들은 본질상이한 것이고 또 그렇게 남아 있기 때문이며, 그것들은 우리에 대해서 단지 그 모사들 안에서만 사건발생적으로 현존하게 되기 때문이다.

종교적 개념들(그중에는 방금 거명한 개념 쌍들 "분리와 임재", "원형과 모사")의 비판적이면서 동시에 해석학적인 사용은 종교의 특수한 합리성을 형성한다. 철학은, 종교보다도 훨씬 젊은 것으로서, "비합리적인" 세계이해를 "합리적인" 것으로 대체한 것이 아니라, 기껏해야 새로운, 특별한 형식의 합리성을 산출한 것이다. 그러나 이 새로운, 철학적 합리성 역시, 철학이 자신의 개념들을 통해서 우리 경험의 내용들과 비판적인 그리고 해석학적인 관계를 가능하게 만들었음을 통해서 확증되어야 했다: 철학 역시 현상들을 그것들 안에서 현상하는 것과 혼동하는 것을 피해야 하거나("성상숭배"의 철학적 형식), 혹은 현상들을 지각하고 주석하는 것을 추정적으로 더 이상 필요로 하지 않는 바로서의 진리에 대한 직접성에 도달했다고 속아 믿는 것을 피해야 한다("성상파괴"의 철학적 형식).

여기서 그리고 다른 관점들 안에서 종교의 특별한 합리성은 초기의 철학을 위해서도(무엇보다도 헤라클레이토스와 플라톤에게 있어서), 그 자신의 해석학적-비판적 과제에 대해서 분명하게 되도록, 출토지가 되었다.

2. 어떤 전제하에서 "누멘"은 "인격적인 신"으로서 이해되는가?

비-인격적인 누멘들 역시 그들의 현상형태들의 교체 안에서 재인식되고 명명될 수 있다. 보기: 불자들의 "거룩한 말" – "오, 연꽃 안에 있는 보석의 신비여Om mani padme um". 인격적으로 이해된 신은 이름으로 명명되는데, 외칠 수 있을 뿐만 아니라, 부를 수 있다. 그러한 부름과 함께 수많은 종교들의 송가들이 시작된다(참고. 위의 종교적 언어의 장). "신은 어떻게 종교 안으로 들어오는가?"의 물음은 따라서 더 정확히 이렇게 설정되어야 한다: "누멘"을 비-인격적으로 이해하거나 혹은 이름의 부름을 통해서 그것과 인격적 관계 안으로 들어서는 양자택일은 종교 내에서 무엇을 통해서 발생하는가?

a) 논쟁적인 물음: 신성한 시간의 해석

많은 종교학자들은 "신성한" 시간들의 강조 안에서, 종교적인 축제들 사이에서 경과하는 "세속적인" 시간을 "근절시키려는" 시도를 본다. 저마다의 예배적인 축제에서 동일한 "태초의 사건들"이 모사적으로, 그러나 효력 있게 회귀하기 때문에, 수많은 해석자들의 의견에 따르면, 종교적으로 이해된 세계경과 안에서는 아무런 새로운 것도 발생하지 않으며, 세속적인 시간 안에서의 모든 사건들은 "동일한 것의 회귀"를 위해서 사소하게 된다. 그렇게 되면 인간 역시 자신의 삶에서 실제로 새로운 어떤 것도 시작할 수 없다. 이제 새로운 시작들을 설정하는 것은 자유의 표지이다. 그런 이유로 이 견해에

따르면 종교적으로 "리듬 지어진" 시간 안에서는 인간적 자유를 위한 어떤 공간도 남지 않는다.[6]

다른 이들은 바로 "근원들의 회귀"를, 인간 역시 "모든 것이 아직 열려 있는" 곳, 즉 "시초에 다시 한번 서게 되는" 가능성의 근거로서 간주한다. 그렇게 이해되었을 때 바로 축제는 자유의 시간이다 ─ 신의 자유일 뿐만 아니라, 또한 인간의 자유의 시간이다. 그리고 역사는 본질적인 관점에서 인간적 행위의 자유로부터 구성됨을 통해서 자연의 과정과 구분되기 때문에, 축제는 역사의 근원이다.[7] 신성한 시간의 이해 안에서 두 번째 관점이 더 분명히 강조될수록 ─ 자유의 순간으로서의 근원들의 새로운 현재 ─ 그만큼 더 분명하게 "한 처음에" 활동을 한 누멘적인 의지력이 인격적인 신으로서 이해된다.

b) 비-인격적인 의지력들의 숭배로부터 인격적인 신에 대한
   신앙에로의 결정적인 행보: "해방시키는 자유"의 개념

"한 처음에" 작용했고 그 효력이 매번 축제의 순간에 갱신되는 누멘적 자유는 언제 신적인 "인격"으로서 이해되고 있는가? 첫 번째 대답은 이렇다: 그것이 자기 활동의 대상에게 자유의 능력을 부여하고 그리하여 인격적인 대답을 하도록 권능을 주는 것은, 인격적인 자유의 표지이다. "해방시키는 자유"는 인격의 표지이다. 그것은

---

6   Vgl. Eliade, "Le Mythe de l'éternel Retour", Paris 1949.
7   참조: Heidegger: "성스러움에 의해서 보내진 축제는 역사의 근원으로 남는다", 휠더린의 송가 "기억"에 대한 그의 설명에서, in: Erläuterungen zu Hölderlins Dichtung, Frankfurt a.M. 1951.

부모들과 교사들에게 적용되며, 그 작용이 종교적인 방식으로 경험되는 바로서의 신성에게 탁월한 정도로 적용된다. 신의 자유는 "해방시키는 자유"로서 파악되며, 이것은 새로운 시작들을 설정하는 인간의 능력을 폐지하는 것이 아니라, 비로소 근거 짓는 것이다. 그렇다면 신성이 "한 처음에" 일으킨 것에 대해서 이야기하는 것뿐만 아니라, 신의 해방시키는 자유와 권능을 주는 힘 안에서 인간들이 시간 안에서 일으킨 것에 대해서도 이야기하는 것은, 종교적으로도 의미심장하게 될 수 있다.

그에 대한 보기들을 제공하는 것은 종교적으로 이해된 바빌론과 아시리아 왕들의 "연대기"인데, 이것은 한 신년축제로부터 다른 축제로 왕에 의해서 일으켜진 것에 대해서 보도한다. 이러한 인간적인 작용의 목적은, 새해에 거행되는 마르둑Marduk 내지 아수르Assur의 세계-건립의 힘에 새로운, 지금껏 존재하지 않았던 그 작용의 현재 형태를 부여하는 것이었다(예를 들면, 바빌론의 "함무라비 법전" 안에서처럼 법질서의 새로운 형성을 통해서 혹은 "아슈르바니팔Assurbanipal"의 연대기 안에서처럼 외래왕국들의 복속과 새로운 "세계왕국" 안으로의 그것들의 합병을 통해서). 그와 같은 "왕들을 통한 하느님의 증서Gesta Dei per reges"를 기록하려는 생각은 로마의 중재를 통해서 민족대이동 이후의 시간 안으로까지 영향을 미쳤는데, 예를 들면, "프랑코를 통한 하느님의 증서Gesta Dei per Francos"의 편찬 안에서.

그렇다면 신을 "숭배한다"가 뜻하는 것은 이렇다: 그분의 해방시키는 자유에 자신을 믿고 맡기는 것. 그리고 인간적인 자유가 사람들이 원하는 것을 진실로 일으키는 데에 존립한다면, 그때 저마다의 성공적인 인간의 행위는 신의 해방시키는 작용의 현상형태로서

종교의 현상학

이해된다. 그것은 왕들의 위대한 "국가적 행위들"에 대해서뿐만 아니라, "작은 사람"의 일상적인 작용에 대해서도 타당하다. 그래서 고대 로마 시대의 농부들은 그들에게 효력 있는 행위가 성공한 도처에서 신성이 작용하고 있음을 보았다.[8] 곧은 고랑을 파거나 혹은 씨앗의 대부분을 "길이나 가시 아래"가 아니라 이 고랑들 안에 뿌리는 능력, 심지어 벌초 시에 잡초의 뿌리를 움켜쥐는 능력은 그때마다 특정한 신성들에게 귀속되었다: "경작하는 신Arator", "씨뿌리는 신Sator" 혹은 "잡초를 뽑는 신Subruncinator"(농부가 그것으로 잡초의 뿌리를 잡으려는 바로서의 괭이runx의 이름을 따서)에게. 근본적인 생각은 "모든 성공은 은사이다" 혹은, 성서적인 정식으로 표현하자면: "원의는 내게 놓여 있지만, 성취는 아니다".[9]

인간들이 신을 이름으로 부를 수 있다는 점은, 신적인 작용이 인간들에게 그들 삶의 모든 한계상황들 내지 위기상황들에서도 새롭게 입증되리라는 것을 인간들에게 확신시켜 준다. 그에 대한 성서적인 표현은 이렇다: "나의 도움은 주님의 이름에 있으니, 하늘과 땅을 만드신 분이시로다"(시편 124,8). 기도자가 주님의 이름을 부를 수 있기 때문에, 그는 이분이 늘 새롭게 모든 것을 창조할 수 있는 분으로서 입증되리라는 것을 확신한다. 사람들이 기도자의 "신개념"이라고 명명할 수 있는 것의 모든 요소들은 이 신의 늘 현재적으로 효력을 발하는(그렇기에 분사적으로 진술되는) 힘에 대한 이러한 신뢰로부터 생겨나는데, 이 힘은 인간에게 권능을 주는 힘으로 자신을 입

---

8   Vgl. Hermann Usener, Götternamen, Bonn 1896.
9   로마 7,18 – 물론 거기서 일반적인 종교적 통찰은 특수하게 성서적인 과제에 적용되고 있다: "하느님의 법을 이행하는" 과제.

증할 것이다(그렇기에 신성은 작위의 동사형식들 안에서 불리고 있다).

1부: 종교들의 신들

A 종교들의 신들, 그들의 차이 그리고 "성현의 강세hierophantische Akzent"

종교적 경험의 능력은 타고난 것이 아니라, 종교적 전승의 학교에서 배워지는 것이다. 이제 전승들은 늘 역사적-구체적이며 그런 이유로 개별적이다. 그것은 전승들이 그들의 전승 내용들에 대해서 보편적인 타당성을 주장하더라도 적용된다. 그래서 종교적 전승의 역사성과 개별성으로부터, 적어도 부분적으로, 상호 모순되는 진리주장들의 경쟁이 생겨난다. 제도화된 종교적 전승들은 "종교들"이라 불린다. 그렇게 해서 생겨나는 문제는, "종교"가 사실상 단지, 그것들 안에서 적어도 부분적으로 상이한 "신들"이 숭배되고 있는 바로서의, "종교들"의 다양으로서만 현존하고 있다는 것이다.

1. 다신교 발생의 근거로서의 각기의 개별적인 종교적 경험의 절대성

종교적 경험은 인간과 그의 경험세계를 하나의 한계로 이끄는데, 그것에서 몰락과 새로운 탄생 사이에서 결정이 된다. 그렇기에 특별히 종교적인 방식으로 경험되는 각각의 내용은 자체에 **절대성의 계**

*기*를 지닌다. 절대적인 것과의("한 처음에" 인간의 존재와 비존재에 대해서 결정했고, 그것과 각기의 새로운 만남 안에서 이 결정이 모사적으로 회귀하게 하는 바로서의 저 누멘적 의지력과의) 만남으로서의 각각의 개별적인 종교적 경험은 자기 자체적으로 충분한 것처럼 보인다. 여기서 하나의 현재가 경험되고 있는데, 그것은 우선은 상기와 기대를 위해서 어떤 공간도 허용하지 않는다. 그 점에 **가능한 다신교의 첫 번째 원천**이 놓여 있다: 저마다의 새롭고 독자적인 종교적 경험 안에서 새로운 신을 만나고 있는데, 마침내 다음의 진술이 가능하게 되기까지: "모든 것은 신들로 충만하다."

객관적으로 타당한 경험이 다른 모든 영역에서처럼 여기서 획득되는 것은 오직, 인간이 그가 체험한 것을 즉시 잊지 않고, 자신의 체험들로부터 질서 지어진 맥락을 구축하고, 이 맥락 안에서 개별적인 것에 그것의 자리를 할당할 수 있을 때이다. 그러한 맥락의 구축을 위한 진력에 있어서 우리를 주재하는 목표상들은 철학의 언어로 "이념들", 무엇보다도 "세계"(우리가 경험하는 모든 내용들의 포괄적인 맥락)의 이념과 "자아"(그것을 통해서 우리가 그러한 경험을 하는 바로서의 행위들의 통일성)의 이념이라 불린다. 바로 종교적인 의식에게 특별히 커다란 위험은, 개별적인 종교적 체험을 통한 압도당함이 그러한 맥락의 구축을 위한 진력을 전혀 생겨나지 않게 하는 것이다. 그렇게 되면 개별적인 종교적 경험들의 연결되지 않은 연속 안에서 세계의 통일성은 물론이고 경험하는 자아의 통일성 역시 상실된다. 그런데 개별적인 체험은 늘 달아나는 것이기에, 그때 늘 새로운, 늘 더 강렬한 체험들에 대한 "허기"가 생겨나고, 사람들은 그 체험들을, 만일 그것들이 저절로 생겨나지 않는다면, 의지적으로 생겨나도록 시도하는데, 예를 들면, 도취시키는 약물의 사용을 통해서 말이다.

그런데 그와 함께 동시에 한갓 주관적인 종교적 체험들을 통한 압도당함과, 객관적으로 타당한, 다시 말해서 그 표준성주장을 사람들이 다른 이들에게도 증언할 수 있는 바로서의 지속해서 표준이 되는 종교적 경험들 사이의 경계가 희미해진다. 이러한 위험을 예방하려는 종교사 안에서의 빈번한 시도는, 개별적인 종교적 경험들을 도상에서의 — 물론 특별한 종류의 길 위에서의 — 국면들로서 이해하는 데에 존립한다. 한번 행해진 종교적 경험의 어떤 것도 도래하는 경험들을 통해서 그 타당성이 박탈되지 않는다. 여기서 특별한 명료성으로 다음의 규칙이 적용된다: "한번 참인 것은 늘 참이다 Semel verum semper verum". 일찍이 참인 것으로서 경험된 것은 언제나 표준성에 대한 그것의 주장을 유지한다. 그러나 어떤 경험도, 바로 절대적인 것에 대한 경험 또한, 도래하는 경험들을 불필요하게 만드는 그런 종류의 것이 아니다. 경험들은 서로를 주석하면서, 그리고 또한 미래의 주석들에 열린 채 남아 있으면서, 도상에서의 단계들로 남는다.

그렇다면 계속되는 물음은 이렇다: 어떻게 그러한 체험들로부터 하나의 길이 되는가? 무엇이 이 길의 개별적인 단계들에다 그 덧없음에도 불구하고 지속하는 의미를 부여하는가? 이 물음들의 대답을 위해서 종교의 언어에서는 "약속", "이행" 그리고 "확증"과 같은 개념들이 사용되고 있다. 이 개념들의 도움으로 하나의 맥락이 구축되는데, 그 안에서 객관적으로 타당한 종교적 경험의 내용으로서 여겨져야 하는 모든 것은 자신의 자리를 발견해야만 한다.

종교의 현상학

그렇게 되면 이전의 체험들은 비로소 새로운 체험들의 빛 안에서 해석될 수 있는, "앞서 지시하는 표징들"로서 입증된다. "In figuris praesignatur" - "이전 경험들의 형태(figura) 안에는 도래하는 것을 앞서 지시하는 표징(praesignatio)이 놓여 있다". 그때 "약속"과 "이행" 은 종교적 경험들의 맥락을 기술하기 위한 주도개념들이 된다.

2. 길들의 다양성으로서의 종교들의 다양성

종교적 전승들은 개인들에게 그들의 영적 생활의 커다란, 그리고 또한 작은 순간들을 그러한 방식으로 하나의 길로 연결하도록 안 내한다. 수많은 종교들 안에서 영적인 삶의 스승들은 자신들을 하 나의 길을 발견하고 그 길 위에 머물게 하는 그 같은 조력자로서 이 해한다. 그렇기에 많은 종교들은 자신을 "길"로서 지칭한다. 그래서 중국의 "도Tao"의 가능한 번역들의 하나는 "길"이다 - 더욱이 명시 적으로, 사람들이 이미 목적에 도달해서 그 길을 전체적으로 조망 이라도 하는 것처럼 앞서서 그 길을 정의할 수 있다고 생각할 때에, 사람들은 이미 그것을 잃어버린 바로서의 길이다. 그리스도교의 가 장 이른 표기들의 하나는 "새로운 길"(사도 9,2)이었다. 여기서도 사 람들이 아직 목적에 이르지 못했다는 것을 의식한 채 머무르는 것 이 길에 속하는 것이다: 모든 신앙의 확신은 "도상 중에 있는 앎"이 다 - "Scientia in via", 우리가 "아버지의 집으로 되돌아가" 있게 될 때 - "scientia in patria" - 비로소 도달하게 될 "지복직관"이 아니라.

그러나 상이한 종교적 전승공동체들은 이러한 그들의 과제를 상 이한 방식으로 이행한다. 그들은 상이한 방식으로 전승공동체의 구성원들에게 그들의 체험들을 하나의 길로 연결하고 이를 통해서 비로소 객관적으로 타당한 경험들이 되도록 안내한다. 그런 이유로 종교적인 전승공동체들과 그들의 "스승들"이 개인들에게 할 수 있도록 만드는 경험들은, 다른 종교적 전승공동체의 구성원들에 의해서는 종종 직접적으로 따라서 수행할 수 있는 것이 아니다. 사람들은 종교적인 관점 안에서도 상이한 길들을 동시에 갈 수는 없다.[10] "갈림길"에서 결정해야 하는 그러한 필연성은 유대교, 그리스도교 그리고 이슬람교 안에서의 종교적인 "길-표지"에 속할 뿐만 아니라, 다른 종교들 안에서도 알려져 있다. (참고. 시저의 아내였던 클레오파트라가 시도했던 것처럼, 로마와 이집트의 종교를 혼합하는 것에 대한 호라티우스의 경고. 호라티우스는 그 안에서 "이집트 지하의 웅덩이에서 나온 독으로 의사당Kapitol이 오염되었음"을 보고 있다. 사람들은 그 혼인을 로마적으로, 자유로운 인격들 사이의 법률관계로서 이해할 수 없으며, 그것을 동시에 이집트적으로, 즉 두 신성의 성적인 결합의 모사로서 "성전-매춘"을 통해서 성화시키려 시도할 수 없다. 그렇기에 호라티우스는 클레오파트라의 죽음을 이러한 "의사당의 더럽힘"의 종결로서 여기고 노래와 춤으로 축제를 벌이기를 원한다.[11])

---

10 참조: 엘리야 예언자의 경고: "여러분은 언제까지 양다리를 걸치고 절뚝거릴 작정입니까?"(1열왕 18,21).

11 "지금은 마실 때이며, 지금은 해방된 발을 가지고 춤추면서 땅을 밟을 때이다"(Carmina I.37).

종교의 현상학

3. 결정의 척도: "성현의 강세"는 어떤 경험영역 위에 놓이는가?

우리의 일상적 경험의 특수한 영역은, 그 안에서 개별적인 경험 내용들이 특수하게 종교적인 경험의 내용들로 "변형된" 것인데, 이를 통해서 종교적으로 의미심장한 것으로 두드러지게 된다. 그런 다음에 경험세계의 이 특별한 부분 안에서(예를 들면, 죽음과 삶의 현상들 안에서 혹은 윤리적인 결단의 혹은 미적인 열광의 혹은 또한 그 안에서 경험자에게 "새로운 빛"이 떠오른 바로서의 이론적인 통찰의 상황들 안에서) 또 다른 종교적인 경험들이 구해지고 종종 발견되는데, 그것들 안에서 일찍이 경험된 누멘이 "재인식"될 수 있다. 그것은 개인들에게도 타당하며, 종교적 공동체들에 대해서도 타당하다. 발생하고 있는 "조명" 혹은 "소명" 혹은 "선택"에 대한 증언들은 그 공동체들 안에서 계속 전해진다. 범례적인 종교적 경험의 계속 전해진 증언들은 그런 다음에 공유하는 기념의 가장 중요한 내용들을 형성하는데, 무엇보다도 예배적인 축제 안에서 그러하다. 이러한 경험영역들이 이제부터 *성현의 강세*(미르치아 엘리아데의 표현)를 지닌다.

"성현의 강세"를 지니는 저 경험영역 안으로 신성한 것과 세속적인 것의 구분이 내려진다. **신성한** 것은 그 안에서 "한 처음에" 작용을 일으킨 "성스러움"이 효력 있는 "모사" 안에서 재귀하는 바로서의 장소들, 시간들 그리고 행위들이다. 이차적으로 그런 종류의 행위들을 수행하는 저 사람들 역시 "신성하다". **성역**Fanum, 곧 문자적으로 "성스러운 구역"은 모든 신성한 장소들, 시간들 그리고 행위들의 총체맥락이다. **성역-앞**Pro-fan은 스스로 신성하지는 않지만, "성역"에 그 "앞뜰"로서 부속되어 있다: 관건이 되는 것은, 사람들이 성역으로 들어설 때, "성역"의 신성함을 "모독하지" 않도록 그렇게 "성역 앞에서" 행동하는 것이다. 수많은 종교들 안에서 통용되고 있는 정결규정들은 "세속Pro-Fanen"이 "성역Fanum"에 부속되어 있음을 보존하는데 기여한다. 잘 알려진 보기: "성역" 안에서 안식일의 축제가 거행될 때, 그날은 창조주가 "노예살이 집"에서 휴식 없는 활동을 강요받고 있는 사람을 "휴식에 이르도록" 하기 위해서 당신의 일을 마친 후 "휴식에 이른" 날로서, "세속" 안에서 자신의 하인들에게 비인간적인 노역을 부과하는 사람은 "성역" 안에서, 이 축제를 하인들에게 – 그리고 이차적으로는 하느님에게 – 경멸이 되게 함이 없이, 해방하는 하느님의 휴식일을 기념할 수는 없게 될 것이다. 그는 "불순하게" 된다. 다시 말해서 그는 안식일-예배를 함께 거행할 수 없게 된다.

세속적인 것과 구분되어야 하는 것은 현세적인 것das Säkulare이다. 세속적인 것은 "성역"의 전방에 있고, 그로부터 자신의 의미를 획득한다. 그에 반해서 현세적인 것은 "구원 혹은 비구원을 위한 어떤 것도 그것에 매여 있지 않은" 바의 것이다. 그런 이유로 거꾸로도 현세적인 영역에서 내려져야 할 결정들을 위해서 어떤 것도 그것이 종교적인 동기로 혹은 다른 동기로 내려지는지에 매여 있지 않다. (치료절차에 대한 결정을 위해서 일반적으로 어떤 것도 그 의사가 그리스도인인지 혹은 무신론자인지에 매여 있지 않다). 사안에 따라 보자면 세속적인 것과 현세적인 것의 이러한 구분은 수많은 종교들 안에 존재한다. 표기에 따라 보자면 이 구분은 유대교적-그리스도교적인 언어사용에서 유래한다. "현세적인" 것은 오직 "이 세상 안에서의" (in hoc saeculo) 삶을 위해서만 의미심장한 것이며, "도래하는 세상에서의"(in saeculo venturo) 삶을 위해서 어떤 것도 그것에 매여 있지 않다. 그것을 위해서 의미심장한 것은 "영적인"(spirituale) 것이라 불리는데, 오직 영이 일으키는 것만이 도래하는 세상에서의 삶을 살 수 있게 만들기 때문이다.

보기: 육체적인 삶과 생존은 종교적인 방식으로 경험될 수 있다: 누멘 혹은 신성이 "한 처음에" 설정한 저 "생명을 위한 선택"의 현상형태로서. 종교적인 경험의 또 다른 종류가 인간의 실존을 규정하고 그의 경험세계에 대한 이해를 주도하는 곳에서, 육체적 삶의 경험영역은 이러한 "성현의 강세"를 상실할 수 있다: 윤리성을 성스러움과의 만남의 우선적인 장소로서 발견한 자는 "죽음의 용기"를 획득하는데, 그런 자에게 육체적인 생존의 물음은 종교적으로 무관심한 것으로 여겨진다. "생명은 재화 중에서 최상의 것이 아니다." 계속해서 사는 것은 새로운 윤리적 과제가 발견될 전망이 존재할 때에만 "중요한" 것이다. 그것이 성공하지 못할 때, 육체적인 삶과 생존은 그러한 사람에게는 "현세적으로" 된 것이다.

보기가 가르치는 것은 이렇다: 한 개인에게나 혹은 한 종교적 공동체에 지배적으로 된 저 종교적 경험은 신성한 것과 세속적인 것의 구분과 부속을 정의할 뿐만 아니라, 그것에 접해서 현세적인 것이 시작되는 바로서의 한계 또한 정의한다. 그 점에 *상이한 종교들의 생성의 근거*가 놓여 있다. 새로운 종교적 경험들은 성현의 강세가 "옮겨지게" 이끌 수 있다.

그래서 초기 로마 공화국 안에서는 왕들의 추방과 뒤이은 평민들의 봉기 후에 평화를 수립하는 법률의 힘이 중심적인 성현이 되었다 – 쌍둥이신들Dioskuren의 형제적 신의 혹은 "신들의 합의"의 모

사. "함께하는 신들Dii consentes"(높은 축제들에 함께 참석하는 신들)은 이제 "합의한 신들Dii consentientes"로서 이해되고 있는데, 그들에게 "거룩한 길Via sacra"에 접한 고유한 신전이 건립되고 있다. 그때 시민의 법률평화는 결정적인 성역—앞뜰Pro-Fanum로서, 법률위반은 결정적인 "불순"으로서 평가된다. 신성한 행위의 더 오랜 형식들은 그때 고쳐서 해석된다: 희생제물식사는, 본래 육체적인 생명의 은사의 축제로서 이해되었는데, 이제 신들과 인간들의 "화목의 식사Lectisternien"로서, 즉 합의한 신들Dii consentientes의 평화의 식사의 모사로서, 카피톨Kapitol 언덕에 있는 그들의 특별한 신전에서 거행되고 있다.

종교사 안에서 알려진 또 다른 경우들에서는 신성한 행위의 더 오래된 형식들이 그들의 종교적 의미를 완전히 잃어버린다. 보기: "나는 순종을 원하지 희생제물이 아니다"라는 예언자의 희생제비판. 그리고 가능한 결과는 이렇다: 상응하는 정결규정들이 그 구속력을 잃어버린다. 신약성서의 보기: 먹고 마시는 것과 관련된 정결규정들에 대한 예수의 비판. 육체적인 생명을 전염위기로부터 보호하는데 기여하는 위생적인 규칙들, 예를 들면 시장에서 집에 돌아왔을 때 손을 씻기나 혹은 취사도구를 사용 전에 깨끗이 하는 것은 이제 단지 영리한 처세술일 뿐이지, 종교적인 의미는 없는 것이다. "입으로 들어가는 것이 사람을 더럽히지(예배를 할 수 없게 만들지) 않는다. 오히려 입에서 나오는 것이 사람을 더럽힌다: 나쁜 생각들, 살인, 간음, 불륜, 도둑질, 거짓 증언, 중상"(마태 15,11이하). 일상적인 음식물의 준비는 그때 세속화될 뿐만 아니라, 현세적으로 된다.

이러한 종류의 보기들이 보여주는 것은: 상이한 종류의 종교적 경험들은 신성한 것과 세속적인 것의 부속을 각기 특수한 방식으로 정의할 뿐만 아니라, 세속적인 것과 현세적인 것 사이의 경계 또한 "옮길" 수 있다. 그 점에 종교들 사이의 이해의 어려움의 특별한 근거가 놓여 있다. 한 종교의 구성원들이 종교적으로 무의미하게 간주하는 경험들이 다른 전승공동체의 지체들에게는 바로 성현의 강세를 지니고 있다는 점이, 그리고 다른 이들에게는 종교적으로 의미가 없고 이런 의미에서 순전히 현세적으로 나타나는 것이 그때마다 자신의 종교적인 공동체 안에서는 신성하게 두드러져 있다는 점이, 한 종교의 구성원들에게는 거의 이해가 되지 않는 것이다.

4. 종교사 안에서 성현의 강세의 전이와 "종교비판적인 종교들"의 발생

성현의 강세의 전이는 모종의 세속적인 경험영역들을 신성한 것에로 결부시켰던 이전의 부속들을 불가능하게 만들 수 있는데, 왜냐하면 이러한 시도가 이제 "성현의 강세"를 지니고 있는 저 경험영역들을 "오염시키게" 될 것이기 때문이다. 로마의 종교사로부터의 보기: 일찍이 법률의 평화를 수립하는 작용이 신들의 작용의 우선적인 현현으로서 발견되었을 때("성현의 강세"를 지닐 때), 성들의 관계 역시 우선적으로 자유로운 계약당사자들 사이의 법률관계로서 해석되며, 더 이상 몇몇의 신들이 "한 처음에" 행한 그리고 풍요의 의례 안에서 그 모사적인 현재화를 발견하는 바로서의 "거룩한 성교"의 모사로서는 아니다. 사람들은 혼인을 곧 "신들의 합의Consensus Deorum"의 빛 안에서 "거룩한 법률"의 부분으로서 해석하고, 그것을 다른 기회에는 "신들의 거룩한 성교"의 "세속적인" 모사로서 이해하고 그와 함께 "성전매춘"을 그들의 성역으로서 부속시킬 수는 없다. 그런 이유로 이미 언급한 호라티우스의 "이집트 지하의 웅덩이에서 나온 독"을 통한 카피톨의 "오염"에 반대하는 항의. "외래의 신들", 가령 이집트의 신들은 그때 자신의 종교의 구성원들, 가령 로마인들에게는 "거짓 신들"로서 그리고 유혹과 중독의 원천으로서 나타난다. 그런 이유로 "이집트 지하의 웅덩이"에서 올라오는 냄새와의 비교.

B "종교비판적인 종교들"

"거짓 신들"에 대한 비판이 때때로 등장할 뿐만 아니라, 종교적 선포의 본질적인 내용이 되는 종교들이 있는데, 그 이유는 오직 사람들이 결연히 "거짓 신들"로부터 몸을 돌릴 때 "참된 신"을 숭배할 수 있기 때문이다. 다른 경우들에서는 "옛 신들"이 계속해서 숭배되고 있기는 하나, 그 숭배의 참된 형식이 그 숭배의 잘못된(종종: 더 오래된) 형식들과 커다란 결의로써 경계가 정해지고 있다. 양자의 경우들에서 종교적인 이유로부터 "종교비판"이 행해지고 있다. 사람들은 이러한 종교들을 "종교비판적인 종교들"이라 명명할 수 있다. 그 것들은 기원전 1500년에서 500년 사이의 시기에 동쪽 지중해의 해안국가들 안에서(이집트, 그리스, 팔레스티나) 그리고 몇몇의 동쪽에 인접한 국가들에서(페르시아, 인도) 생겨났다. 그들은 성서적인 신앙은 물론이요 그리스 철학의 생성을 위한 조건들을 형성했다.

1. 전제: 종교의 내적인 계기들로서의 자기비판과 혁신

"종교비판적인 종교들"은 저마다의 종교에 자기비판과 혁신의 능력이 속하기 때문에 생겨날 수 있었다.[12] 흔적(해석가능한 여파) 내지 그림(현재형태)과 이 흔적들 안에서 "여파를 미치는" 것 내지는 이 그림들 안에서 현현하게 되는 것 사이의 비판적인 구분은 본질적으로 종교에 속하며, 이를 통해서 특수하게 종교적인 세계비판 그리고 자기비판의 원천이 된다.[13] 이로부터 신성한 것과 세속적인 것의 관계를 늘 재차 새롭게 형성하는 과제가 결과된다. 예를 들면 "시초에 신들의 평화"의 축제가 신성모독이 되지 않도록 그렇게 사회적인 갈등들을 해소하는 것, 또한 시원론들과 의례들이 세속적인 세계의 새로운 형태들에 접해서 해석학적으로 확증이 되도록 그렇게 개혁하는 것이 그것에 해당된다.

결론: 원시 사회의 사회적 관계들이나 그들의 신화와 의례들 모두가, 그들 스스로 그런 인상을 일깨우는 것처럼, 그렇게 비역사적이지 않다. 그들은 종교-내재적인 근거들로부터 역사적인 변화에 복속되어 있는데, 물론 종종 그것을 그들의 선포의 주제로 만듦이 없이 말이다. (앞선 지시: 성서적인 선포가 자신의 역사성에 대한 의식을 선포의 명시적인 내용으로 만드는 것은 그것의 한 구분표지이다.) 이 역사 안에서 위기들이 등장하는 것은, 시원적인 상기와 그때마다 현존하는 경험 사이에 중재되지 않은 대구가 경험될 때인데, 그 대구는 새로운 경험들을 상기의 빛 안에서, 상기를 현재의 경험의 빛 안에서

---

12 Vgl. R. Schaeffler, Selbstkritik und Innovation als innere Momente der Religion, in: W. Kluxen(Hrsg.), Tradition und Innovation, Hamburg 1988.

13 Vgl. R. Schaeffler, Religion und kritisches Bewußtsein, Freiburg 1973.

주석하는 것을 더 이상 허용하지 않는다. 그러한 위기들이 첨예화 되는 것은, "거룩한 설화들"의 새-편집을 통해서 그리고 "거룩한 행위들"의 개혁들을 통해서, 또한 경험세계의 계획적인 변형을 통해서 다음의 기대, 곧 이제 양자 사이의 올바른 관계가 결정적으로 복구 되었다는 기대가 일깨워질 때, 그리고 이 기대가 새로운 경험들을 통해서 실망스럽게 좌절될 때이다.[14]

2. 형성되던 유럽의 종교사 안에서의 위기들

예비적 소견: 동- 지중해 문화권의 종교들은 기원전 1500년에서 500년 사이의 시간에 공통의 위기를 두루 겪었다. 이 위기는 무엇보 다도 다산의 신화들 그리고 의례들과 관계된 것이었다. 이러한 신화 들과 의례들을 통해서 식물, 동물 그리고 인간의 번식능력은 신적 인 생식능력에로 소급되었는데, 이것은 "한 처음에" 죽어가는 신을 통해서 강물에 그리고 그것을 통해서 생명을 선사하는 경작지에 분배되 었다는 것이다. 그러나 세대들의 교체와 함께 거짓과 폭력 그리고 그 것들과 함께 악의 세력 또한 늘 새로운 형태로 회귀한다는 새로운 경 험은, 그 안에서 신적인 행위와 수난의 "모사들"(효력을 발하는 현재형 태들)을 보고자 하는 것을 "신성모독적인" 것으로 나타나게 했다.

a) 이집트의 오시리스-의례의 위기와 새로운 형성

범례적인 텍스트: "삶에 지친 자와 그의 수호신(Ba)과의 대화".

---

14 Vgl. R. Schaeffler, Relions-immanente Gründe religionshistorischer Krisen, in: H. Zinser(Hrsg.), Der Untergang von Religionen, Berlin 1986.

종교의 현상학

저자는, 범람을 통해서 대지를 비옥하게 하는 나일강의 능력의 근원으로서의 오시리스Osiris의 죽음이 그 안에서 거행된 바로서의, 의례들에 참여하기를 거절한다. 이 비옥하게 하는 나일강 안에서 이시스Isis 여신이 목욕을 했고, 이를 통해서 임신하여 신왕Königsgott인 호루스Horus를 낳았다. 파피루스의 저자는 그러한 의례를 함께 거행함을 통해서 현존하는 세계의 재생에 기여하기를 원치 않으며, 이 세계로부터 벗어나게 하는 길을 갈망하고 있다. 그는 자신의 수호신인 "바Ba"로부터, 오시리스는 "모든 죽어가는 자들 중에서 첫 번째"였을 뿐만 아니라, 자신의 죽음 이후에 첫 번째로 사자심판을 견디어냈고, 이제 계속해서 죽어가는 모든 이들에 대한 사자심판관으로 임명되었다는 것을 배운다. 다른 세계 안으로 구해진 길은, 죽음 이전에 오시리스*처럼* 살고, 죽음 안에서 그와 **함께** 죽고, 죽음 이후에 그를 **통하여** 새로운 생명 안으로 들어서는 것에 존립한다. 사자심판에로의 축성은 새롭게 형성된 "오시리스-밀교들"의 내용이 된다.

"성현의 강세"는 윤리적인 경험에로 *옮겨지며*, 이는 도래할 사자심판을 이미 지금 자기헌신의 행동들을 통해서 선취하고, 이미 이 삶 안에서 죽음 이후에 사자심판관의 질문들로서 대답해야만 하는 질문들이 설정되는, 가능성의 개시로서 이해된다: 후에 다른 종교들 안에서도 널리 유포된 "양심의 거울"의 전형. 여기서 "새로운 신"이 도입되고 있는 것이 아니라, "옛" 신의 참된 숭배가 비판이 필요한 옛 숭배의 형식들과 구분되고 있는데, 비록 이 형식들이 대중적인 "전(前)단계들"로서 보존된 채 남아있을 수 있다고 하더라도 말이다.

앞서 지시하는 소견: 이러한 종교사적인 주변환경 안에서 성서적

인 신앙 또한 생겨났다. 그에 대한 증언으로서 모세의 "유년사"가 읽힌다(탈출 2,5-10). 이 이야기는 모세가 어떻게 파라오의 지시로 이루어진 갓 태어난 히브리-남아들의 죽임에서 벗어났는지를 전하고 있다. 파라오의 딸은 나일강에서 목욕을 했다 - 풍요를 선사하는 나일강에서의 이시스의 목욕을 본보기로 해서. 그녀는 골풀바구니 안에 있는 남아를 발견했다. 사람들이 이집트의 민간풍속에 따라서 그것을 가지고 오시리스나 혹은 호루스의 작은 그림들을 나일강에 현시한 바로서의 작은 바구니들의 모범에 따라서. 이는 나일강이 그것들을 실어나르는 곳으로 축복을 전달하기 위함이었다. 그녀는 그를 "모세", "...의 아들"이라 불렀는데, 그것은 마치 라-모세Ra-Moses - 라Ra의 아들처럼, 접두어로서 신들의 이름을 예견하게 하는 것이다. 히브리인들의 귀는 이 단어를 "끌어내는 자"로서 들었다: 이집트 노예살이에서 이스라엘을 "끌어내는 자"는 우선 나일강으로부터 "끌어내져야" 했다. 왕궁으로 운반되어서, 그는 궁정관리로 키워졌고, "이집트인들의 모든 지혜를 배웠다"(사도행전에서 스테파노가 그렇게 기술한 것처럼, 사도 7,22). 그것에 속한 것은 무엇보다도 장차 사람들이 하느님의 심판을 견디어낼 수 있게끔 그렇게 하느님의 뜻에 따라 사는 안내였다. 제시되어야 할 것은, 모세가 어떤 방식으로 이 "가르침"을 자기 것으로 삼아서, 그로부터 무엇인가 새로운 것이 될 수 있었는가이다: 하느님의 마음에 드는 삶으로 이끄는 윤리적인 지침은 이집트로부터 이끌어 내어진 백성과 하느님이 맺은 "계약"에 대한 역사적인 보도의 새로운 틀 안으로 설정되었는데, 이것은 신적인 "명령들"(계명들) 안에서 구체적인 형태를 획득한다.

b) 그리스 안에서: 엘레우시스 밀교들의 새-해석

본래의 내용: 대지의 어머니(데메테르Demeter)의 딸이 하데스에 의해서 납치되고, 페르세포네Persephone로서 지하세계의 여왕으로 임명된다. 아테네에서 온 순례자들은 그녀의 딸을 찾아 나서는 슬퍼하는 어머니를 동반하며 엘레우시스로 순례를 가는데, 그곳에서 사람들은 유황증기가 올라오는 대지의 틈 안에서 지하세계의 입구를 발견할 수 있다고 생각한다. 거기서 그들은 밤의 축제 안에서 어떻게 신의 딸이 하데스로부터 열매를 맺게 하는 이삭들(금으로 만든 모사 안에서 제시된)을 바깥으로 보내는지를 체험한다: 그녀의 죽음으로부터 생성된 경작지의 다산성의 상징.

새로운 해석: 경작지에서 자라나는 양식의 섭취가 아니라, 신적인 현존의 이러한 표징의 "바라봄"(épopsis)이 인간에게 신들의 영원한 생명에의 참여를 허락하는 것이다. "바라보는 자"는 이 영원한 생명 안으로 축성되었고, 그와 함께 모든 죽음의 두려움을 뒤에다 남겨두었다.

"성현의 강세"는 "관조Theoria"의 경험에로 옮겨지며, 이제 그것은 더 이상 "신성의 시선 아래로 들어섬"으로서가 아니라, 세상에 대한 새로운 시선을 갖도록 인간에게 부여한 능력으로서 이해된 것이며, 그 세계의 교체하는 형태들 안에서 영원한 진리의 "모사들"(효력을 발하는 현재형태들)이 발견된다. 영원한 진리의 이러한 "관조"가 인간 자신에게 불멸성을 허락하는 것이다.

앞서 지시하는 소견: 이러한 종교사적인 주변환경 안에서 그리스 철학 또한 생성되었다. 영원한 진리들의 바라봄으로서의 철학적인 "관조"는 "참된 불멸성의 축성"이다.

c) 철저한 새 시작: 자라투스트라의 페르시아 종교

종종 동시에 다산의 신들인 사자(死者)신들은 자라투스트라의 선포 안에서 "거짓의 영들"이 되고 있는데, 이들은 "통치자 지혜"를 통해서 극복되고 있다. 커다란 세계 대전 안에서 사라지게 될 "이 세상"의 재생의 자리에 "도래하는 세상"에 대한 봉사가 들어서는데 — 이는 개인을 위해서뿐만 아니라, 무엇보다도 사회와 그것의 문화창조적인 활동을 위해서이다. 그때 참된 "좋은 일들"은 이렇다: 초원지대를 관개하는 것, 과수원을 세우는 것, 통행이 어려운 지대에 도로를 놓는 것, 사자의례의 장소를 근절시키는 것. 이러한 일들을 행하는 자는 "도래하는 심판에서 자신의 죄에 대해서 심문당하지 않을 것이다".

"성현의 강세"는 세계를 변화시키는 실천으로 옮겨진다. 도래하는 세상에 대해서 무엇인가 이미 이 세상 안에서 경험할 수 있게 만드는 참된 예배로서의 문화창조적인 노동, 새 하늘과 새 땅의 선취로서의 세계의 정치적인 개혁: 민족들에 대한 승리는 그들이 숭배하는 신들에 대한 승리로서, 그리고 그와 함께 그 안에서 "이 세상"이 "도래하는 세상"에 자리를 내어주는 바로서의 "세계 대전"의 선취로서. 그리고 인간의 "영혼"은 더 이상 "생명호흡"이 아니라, 인간의 저 "본질부분"인데, 그것은 육체처럼 "이 세상"의 연소 안에서 멸망하는 것이 아니라, "좁은 다리"를 거쳐서 "도래하는 세상" 안으로 들어갈 수 있는 것이다. 이제야 비로소 "새로운 신"(아후라 마즈다Ahura Mazda)이 숭배되며, "새로운 종교"("지혜의 연인"의 종교)가 생겨나는데, 그 "창시자"(자라투스트라)는 특별한 위임을 필요로 하며, 이것을 "계시"의 특별한 경험을 통해서 얻는다.

종교의 현상학

앞서 지시하는 지침: 이러한 종교사적인 주변환경 안에서 그리스 철학 또한 그 특별한 형태를 획득했다. 가장 최초의 철학자들은 페르시아의 지배영역에서(밀레Milet, 에페소Ephesos, 이웃한 콜로폰Kolophon에서, 거기서부터 몇몇이 남이탈리아로 이동해서 엘레아Elea 학파를 건립했다) 살았다. 그들은 자신들을 새로운 페르시아 종교의 신봉자들처럼 "지혜의 연인"이라 불렀다. 비로소 그들이, 이미 호머 시대의 그리스인들이 아니라, "영혼"을 "인간 안에서의 불멸적인 것"으로 이해했고, 사자의례와 다산의례에 맞서 싸웠고, 도래하는 삶에 지분을 얻기 위해서 자신들을 "모든 사멸적인 것으로부터 정화하길" 원했다. 그리고 그들 역시 "지혜"를 결정적인 신(神)술어로서 간주했다(에페소의 헤라클레이토스에 있어서 "일자이자 유일한 현자").

성서적인 신앙 역시, 바빌론 유배 마지막에, 페르시아인들에게서 배웠으며, "이 세상"과 "도래하는 세상" 사이의 대구에 대해 말했고, 그 추종자들에게 "도래하는 세상에서 지분"을 얻게 되도록 그렇게 "이 세상"에서 살 것을 가르쳤다. 그럼에도 불구하고 철학자들은 물론이요 신앙인들 역시 그들이 그렇게 배운 것으로부터 제각기 그들의 방식으로 무엇인가 새로운 것을 만들었다.

d) 실천에서는 "보다 온화한", 이론에서는 "보다 철저한" 종교의 새로운 형성: 불교 – 신들이 없는 종교

붓다의 선포 안에 있는 근본진리들: 인생은 수난이다. 모든 수난의 근거는 "자아–허기"인데, 이것은 이 세상 안의 삶의 투쟁에서 효력을 발할 뿐만 아니라, 죽음 이후의 재생에 대한 희망 안에서도(힌두교), 또한 도래하는 세상에서의 불멸성에 대한 희망 안에서도(자라투스트라에게 서처럼, 또한 유배 이후의 유대교 안에서도) 그러하다. 수난을 극복하기 위한 조건은 자아–허기의 극복이며 – 그와 함께 신들 일체에 대한 신앙의 극복이기도 하다: 인간적인 자아가 실체 없는 것이 될 때, 신적인 당신 또한 사라진다.

성현의 강세는 "조명"의 경험에로 옮겨지며, 이것은 더 이상 인식의 특정한 내용들을 이해할 수 있게 만드는 것이 아니라, 온전한 비워짐을 가능하게 하는 것인데, 그 안에서 자아는 자신의 세계와 마찬가지로 침몰한다. 절대적인 공(空)과 부합하는 충만은 그때 몰아의 금욕의 목적이다. 자아, 세계 그리고 신들은 공동으로 이러한 조명 안에서 실체 없이 되는 저 "그림들"의 영역에 속한다.

종교사적인 주장: 불교는 자신을 종교사의 완성으로서 이해하는데, 그 경과 안에서 "신이 종교 안으로" 왔을 뿐만 아니라, 신이 종교를 전체적으로 마지막에 다시 떠났으며, 혹은 더 정확히는: 그 마지막 국면에서 종교는 신적인 것의 영역을 자신의 뒤에 남겨두었는데, 물론 종교가 신–없는 것이 되었을 뿐만 아니라(어떤 기도도 없고, 묵상만 존재함), 동시에 주체도 없고 세계도 없게 된 것을 대가로 해서. 그럼에도 불구하고 불교 또한 종교적인 근본 행위를 알고 있다: 기억하면서 감사함, 왜냐하면 인간은 조명의 사건을 준비해야 하기는 하나, 그것을 강제할 수는 없고 감사하게 받은 선물로서 경험하기 때문이다. 이러한 조명은 동시에 그 안에서 인간이 "붓다"가 되는, 다시 말해서 조명받은 자가 되는 사건인데, 범례적으로 고타마 붓다가 그랬고, 그를 추종한 수많은 사람들이 그러했다. 이것이 이러한 "감사하는 기억"의 주요한 내용을 형성한다.

사람들이 도달된 공(空) 이후에 세계를 향한 새로운 증여가 가능한지의 물음을 제기한다면, 그때는 매우 널리 유포된 불교의 특별한 형식을 지시할 수 있다: 이 그림세계 안으로의 잠시의 귀환은, 만일 그것이 다른 사람들이 조명의 체험을 하도록 도우려는 결의에서 생겨난다면, 그 자체로 몰아의 행위가 될 수 있다(보살-행).

e) 중간결산

형성되던 유럽의 위기들을 *가능하게* 만들었던 것은 전승된 종교 자체이다: 오직 이미 종교적으로 해석된 경험만이 스캔들이 될 수 있었다. 그러나 이러한 위기를 *실제로* 경험한 것은 형성되던 유럽의 자산이다. 이 종교비판적인 종교들(불교는 아닌)의 다수는, *생성조건들*로서, 철학과 그리스도교 신앙의 전사 안으로 속해 들어가며, 혹은 *주석의 조력들*로서, 그것들의 자기이해의 역사 안으로 속해 들어간다.

2부: 철학자들의 신

A 고전적인 고대의 철학 안에서의 "신"

1. 철학의 발생은 종교사의 비판적인 국면 안에 놓인다

생성되던 철학의 고유성을 위해 결정적인 것은 그것이 페르시아 제국의 건립시기와 갖는 동시대성이다. 밀레Milet(밀레의 탈레스Thales의 고향)는 일찍 페르시아인들에게로 넘어가고, 에페소Ephesos(에페소의 헤라클레이토스Heraklit의 고향)는 499년에도, 압박하는 페르시아

통치에 대항해서 일어난 이오니아인들의 봉기 동안에, 페르시아인들에게 충실히 남아 있다. 페르시아의 영향들은 그리스 철학 안에서 지속하는 흔적을 남겼다. 이미 그것에 속한 것은 "지혜를 사랑함 philosophia"이라는 이름이다(자라투스트라의 신봉자들은 자신들을 "지혜의 연인"이라 칭했다):

- 구별되는 신적인 것으로서의 지혜("일자이자 홀로 지혜로운 것", 헤라클레이토스 B 327)
- 사자의례들 그리고 그것들과 결부된 다산의례들의 거부
- 세계대전에 대한 페르시아의 가르침과 그로부터 살아남은 인간들의 "부분"에 대한 물음은 "그리스적으로" 습득되고 있다: 이러한 습득의 길은 페르시아적인 시대의 이분법으로부터 그리스적인 "존재양식"의 이분법(감각계αἰσθετά와 예지계νοούμενα)에로 그리고 정신과 신체의 이분법에로 이끌었고, 이는 이데아들과 물질계 사이의 영혼의 "중간지위"를 통해서 제약되었다.

이 모든 계기들은 호머시대의 그리스 문화에게는 낯선 것이다. 그것들은 본래 "그리스적인"(가령, 종종 주장된 "그리스적인" 것과 "히브리적인" 것 사이의 대구의 의미에서) 것이 아니라, 그리스 역사 안에서 비판적인 국면의 징조이며, 페르시아인들과의 만남이 그것을 위해서 중요하게 되었다.

2. 신화적인 "시원론"에서 논리적–존재론적인 "원리론"에로의 전회

"아르케Arché"라는 말은 철학자들에게서 새로운 의미를 얻고 있다: 더 이상 "태초의 사건"이 아니라, 그것으로부터 우리가 경험 안에서 만나는 것이 도출되는 바로서의 "무시간적인–영원한 원리". 그와 함께 다음의 테제가 결합된다: 고대인들이 "원(原)–시작"에 대한 그들의 신화를 가지고 말하고자 했던 것이 비로소 철학적인 원리론 안에서 분명한 표현에 이르고 있다. 그러나 그 역 또한 타당하다: 철학적인 원리론이 실제로 말하려는 것은 비로소 새로운, 철학적으로 고안해낸 신화들 안에서 종결에 이른다. 왜냐하면, 신화는 로고스가 할 수 없는 것을 할 수 있기 때문이다: 대립적인 것들을 차례로 따로 떼어놓으면서 그것들의 연루를 진술하는 것. 이러한 테제로부터 이미 플라톤에게서 (그리고 신플라톤주의자들에게서 강화되어서) 철학적인 대화들 혹은 논의들을 신화를 가지고 종결하는 과제가 생겨났다. 그때 "신화로부터 로고스로"의 길에 "로고스로부터 신화로"의 반전이 상응했다.[15]

3. 종교의 자기이해를 위해서 생성되던 철학이 갖는 의미

종교들의 자기이해를 위해서는 신 내지 신들에 대한 철학자들의

---

[15] 베드로의 자기경계설정은 철학적 신화들에 반대하여 맞추어진 것으로, 그는 "교묘하게 꾸며낸 신화"들 따르는 것이 아니라, 보도된 사건들의 목격자였다는 것이다(2베드 1,16).

진술들이 그다지 결정적으로 된 것이 아니라, 오히려 최상의 "아르케"에 대한 그들의 진술들이 그러하다. 그리하여 예를 들면, 유대교나 그리스도교 신학자들은, 플라톤에 따라서 신이 이데아천상과 물질계 사이를 중재하기 위해서 "이데아들 아래에서 보고 있다"는 것이나, 혹은 아리스토텔레스를 따라서 최초의 부동의 동자가 항성계를 움직이며, 반면에 일곱의 다른 부동의 동자들은 일곱의 행성계를 운행하도록 유지하고 있다는 것에 대해서 감명받지 않은 채 무시할 수 있었다. 그와는 반대로 그들은 철학자들이 다음과 같이 말했을 때, 곧 최상의 원리는 일자이며, 그것은 초월적이고 윤리적으로 완전하며 모든 인식가능성과 인식력의 근원이라고 말했을 때, 이를 기꺼이 수용했다.

그들이 "신"에 대해서 말할 때, 그들이 무엇을 의미하는지를 자신들의 종교적인 전통으로부터 이미 알고 있었던 독자들은, 철학자들의 그와 같은 진술들 안에서 그들이 숭배했던 신의 술어들을 인식할 수 있었다. 그것이 본래의, 후에 종종 잊힌, 그와 함께 아주 빈번히 "철학적인 신 증명들"이 종결되고 있는 바로서의 진술의 의미이다: "그리고 그것이 [말하자면 철학자들이 그에 대해서 말하는 그리고 그것의 실재를 그들이 증명하는 바의 것] *모든 이들이* [말하자면 "신"이라는 어휘의 의미를 그들 자신의 유대적─그리스도교적 전통으로부터 알고 있는 모든 이들이] *'신'이라고 부르는 바의 것이다.*" 수많은 신 증명들의 이 마지막 문장은 철학적인 논증에 그 어떤 새로운 부분을 덧붙이는 것이 아니라, 하나의 재인식을 진술하고 있는데, 그 재인식의 힘으로 이미 이것 없이 신에 대해서 말하는 이들은, 이 신이 철학자들이 말하는 원리들 안에서 적합하게 표현되어 있음을 발견한다.

　이러한 재인식은 양편에다 현저한 방법적 장점들을 제공한다. 철학적 원리론은, 그것이 현실과 동떨어진 사고의 구성물들과 관계하고 있다는 비난으로부터 보호될 수 있다. 철학적 원리론이 이러한 비난에서 벗어나는 것은, 그것이 동시에 종교적인 경험의 내용들을 주석할 수 있다는 점을, 그리고 더욱이 그렇게 해서 그러한 경험을 하는 자들이 이러한 주석 안에서 그들이 경험한 것의 참된 의미내용을 재인식한다는 점을 입증하는 것이 성공할 때이다. 다른 한편으로 종교적 전승공동체 안에서 전달되고 있는 종교적 경험의 증언들은, 그들이 오직 "종교적인 내부영역" 안에서만 의미심장한 현실에 대해서 말하고 있다는 비난으로부터 보호받은 채 남을 수 있다: 종교적 경험의 증인들이 이러한 비난에 맞설 수 있는 것은, 그들이 말하는 신이 완전히 세속적인 앎의 내용들 또한 비로소 이해시키는 저 "원리"와 동일하다는 점을 입증하는 것이 성공할 때이다.

　신 증명들 그리고 특히 그들의 전통적인 마지막 문장, 곧 "그리고 그것이 모든 이들이 '신'이라고 부르는 바의 것이다"는 말은, 종교적인 전승과 마찬가지로 철학에다, 그들 상호 간의 만남 안에서 입증시험을 치르는 것을 허용한다. 그와 같은 입증의 척도로서 "철학자들의 신"은 종교 자체를 위해서도 그리고 그런 이유로 종교철학을 위해서 적절한 것이 되었다.

B 근대 초기의 "철학자들의 신"

1. 근대의 철학적 신학 발생의 동기: 천문학의 "코페르니쿠스적 전회"[16]

근대철학의 시초에는 추정적으로 가장 자명한 것, 곧 항성반구의 매일의 선회가 착시로 입증되었다는 경험이 존립한다. 별들의 궤도가 실제로 어떻게 진행되는지를 우리가 알고자 한다면, 우리는 우리가 하는 관찰들을 하나의 맥락 안에 편입시켜야 하는데, 그 맥락은 우리가 단순히 볼 수 있는 것이 아니라, 수학적인 법칙들에 따라서 구성해야만 하는 것이다. 우리는 우선 생각 안에서 모델들을 구성하고, 그런 연후에 기술적으로도 그것들을 추가로 구축할 수 있다. 그러한 모델들을 만드는 것이 근대 초기의 천문학자들의 자부심이었다. 구성된 모델은 그들에게 행성체계를 "밖에서부터 관찰하는 것"과 자기의 지상의 장소를 그 모델 안으로 편입시키는 것을 허용했다. 이를 통해서 그들은 어째서 하늘과 별의 그림들 그리고 별의 궤도들이 "그 자체로는" 결코 그렇지 않은데도 "우리에 대해서" 그렇게 보이는 이유를 파악할 수 있게 해주었다. 모델은, 우리가 그 아래서 사물을 보는 바로서의 주관적인 관점 또한 모델로부터 연역된 한에서, 자신을 확증했다. 모델은 이러한 방식으로 우리가 받아들이는 감각적 인상을 주관적인 것으로서 꿰뚫어 보는 것을 허용한다. 그런데 주관적인 "감각자료들"은 모델을 비판하고, 경우에 따라

---

16 그것에 대해서는, R. Schaeffler, Die Kopernikanische Wendung der Wissenschaft und die philosophische Frage nach der Subjektivität, in: Paul Gilbert, L'uomo moderno e la chiesa, Gregorian Press Roma 2012, 363–385 참조.

서는 변경시키는 것을 허용한다. 감각자료들과 구성된 모델의 이러한 상호작용 안에서 "세상이 실제로 어떠한지"에 대한 우리의 그림이 구축된다.

근대과학의 절차와 결과들에 대한 철학적 반성은 이제 다음의 결과로 이끈다: 우리가 눈으로 직관하는 것처럼, 세계는 자신의 관점상의 구조를 우리의 직관의 방식을 통해서 얻는다. 우리가 수학적으로 구성된 모델들 안에서 파악하는 것처럼, 세계는 자신의 구조를 우리의 사유의 수학적이고 논리적인 법칙들을 통해서 얻는다. 그런 한에서 우리는 세계를 보는 두 가지 방식들 안에서 늘 **우리를 통해서 구성된** 세계와 관계한다. 그로부터 이 세계는 또한 오직 그것이 우리의 인식함에 제시되는 것처럼 그렇게 **우리에 대해서** 있다는 결론이 나오는 것처럼 보인다. 이로부터 다음의 물음이 생겨난다: 우리는 그렇게 인식된 세계가, 이러한 세계가 "실제로" 그리고 "즉자적으로" 있는 방식에 상응한다는 것을 어떻게 알 수 있는가? 사람들이 이 물음에 대해서 다음의 지적으로 대답하려 한다면, 곧 우리는 우리의 시각적인 관점도 지성적인 관점도 자의적으로 선택한 것이 아니며, 오히려 두 가지의 관점성의 종류들이 모든 유한한, 감각지각에 의존해 있는 이성주체들에게 불가피한 것이라면, 그때 계속되는 물음은 이렇다: 우리는 우리의 인식함의 절차와 결과들의 이러한 필연성과 보편타당성이, 극복할 수 없는 그리고 모든 인간을 지배하고 있는 편파성의 표현과는 무엇인가 다르다는 것을 어떻게 확신할 수 있는가? 이 편파성은 오직 "우리에 대해서" 이러한 형태로 있는 세계 안으로 우리를 가두고, 우리에게 진리에 이르는, 다시 말해서 즉자적으로 있는 세계의 인식에 이르는 저마다의 길을 결정적으로 봉쇄하는 것이다. *우리의 인식의 조건들은 동시에 극복할 수 없는 편파성의 근거들인가?*

근대 초기의 철학(데카르트로부터 젊은 칸트에 이르기까지)을 지배했던 것은 인식 자체의 조건들에 의거하는 편파성의 극복에 대한 이러한 물음이다. "철학적 신학"은 데카르트, 라이프니츠 그리고 스피노자에게 있어서 이러한 물음에 대답하는데 마땅히 기여해야 한다. 그런데 이제 벌써 말해질 수 있는 것은: 이러한 근대-초기의 철학적 신학을 비판하길 원하는 자는(예를 들면 "세 비판들"의 칸트처럼) 어떤 방식으로 그가 이 물음에 더 잘 대답할 수 있는지 주의해야만 할 것이다.

2. 데카르트는 어떻게 신에 대해서 말하는가?

a) 신 증명의 "핵심"으로서의 오류-경험

"성찰Meditationes"의 첫 번째 말은 "나는 모른다"가 아니라, "나는 그 경험을 했다"(Animadverti)라는 내용이다. 그것은 말하자면 빈번한 오류들의 경험인데, 단지 천문학에서 뿐만은 아니다. 그리고 이 경험에 대한 첫 번째 반응은 보편적인 의심을 하겠다는 의지적인 결심이다: "그러므로 여기서 의지를 아주 반대 방향으로 돌려 나 자신을 속이고 얼마 동안 이 의견들이 거짓되고 공상적인 것이라고 가상하기로 하자"(Meditatio I, 11).

이러한 의심의 대상은 감각인식일 뿐만 아니라, 또한 무엇보다도 정신적인 인식과 그것을 주도하는 사유필연성이다. 논리적인 법칙들은 우리 자신이 산출하는 모델들을 위한 구성지침들이다. 우리는 이 법칙들을 변경할 수 없다. 그럼에도 불구하고 우리에 대해서 사유필연적인 것이 참일 필요는 없다. 모든 사유와 논증은 나를 전제로 하는데, 실제로 존재하는 대로의 나로서, "talis qualis sum". 내가 만일 다르다면, 나는 다른 것을 사유필연적인 것으로 간주할 것이다. 우리의 사유형식의 이러한 우연성은 나를 "내가 그렇게 존재하는 대로" 산출한, 그리고 또한 다르게 산출할 수도 있었을, 하나의 원인에 대한 생각을 불러일으킨다. 그때 생겨나는 물음은: 이 원인은 어떤 종류의 것인가?

데카르트의 신 증명의 길 위에서 첫 번째 논증행보:

내가 현재 존재하는 대로 그렇게 존재한다는 점에 대한 여전히 비로소 구해야 할 원인은, 나를 사유하는 존재로서 원했다. 그렇기에 그 원인은 내가 사유하는 존재라는 점에 대해서 나를 기만할 수 없는데, 그 원인이 그것을 원했다고 하더라도 그렇다: 창조주가 나를 기만하기를 원했다고 하더라도, 그는 내가 사유하기를 원할 수밖에 없었는데, 왜냐하면 자기-기만 역시 사유의 행위이기 때문이다. "사유 홀로 내게서 빼앗을 수 없는 바의 것이다"(Med. II, 6). 그런데 사유에 속하는 것은, 의심하겠다는 결심 안에서 표명되는 철저한 자기비판의 능력이다. 자기비판에로의 이 능력은, 대조로서, 나의 불완전성을 확인하기 위해서 나를 그와 비교하는 바로서의 완전한, 사유하는 존재를 포함한다. 그러나 결정적인 논증행보는 다음의 진술을 통해서 이루어진다: 이러한 생각의 실제적인 수행은 그 원인의 실재성을 요구한다. 왜냐하면, 유한한 존재자는 무한한 존재자에 대한 생각을 위한 충분한 이유가 아니기 때문이다. 따라서 이러한 생각은, 그것의 유일하게 충분한 원인으로서, **무한하게 완전한 존재**

*자의 실재적인 실존*을 요구한다. 왜냐하면 내가 생각하는 것은, 나의 본질의 표현이기 때문이다. 그런 이유로 신을 사유하는 필연성은 필연적인 신 관계의 표현이며, 그 관계는 사유das Cogito 자체처럼 실재적이다. 이러한 신 관계는 실재적인 근거를 요구하며, 그것은 오직 신의 현실 자체 내에 놓일 수 있다. 그런데 나의 사유 능력의 실재적인 근거가 무한히 완전한 존재자라면, 그때 이것은 내가 극복할 수 없는 오류에 연루되어 있게끔 그렇게 나를 원했을 수는 없다. 왜냐하면 무한한 완전성은 진실성을 포함하기 때문이다. 결론: *의심할 수 있는 나의 능력이 바로, 내가 이 능력을 무한히 완전하며 그런 이유로 진실된 존재자에게 빚지고 있음을 증명한다. 그리고 오직 이러한 통찰만이, 내가 나의 모든 오류에도 불구하고 나의 이성을 신뢰할 수 있다는 점을 정당화한다.*

b) 이론적인 철학의 영역에서 변신론-문제의 회귀

신이 나를 "내가 존재하는 것처럼", 말하자면 사유하는 존재자로서 창조했다면, 그분은 나의 오류에 대해서 책임이 있는 것처럼 보인다. 그렇다면 그분은 무한히 완전한 존재자가 아니다. 그렇게 해서 오류의 경험은 신 증명을 반박하는 것처럼 보인다. 내가 늘 기만당하도록 그렇게 그분이 나를 창조하는 것이 그분의 선성에 모순이 된다면, 내가 자주 기만당하도록 허용하는 것은 동일한 선성과 양립될 수 없는 것처럼 보인다(Med. I, 9).

해결의 단초를 제공하는 것은 **플라톤적인 변신론**의 고전적인 문장이다: "신에게는 과실이 없으며, 과실은 선택하는 자에게 놓여 있다"(Politeia X, 617 e). 데카르트적인 습득: 오류는 의지의 자유의 "죄짓

종교의 현상학

는" 사용에서 생겨나며, 이 "죄"에 대한 신의 벌이다(Med. IV. 9). 신은 나에게 이 "죄"를 피할 가능성을 주었는데, 내가 신이 부여한 사유법칙들의 결과로서 통찰하는 것에 나의 판단을 국한시키면서 말이다.

결론:

신인식이 비로소 우리에게 다른 모든 인식들을 적합하게 이해하게 해준다: – "그렇게 해서 내가 아주 분명히 알게 되는 것은, 저마다의 앎의 확실성과 진리는 참된 신의 인식에 달려 있다는 것이다. 그리고 내가 그분을 인식했기 이전에, 나는 그 어떤 다른 어떤 사안에 대해서도 무엇인가를 완전한 방식으로 알 수 없었다는 점은 그토록 타당하다"(Med. V. 16, vgl. V. 13). 이로부터 이해가 되는 것은, 신 증명들 그리고 또한 그것들의 비판이 철학사의 다른 어떤 시대에도 초기 계몽주의 시대처럼 그렇게 중심적인 의미를 획득하지는 않았다는 것이다.

3. 스피노자는 어떻게 신에 대해서 말하는가?

스피노자는 신 문제를 인간의 참된 행복에 대한 물음과의 맥락에서 제기한다.[17] 참된 행복은 그것의 상실을 우리가 끊임없이 염려해야 하는 바로서의 외적인 행복의 상황들 안에서가 아니라, 오직 자유로운 자기활동성 안에서만 구해져야 한다. 이로부터 다음의 물음이 생겨난다: **유한한 존재자가 어떻게 그와 같은 자유와 행복에로**

---

17 그것에 대해서는, "윤리학"(Ehica mire geometrico demonstrata)과 함께 "신, 인간 그리고 그의 행복에 대한 소고"를 참조할 것.

의 능력을 가질 수 있는가? 그리고 대답은 이렇다: *오직 몰아적으로-사랑하는 헌신의 행위들 안에서*. 왜냐하면, 이러한 사랑이 사랑하는 자 안에서 전적으로 새로운, 지금껏 알려지지 않았던 힘들을 일깨우는 기쁨의 원천이기 때문이다. 이 사랑은 인간을 다시금 자유롭지 않고 슬프게 만드는 격정이 아니라, 사물들의 참된 인식에 의거하는, "지성적인 사랑Amor intellectualis"[18]이다.

여기서부터 신에 대한 사랑이 스피노자의 발전의 모든 국면들 안에서 그의 철학의 중심적인 주제였다는 것이 이해가 된다. 왜냐하면 신에 대한 사랑이 홀로 기쁘고 자유롭게 만들 수 있기 때문이다. 여기에 두 개의 계속되는 물음들이 접속되는데, 인식이론적인 물음: *어떤 종류의 인식이 인식된 것을 고유한 자기활동성 그리고 그와 함께 고유한 행복의 근원으로서 경험하도록 이끄는가?*, 그리고 존재론적인 물음: *어떤 종류의 현실이 우리에게 그와 같은 방식으로 자기규정적인 사랑의 몰아와 그와 함께 자유와 행복의 능력을 부여하는가?* 이 두 물음들이

---

18 스타니슬라오 두닌-보르콥스키Stanislaus v. Dunin-Borkowski SJ(1864-1934)는 그의 스피노자-주해에서 스피노자가 유년에 읽었던 책의 지속하는 의미를 지시하고 있다. "레온 에브레오Leone Ebreo"(본명은: 포르투칼-유대계 아브라바넬Abrabanel 가족 출신의 Levi Isaak)의 "사랑에 대한 대화들Dialoghi d'amore". 이 대화들의 내용은 이렇다: 한 유대인 아버지의 한탄. 그는 포르투칼에서의 유대인박해를 피해 도주하다가 미성년 아들을 잃어버린다. 그런 연후에 그는 그 아이가 고아로서 그리스도교 신자에게 입양되어서 그리스도교 신앙으로 양육되었음을 경험하게 된다. 아버지가 다시는 보지 못하게 될 아들의 물리적인 상실에다 그렇게 "유대교 신앙을 강탈당한" 아들의 종교적 상실이 도래한 것이다. 통절한 말들로 한탄하는 아버지는 "율법의 위대한 계명"을 통해서 영혼의 평화를 다시 발견한다: "너는 주 너의 하느님을 온 마음을 다하여, 온 인격으로, 온 힘으로 사랑해야 한다." 하느님께 대한 사랑은 사랑하는 자를 하느님의 위대하심에 대한 몰아적인 기쁨으로 채우며, 이 기쁨은 그가 당할 수 있는 모든 수난보다도 더 큰 것이다.

스피노자가 신에 대해서 말하는 맥락을 지시한다.

인식이론적인 물음에 대해서 스피노자는 인식의 네 단계 상승에 대한 자신의 가르침을 통해서 대답하고 있다: 소문에 의한 인식은 오류능력이 있고 동기부여가 약하다. 감관을 통한 인식은, 사안이 우리 자신 안에서 영혼의 움직임을 불러일으키기 때문에 동기부여가 강하지만, 오류능력이 있다. 합리적인 논변을 통한 인식은 오류가 없지만, 사안이 한갓 대상으로서 우리에게 외적으로 남기 때문에 동기부여가 약하다. 사안 자체가 우리의 사유를 움직이기 때문에 감관들을 통한 인식처럼 동기부여가 강하고, 하지만 동시에 이성의 논변처럼 오류가 없는, 최상의 인식종류가 존재하는가? 그것이 전제하게 될 것은, 사안 자체가 우리의 사유를 불러일으키고, 스스로 "자신에 대한 그 어떤 것을 우리 안에서 긍정하거나 부정한다"는 점, 따라서 우리 사유의 "내재적인 원인causa immanens"이라는 점이다.

상응하게도 존재론적인 물음에 대한 그의 대답은 이렇다: 오직 무한히 완전한 존재자로서의 신만이, 유보 없는 헌신을 정당화하며 그런 연후에 사랑이 인간에게 그것에 대한 능력을 부여하는 바로서의 저 자기활동성 안에서 "내재적으로" 작용하는 그런 종류의 존재이다. 모든 유한한 존재자들은, 신이 모든 사물들을 통해서 자신의 해방시키는 힘을 인간의 정신에 작용하게 하는 방식의 "양상들Modi"인 한에서만, 이 해방시키는 힘을 행사할 수 있다. 그리고 인간의 앎이 그 최상의 단계에서 생겨나는 것은, 신이 우리의 인식함 안에서 "무엇인가 자기 자신에 대해서 긍정하거나 부정하도록" 그렇게 발언하는 것을 통해서이다. 그런 이유로 인간의 앎은 그 최상의 단계에서 신이 자기 자신을 아는 방식의 유한한 "양상"이다.

여기서부터 스피노자의 두 진술들이 이해가 된다: (1) "우리를 슬프게 만드는 모든 것이 신 안에 그 원인을 가진다는 것을 우리가 알아차리는 정도와 동일한 정도로 우리는 기쁘게 된다." 왜냐하면 그 안에서도, 사랑하는 이에게 그의 기쁨의 원인인 신의 크기가 경험할 수 있는 것이 되기 때문이다(vgl. "사랑에 대한 대화들"에서의 수난 당하는 아버지의 경험). (2) "신을 사랑하는 자는, 신이 그를 다시 사랑하는 것을 원할 수 없다: 신을 몰아적으로 사랑하는 자는, 신이 자신의 사랑을 통해서 상처받고, 그런 다음 상처받은 사랑으로부터 화를 내고 마침내, 그가 분노 속에서도 사랑하는 것을 멈출 수 없기에, 자신의 분노를 후회하게 되는 것을 원할 수 없다", 즉 신이 정념에로 떨어지고 자신의 자유를 잃는 것을 원할 수 없다.[19]

4. 라이프니츠는 어떻게 신에 대해서 말하는가?

라이프니츠는 의식적으로 스피노자와 대립적인 입장을 취하

---

19 소견: 성서의 신은 사랑하고, 분노하며, 자신의 분노를 후회한다. 이제 스피노자는 이 모든 것을 신의 위대함 때문에 "원할 수 없기" 때문에, 암스테르담의 유대인 공동체는 스피노자가 더 이상 유대인의 신앙이 말하는 신에 대해서 말하지 않고 있다는 판단에 이르며, 그런 이유로 그를 파문하였다. 그러나 여전히 유대교의 의미에서 성서에 적합하지 않은 ("이단적인") 이론으로서의 이 철학은 유대교의 근본고백의 습득으로 남아 있다: "주님이신 우리 하느님은 유일한 주님이시다. 너는 주 너의 하느님을 온 마음을 다하여, 온 인격으로, 온 힘으로 사랑해야 한다." 그리고 랍비의 주석: 인격의 전체성은 오직 하느님께 대한 나뉨 없는 사랑 안에서만 획득된다. 아무런 보상도 구하지 않고, 하느님의 위탁들에서 자신의 몰아적인 기쁨을 갖는 사랑 안에서. "선조들의 잠언들"에서 이것은 이렇게 불린다: "이행된 위탁에 대한 보수는 새로운 위탁이다." 스피노자에게 있어서는: "행복은 덕(하느님 사랑)의 보수가 아니라, 덕 자체이다."

종교의 현상학

려 한다. 사물들은, 신이 자신의 내적인 생명(능산적 자연Natura naturans)을 외적으로 경험가능한 세계와 그것의 생생한 과정성(소산적 자연Natura naturata) 안에서 현상하게 하듯이, "양상들"일 뿐만은 아니다. 그것들은 자체적으로 존립하는 존재자, 곧 "실체들"이다. 사유하는 영혼은, 신의 무한한 자기지식이 유한한 인간의 사유 안에서 현상하듯이, 한갓 "양상"이 아니라, 자기 자신을 의식하게 되는 실체이다. 존재 안에서의 자립성의 표지(실체성)는 행위 안에서의 "완전한 자기활동성"이다(parfaite spontanéité, 자연과 은총의 이성 원칙들Vernunftprinzipien der Natur und der Gnade, Satz 1). 실체는 고유한 활동성의 능력이 있는 존재자이다(capable d'action, 새로운 체계 Nouveau système, Satz 1). 영혼의 표지는 이러한 자기활동성의 의식적인 수행, 따라서 의지의 자유이다(자유에 대해서De libertate).

이로부터 다음의 물음이 생겨난다: *어떻게 실체들은 한 "세계"의, 곧 활력적인 상호관계의결합체의 지체들이 되는가?* 그렇게 철학하는 법학자로서 라이프니츠는 묻는다: 어떻게 주권을 소유한 국가가 국가 공동체의 지체들이 되는가? 그리고 그는 철학하는 물리학자로서 묻는다: 어떻게 "완전히 자기활동적인" 실체들이 다른 실체들과 작용과 당함의 관계 안으로 들어설 수 있는가? 실체의 "완전한 자기활동성"과 세계의 활력적인 맥락 안으로의 그것의 편입 사이의 관계에 대한 이 물음이 라이프니츠가 신에 대해서 말하는 맥락을 규정한다.

그의 대답은 이렇다: 실체들의 그와 같은 활력적인 맥락은 오직 **두 전제들** 아래서만 생각할 수 있다:

1. 존재 안에서의 실체들의 자립성과 행위 안에서의 그들의 자기

활동성은 신이 각각의 실체를그 개별성 안에서 (세계의 부분으로서뿐만 아니라) 창조한 결과이다.

2. 그러나 동일한 신은 다른 모든 실체들 또한 창조했고, 창조의 저마다의 개별적인 행위에 있어서 동시에 다른 모든 실체들을 생각했다. 그런 이유로 다른 모든 실체들에 대한 신의생각은 저마다의 개별적인 실체 안에 주입되어 있다. 각각의 실체는 "지속적으로 살아 있는 우주의 거울"(단자론Monadologie Nr. 56)이다.

이러한 이중의 전제 아래서 다음이 이해가 된다: 그 안에서 각각의 개별적인 실체가 자신의 고유한 생명을 수행하는 바로서의 자기활동성은 동시에 그것에 주입되어 있는, 다른 모든 실체들과의 관계를 현실화한다. 우리에게 외적인 작용과 당함의 관계로서 나타나는 것은 실제로는 각각의 개별적인 실체의 생명 안에서의 내적인 계기들의 관계이다. 그렇게 해서 모나드들 간의 **"예정된 조화"**가 생겨나는데, 이들은 서로 작용하는 것처럼 보이지만 실제로는 "창이 없다".

철학하는 법학자를 통한 이 대답의 설명은 이렇다: 신이 각각의 개별적인 실체에다 다른 모든 실체들에 대한 그의 생각을 주입한 방식은, 모든 사물들의 근원 안에서 실행된 "거룩한 법학 jurisprudence divine"에 상응한다(vgl. De rerum originatione radicali — 사물들의 근본적인 기원에 관하여).

신이 한 특정한 세계를 창조하기로 결심했을 때, 그는 동시에 가능적인 것의 무한한 넓이로부터 현실적인 것의 불가피한 협소로 건너가기로 결정해야만 했는데, 그 안에서는 갈등들이 불가피하게 된다. 그런 이유로 신이 창조하길 원했던 실체들은, 이미 그의 생각 안에서, 가능성으로서 그들 안에 박혀 있었던 것으로부터 가능한 한 많은 것을 실현할 수 있기 위해서 경쟁했다. 그런데 그것은, 가능적인 것의 넓이와 달리 현실적인 것의 좁음을 전제했을 때, 오직 신이 이미 자신의 생각 안에서 비로소 창조해야 할 실체들의 경쟁하는 요구들을 제약했음을 통해서만 가능하다. 이러한 상황에서 신은, 다투는 당파들을 양자가 동의할 수 있는 타협으로 이끌어서 더 이상 판결이 필요하지 않게 만드는 현명한 판관처럼 행동한다. 그러한 타협이 생겨나는 것은 오직, 갈등들이 최소화되고 공동으로 달성한 효력이 극대화될 때이다. 이러한 의미에서 신에 의해서 창조된 세계는 *"모든 생각할 수 있는 세계들 가운데서 최상의 세계"*이다 — 사람들이 꿈꿀 수도 있을 최상의 세계가 아니라, 유한성과 그로부터 귀결되는 갈등들의 조건 아래서 창조될 수 있는 세계들 중에서 최상의 세계.

테제는 이제 이렇다: 자연의 법칙들에 접해서 신적인 중재자의 이러한 의도가 읽힐 수 있다. **철학하는 물리학자**의 과제는 그렇기 때문에 자연탐구의 결과들에 접해서 이 테제를 검증하는데 존립한다. 그것이 성공하는 것은 다음이 제시될 때이다: 자연의 인과법칙들은, 그것들에 접해서 신적인 평화수립자의 의도들이 읽힐 수 있는 바로서의 목적론적인 법칙들로서도 또한 표현된다.

광학으로부터의 보기: 빛의 굴절의 법칙들은 더 조밀한 매개체가 광선에 맞서는, 더 커다란 저항으로부터 인과적으로 설명이 된다. 그것들은 또한 목적론적으로 표현된다: 광선은, 바로 그것에 일어나

는 굴절을 통해서, 늘 그것이 가장 짧은 시간 안에 자신의 목적에 도달하게 되는 길을 취한다. 굴절을 우선은 똑바로 달려나가는 자신의 "의도"의 방해로서 경험하는 광선은, 이러한 "타협"에 동의할 수 있는데, 왜냐하면 그렇게 해서 가능한 한 적은 시간을 소모하려는 자신의 "목적"이 최상으로 달성되기 때문이다.

역학으로부터의 보기: 서로 충돌하는 움직여진 물체들이 어떤 방식으로 계속 움직이는지를 기술하는 "힘들의 평행사변형"은 비활성의 덩이들의 관계와 그것들이 서로 맞서는 저항으로부터 인과적으로 설명이 된다. 그것은 또한 목적론적으로도 기술된다. 갈등이 최소화된다: 물체들의 충돌 시에 충격—지분들 중에서 서로 정반대로 맞서 있는 부분들만이 상실된다(정면으로 충돌할 때처럼). 공동의 효력은 극대화된다: 서로 정반대로 맞서 있지 않은 저 충격—지분들은 더 커다란 충격에 도달한다: 그들이 이제 접어든 공동의 방향 안에서 두 물체들은 더욱 빨리 전진한다. 평행사변형 안의 대각선은 각각의 측면보다 더 크다 — 이것 역시 "동의할 수 있는 타협"이다. 그런 이유로 이런 종류의 자연법칙 안에서 신의 지혜가 표현될 뿐만 아니라, 그의 정의 역시 표현된다.

5. 칸트는 어떻게 신에 대해서 말하는가?

a) 예비적 소견: "오래된" 그리고 "새로운" 선험철학

칸트는 실제로 신에 대해서 말하고 있다(그는 "인간에게서 이성의 측면으로부터 신에 이르는 통로를 닫았다"는 유포된 견해와는 반대로). 그리고 신에 대한 이러한 철학적 언사는 그에게 그토록 중요해서, 그

종교의 현상학

는 "선험철학"이라고 그가 명명하는, 자신의 철학함의 특별한 방식에 대해서 최종적으로 말할 수 있다: "선험적 신학은 선험철학의 최상의 지점이다"(유저opus postumum, 7. Konvolut, Blatt 5).

그러나 신에 대한 철학적 언사는 그에게 있어서 전승 안에서와는 다른 체계적 장소를 가진다. 중세시대의 철학자들은 "신"이라는 주제에 이르는 통로를 그들의 "초월자이론", 곧 저마다의 존재자에 대해서 진술될 수 있고, 그런 한에서 존재자의 종류들 사이의 모든 차이를 "초월하는" 술어들에 대한 가르침의 틀 안에서 발견했다. 그때 제시된 것은 이렇다: 이러한 술어들은 유한한 존재자들에게 단지 다소간의 높은 정도로만 적중된다. 무제약적으로 그것들이 적용되는 것은 "절대적 존재자", 곧 신에 대해서 뿐이다. 이러한 초월자이론을 "옛 사람들의 선험철학"이라고 명명하고 있는 칸트는 그것에 대해 새로운 방식의 선험철학을 맞세운다. 그것의 주제는, 우리가 수용하는 주관적인 인상들을 변형해서 그로부터 객관적으로 타당한 경험의 내용들이 되는 것을 우리에게 가능하게 만드는 조건들이다. 이것이 성공할 경우, 그때 우리는 이러한 경험을 척도들로서 사용할 수 있는데, 그 척도들에 접해서 우리는 이론형성의 모든 시도들을 비판적으로 검증한다. 칸트는 이러한 조건들을 우리의 직관형식들과 범주들 안에서 발견하며, 무엇보다도 우리의 직관과 사유에 목표상을 부여하는 이념들 안에서 발견한다.

그렇게 해서 다음의 물음이 생겨난다: 신에 대한 물음은 그렇게 이해된 선험철학 안에서 자리를 발견할 수 있는가?

b) 철학적 신학의 새로운 맥락으로서의 칸트의 선험철학

우선은 선험철학에 대한 칸트적인 이해가 신에 대한 각기의 철학적 언사를 처음부터 배제한다는 인상이 생겨난다. 왜냐하면, 칸트의 신념에 따르면 모든 시도된 신 증명들은, 규제적 이념의 논리적인 불가결성과 이 이념과 함께 생각된 것의 실존의 추정적인 존재론적 필연성 사이의 혼동에 의거하기 때문이다. 신개념은 하나의 이념이다. 다시 말해서 그것은 우리가 그것에 접해서 방향설정을 해야만 하는 바로서의 목적을 가리키는데, 이는 우리의 오성활동에 방향을 지시하고 그로부터 이 목적에로의 근접을 위해 필수적인 개념들을 획득하기 위해서이다. 그러나 그와 같은 목적개념은 "우리의 오성활동의 모든 노선들이 그 안으로 모여드는 바로서의 상상적인 초점focus imaginarius"(KdrV A 644f.)이다. 그와 같은 관점적인 소실점에 접해서 방향설정을 해야만 하는 필연성은, 우리가 거기서 필연적으로 존재하는 존재자와 만난다는 것을 증명하지는 않는다.

칸트는 따라서 우선은 존재론과 결별한다. 철학은 "존재론이라는 의기양양한 명칭을 벗고 순수 오성의 분석학이라는 겸손한 이름을 취해야만 한다"(KdrV A 247). 그리고 일관성 있게 칸트는 "최상의, 가장 완전한 존재자"에 대한 가르침인 지금까지의 철학적 신학과 결별한다. 하지만 계속 이어지는 물음이, 우리가 다음을 관찰할 때, 생겨난다: 우리는 상이한 방식들로 우리의 이성을 사용한다: 이론적인 그리고 실천적인 방식으로. 그리고 이성사용의 이러한 방식들의 각각은 이성의 이념들에다 저마다 특별한 형태를 부여한다. "세계"는 이론적인 이성사용 안에서는 "자연", 다시 말해서 인과적으로 결합된 현상들의 총체적 맥락이다. 그것에 부속해 있는 것은 보편적으

종교의 현상학

로 대체할 수 있는 연구자주체Forschersubjekt로서의 "자아"이다. 실천적인 이성사용 안에서 "세계"는 "목적들의 세계", 다시 말해서 의무 지우는 행위목적들의 총체적 맥락이다. 그것에 상응하는 것은 "너는 해야만 한다"라는 정언명령의 대체불가한 수신자로서의 "자아"이다. (주해: 칸트의 신념에 따르면 관건이 되는 것은 두 개의 상이한 "영혼"의 "능력"이 아니라, 가령 하나의 이성과 이것과는 다른 하나의 의지가 아니라, 두 개의 상이한 사용의 방식들 안에서의 하나의 이성이다).

이성사용의 방식들의 이러한 차이는 우리가 다음을 알아차리자마자 문제가 된다: 우리가 우리의 이성사용을 통해서 구축하는 두 "세계들"은 한편으로는 상이한 법칙들을 따른다. 자연현상들로부터 새로운 자연현상들이 유래하는 바로서의 인과성은 이행된 의무들로부터 새로운 의무들이 생겨나는 인과성과는 다른 것이다. 다른 한편으로 이러한 세계들은 불가피한 방식으로 서로 관통된다. 왜냐하면 윤리법칙은 우리에게 두 가지를 동시에 지시하기 때문이다: 순수한 심정으로부터 선을 *원하는 것*, 그런데 또한 그것을 효력 있는 행위들 안에서 *행하는 것*. 그것은 불가능해 보이는데, 왜냐하면 행위의 효력은 심정의 순수성과는 전혀 다른 조건들에 종속되기 때문이다.

칸트에 종속되지 않은 채, 그러나 그의 의미에서, 사람들은 문제를 다음과 같은 방식으로 기술할 수 있다: 현재에 있는 그대로의 세계에서 양심이 없는 자들은 양심적인 사람들보다 더 쉽게 효과적으로 행위할 수 있다; 그리고 선한 목적이 양심이 없는 자들의 저항에 맞서서 관철되어야만 할 때, 양심적인 사람들이 늘 지게 되어 있다. 사람들이 윤리적으로 의무 지우는 행위목적들의 전체, 곧 "목적들의 세계"를 고려하게 되면, 투쟁은 첨예화된다. 윤리적인 행위는 "도덕적인 세계질서"의 건립에 공헌해야 한다. 그 안에서는 더 이상 무죄한 이가 수난을 당하는 것이 아니라, 각자는 그의 윤리성의 정도에 "비례하는" 만큼 행복하게 될 것이다. 그러나 그 안에서 윤리성과 행복의 이와 같은 "비례"가 때때로 그리고 우연히 생겨나는 것이 아니라, 윤리적인 "최종목적"의 두 "존립부분들" 사이의 "필연적인 맥락"이 존립하는 바로서의 세계는 어떤 모습이어야 할까?

우리가 심정으로부터 행위에로의 이행을 고려할 뿐만 아니라, 순수한 윤리적 심정 자체의 요구를 고려할 때, 모순은 두 번째로 첨예화된다. 왜냐하면 이미 우리가 선을 "수월하게 그리고 기쁨으로 행하는"(덕에 대한 오래된 정의) 대신에, 이러한 요구를 우리에게 부과되는 "법칙"으로서 경험한다는 것은, 우리가 덕을 이미 소유하고 있지 않고, 회심("심정의 변화")을 통해서 비로소 얻어야 한다는 것을 증명한다. 그러나 회심의 이와 같은 행위를 자유롭게 *원하기* 위해서 우리는 선한 심정을 이미 가지고 있었어야만 할 것이고 – 그렇다면 우리는 더 이상 회심할 *필요가 없었을* 것이다. 그런데 우리가 그것을 가지고 있지 않다면, 그때 우리는 회심할 수가 없다. 왜냐하면 회심을 위한 자유로운 의지는, 그로부터 의지가 유래해야 하는 바로서의 저 선한 심정을 이미 전제하겠기 때문이다.

이러한 모순들의 기술이 "실천적인 사용 안에서의 이성비판"의 주제이다. 그런데 이 모든 모순들로부터 다음이 귀결된다: 윤리법칙은 "환상적이고, 공허한, 상상된 목적들 위에 세워진, 그러니까 그 자체로 거짓된 것"(KdpV A 205)처럼 보인다. 학자들 안에 널리 유포된 회의주의는 그와 같은 "학파들의 궤변[Raisonnements]"에 의거한다. 그리고 물음은 이렇다: 이러한 궤변과 마주해서 무엇이 선이고 악인지를 정확히 알고 있는 단순한 사람의 도덕적인 통찰은 어떻게 정당화될 수 있는가? *윤리적인 경험 안에서 확실하게 되는 "의무의 사실"은 어떻게 한갓 가상이라는 인상에서 벗어나는가?* 이러한 물음이 칸트가 그 안에서 신의 실존과 본질에 대해서 말하는 바로서의 맥락을 지시한다.

c) 칸트가 신에 대해서 말하는 것은, 이성변증법Vernunftdialek-tik의 해소를 위한 유일하게 가능한 조건을 명명하면서이다

α) 칸트의 근본요청: "신적인 계명들로서의 우리의 의무의 인식"
(KdpV A 233 = Rel B 229)

우리가 우리의 의무들을 신적인 계명들로서 이해해도 좋은 것은, 이론적으로 증명되지는 않지만, 요청된다. 그것은 다시 말해서 실천적인 관점에서 전제되는데, 오직 이러한 전제만이 우리에게 윤리법칙을 "환상적인" 그리고 그런 이유로 "그 자체로 거짓된 것"으로 간주하는 것을 방지하게 한다.

여기에 덧붙여 칸트의 텍스트를 넘어서는 설명: 칸트는 독일어 "계명Gebot"으로 여전히 라틴어 "위탁Mandatum" = "믿고 맡긴 명령"을 알아듣고 있다. 우리가 우리의 의무들을 그와 같은 신적인 위탁들로 이해한다면, 그때는 신이 인간에게 자신의 위탁을 믿고 맡기는 그리고 그가 이 위탁을 이행할 것이라고 믿는 신적인 신뢰에 인간적인 신뢰가 상응하는데, 그것은 그에게 이행될 수 없는 어떤 것도 부과되지 않는다는 신뢰이다. 인간은 "불가해한 조력자"를 확신할 수 있는데, 그가 오직 그 조력자에 대해서 "감수성이 있게" 될 때 말이다. 그 점에 칸트적인 표현의 의미가 놓여 있다: "그는[인간

은] 무엇을 해야 한다고 의식하기 때문에 자기는 무엇을 할 수 있다고 판단한다"(KdpV A 54). 이 표현은 대체로 쉴러Schiller에 의해서 각인된 짧은 정식인 "너는 할 수 있다, 왜냐하면 해야만 하기에"에서 재현된다.

β) 계속되는 요청들에로의 전개

우리의 의무들이 윤리법칙뿐만 아니라 자연법칙 또한 부여한 신적인 위탁수여자로부터 유래한다는 것을 우리가 가정할 때에만, 신은 우리가 선한 심정으로부터 행하는 행위들로부터 우리에게 전혀 알려지지 않은 길 위에서 마지막으로 좋은 작용들이 생겨나게 한다는 점을 우리는 희망할 수 있다. 그 작용들은 신적인 의도들을 실현하는데 효과적인 기여를 수행하는 것들이다(순수한 심정과 효력 있는 행위의 이율배반의 해소). 오직 동일한 전제 아래서만 우리는 "은총으로부터의 판결문"을 희망할 수 있는데, 죄를 지은 인간들인 우리는 그 판결문에 대해서 "어떠한 권리요구도 갖지 않지만", 그 판결문은 우리에게 신에 의해서 요구된 회심을 비로소 할 수 있게 만든다(회심의 개념 안에 있는 이율배반의 해소).

γ) 요청들의 일반적인 특성

그것들은 앎의 내용들이나, 또한 한갓 주관적인 의견의 내용들을 명명하는 것이 아니라, *신앙*의 내용들을 명명한다.[20] 이 신앙은, 전적으로 신약성서의 의미에서, "희망 안에서의 보증"이며, 그 근거

---

20 『순수이성비판』 A 820 이하, "의견, 지식 그리고 신앙에 대하여"라는 절을 참조할 것.

는 "우리의 시야를 벗어나 있는 사실"이며, 하지만 우리를 "변화시키는 사실"이다(히브 11,1). 칸트의 해석: 이 근거의 현실로부터 우리를 변화시키는 것은 "의무의 사실"이다. 이 신앙은 *이성적*인데, 그 이유는 우리가 신이 우리에게 믿고 맡기는 위탁들이 헛되이 주어진 것이 아니라는 점을 그렇게 확신해도 좋기 때문이다. *이러한 "요청적인 이성신앙"이 칸트에 있어서는 전통적인 신 증명의 자리에 들어선다.*

δ) 종교철학을 위한 칸트적인 요청이론의 의미

이전에 물어졌었다: 신은 어떻게 종교 안으로 들어오는가? 그리고 대답은 다음과 같았다: "한 처음에" 작용을 했던 누멘적인 의지력은, 그 작용이 "해방시키는 자유"의 표명으로서 경험될 때, 인격적인 신으로서 이해되고 있다. 왜냐하면, 이런 종류의 작용은 인격성의 구별표지이기 때문이다. 그런데 이제 다음이 덧붙여질 수 있다: 이러한 경험이 전제하는 것은, 인간이 자신의 자유를 우연적이고 위협받은 것으로 경험했으며, 신을 그로부터 인간적 자유의 새로운 정초 혹은 복구가 기대될 수 있는 바의 존재로서 이해한다는 것이다. 그런데 그와 같은 우연성경험과 그에 상응하는 신심 있는 희망의 증언을 위해서 칸트의 이성변증법에 대한 그리고 신요청을 통한 그것의 해소에 대한 가르침은 탁월한 보기이다.

그런데 그로부터 귀결되는 것은 많은 칸트-독자들을 놀라게 할 수도 있다: 윤리적인 실천을 위해서 불가결한 희망의 정당화근거로서의 칸트의 신에 대한 요청적 신앙은 종교들 안에서 인격으로서 이해되고 숭배되고 있는 신에 전통적인 형이상학과 계몽주의시대의 신에 대한 생각보다 더 근접해 있다. 그리고 특별히 그리스도교의 보도가 신앙을 "우리가 바라는 것들의 보증"으로서 이해한다면 – ἐ λπιζομένων ὑπόστασις —, 종교적 행위의 고유성에 대해서 묻는 종교철학은, 이 행위가 인격적인 신을 지향하는 한에서, 전통적인 형이상학도 계몽주의시대의 철학적 신학도 줄 수 없었던 이해의 조력을 칸트의 신앙이해로부터 기대할 수 있다.

ε) 칸트를 넘어서서 계속되는 주석

자연법칙은 물론이고 윤리법칙 또한 우리 이성의 자기입법의 표현이다. 그런데 동시에 그것들은 공동으로 신적인 입법의 총체적인 맥락으로서 이해되어야만 한다. 그런 이유로 이성의 자기입법의 이러한 두 형식들은 (그것의 이론적인 그리고 실천적인 사용 안에서) 신적인 입법의 현상형태들로서 여겨져야 한다.

우리의 자기입법의 이 형식들이 서로 모순에 빠져 있다는 것은, 그것들이 *한갓 현상들*이라는 점의 결과이다. 그것들이 그럼에도 불구하고 우리를 의무지운다는 것은, 그것들이 그 안에서 신의 의무지우는 요구가 도달되는 바로서의 *실제적인 현상들*이라는 점의 결과이다.

그렇다면 윤리법칙에 대한 순종으로부터 유래하는 행위들 역시, 성사들과 유사하게, 신적인 구원작용의 현상형태들이다: 신적인 작용의 "회상, 실증 그리고 선취의 표징signa remomorativa, demonstrativa et prognostica". *표징성*의 이러한 성격이 잊히게 되면, 그리고 우리의 행위들이 "도덕적인 세계질서"의 *원인들*로서 간주되면, 그때는 도덕성에서 테러로의 전도가 생겨나는데, 프랑스 혁명이

그 범례이다.[21]

6. 이중의 의미에서 "칸트에 따른" 신에 대한 언사: "칸트의 의견에 따라서" 그리고 "칸트 이후의 시대에"

칸트 자신이 열린 채 남아 있는 물음을 거명한다: "순수이성비판"의 마지막 장은 "순수 이성의 역사"라는 표제를 지니고 있는데, 다음의 첨언과 함께: "이 제목이 이 자리에 있는 것은 오로지, 체계 안에 남아 있어서, 장차 가득 채워져야 할 항목을 표시하기 위해서이다"(KdrV A 852).

어째서 "여분으로 남아 있는 자리"를 채우는 것이 칸트에게는 성공하지 못했는가? 자유의 모든 행위들이, 만일 시간 안에서의 사건들로서 생각이 된다면, "인과성의 법칙"에 복속될 수 밖에 없다는 염려로부터, 그는 자유로부터 발생하는 모든 것을 "모든 시간규정 밖에서" 사유하려고 시도했다: "의무의 사실"에 대한 경험, 죄, 회심과 "은총으로부터의 판결문" 역시. 그렇게 되면 이성의 역사는 그 실천적인 사용 안에서는 생각될 수 없다.

그로부터 칸트 이후의 시대에 철학의 프로그램들이 생겨났다: 관념론자들은 세 가지를 입증하려 했는데,

- 변증법은 "선험적인 가상"을 해소하는 지침일 뿐만 아니라, 이성의 본질에 속한다는 점,
- 이 변증법으로부터 이성의 역사가 연역되며, 마침내
- 신은 이러한 역사의 원리로서 파악되어야만 한다는 것이다.

---

21 Vgl. Streit der Fakultäten, Akad. Ausg. VII, 84.

이에 반해서 **마르크스**가 입증하려 했던 것은,

– 변증법은 과연 이성의 본질에 속하는데, 하지만

– 그 안에서는 단지 생산력들, 생산수단들 그리고 생산관계들의 변증법만이 반영되며,

– 그렇기 때문에 이러한 변증법의 원리 그리고 그와 함께 역사의 원리는 신 안에 놓여 있는 것이 아니라, 사회–경제적인 과정의 진척시키는 힘들에 놓여 있으며, 마침내

– 역사의 원리가 신 안에 놓여 있다는 의견 자체가 사회–경제적으로 해명되어야 한다는 것이다: 착취자들의 이해관계로부터, 이들은 이를 통해서 착취당하는 자들이 그들의 운명을 "신이 원한 것"으로서 받아들이도록 움직이려 한다 – 그리고 착취당하는 자들의 잘못 이끌어진 이해관계로부터, 이들은 그들의 운명을, 만일 그들이 "지배자들의 이념들"에 공적으로 반대하지 않을 때, 상대적으로 개선할 수 있다는(예를 들면, 오히려 일자리를 발견하는) 경험을 하고 있다.

그러나 철학사의 이 국면에서도 신이 존재하는지 혹은 아닌지의 물음은 남는데, 이것은 철학 일체의 근본물음이지 단순히 "종교철학의 특수한 물음"은 아니다. 그것이 변화된 것은 비로소, "변증법적인 체계들의 붕괴" 이후에 (관념론적인 것들과 마찬가지로 유물론적인 체계들의 붕괴 이후에) **실증주의**가 지배적인 철학적 입장이 되었을 때이다.

계속되는 물음은 따라서 다음과 같다: 사람들이 변증법적 유물론자들과 마찬가지로 관념론자들의 "체계강박"을 허구로서 꿰뚫어 보았을 때, 사람들은 실증주의자가 되어야 하는가? 이 물음에 접해

서 오늘날 여전히 (혹은 재차) 신에 대한 철학적 언사가 가능한지의 여부가 결정된다.

앞서 지시하는 지침:

성서가 신에 대해서 말하는 방식은 철저히 역사적인 사유를 표현한다. "성서의 신"은 우선 "역사의 신"이다. 그런 이유로 철학은, 칸트에게서 열린 채 남겨진 이성과 역사의 관계에 대한 물음에 적절히 대답할 때에만, 신앙인에게도 그의 자기이해를 위한 조력들로서 제안될 수 있는 저 개념들과 논증방식들을 발전시킬 수 있다. 비로소 그때 철학은 고전적인 신 증명의 마지막에 표현된 저 주장을 회수할 수 있다: "그리고 이것이", 말하자면 철학이 그에 대해서 말하는 바의 것이, "모든 사람들이 신이라고 명명하는 그것이다". 말하자면 다른 어떤 것이 아니라 신에 대해서 말하는 것이 무엇을 의미하는지를 자신의 종교적 경험으로부터 아는 "모든 사람들".

3부: 성서의 신

A 역사의 주인으로서의 성서의 신 – 성서의 전유물

1. "태초에"가 아닌, 시간 한가운데서의 시작

성서적인 선포를 위해서 결정적인 "시원론"은 이집트로부터의 이스라엘의 탈출에 대한 보도이다. 이 "근원적 사건"은 (윤곽 안에서) 연대를 확인할 수 있다: 그것은 이집트에서 왕조교체와 함께 시작된

다: "그런데 요셉이 알지 못하는 새 임금이 이집트에 군림하게 되었다"(탈출 1,8). 추측건대 힉소스Hyksos왕조의 외래통치의 마지막(대략 기원전 1580년). 그 끝은 "람세스Ramses-왕들"의 통치를 표시한다(대략 기원전 1250년 이래). 이 시기에 위에서 논의한 오시리스-의례의 변형, 곧 다산의례로부터 사자의례로의 축성 그리고 그와 함께 물리적인 생명으로부터 윤리적인 결정에로의 "성현의 강세"의 전이가 일어난다. 이러한 "이집트의 지혜"안에서 모세는 가르침을 받았다(사도 7,22).

이스라엘은 시간 한가운데서의 이 시작에 대해서 알고 있으며, 이것을 자신의 구별표지로서, 형성되던 유럽의 종교들과 마주해서도, 이해하고 있다: "주 너희 하느님께서 너희가 보는 가운데 너희를 위하여 하신 것처럼, ... 한 민족을 다른 민족 가운데에서 데려오려고 애쓴 신이 있느냐?"(신명 4,34).

이러한 근원사건은 이스라엘의 역사의 매 국면에서 각각 새로운 방식으로 회수되는, 약속의 잉여를 내포하고 있다 – 결정적으로는 비로소 죽은 자들로부터의 예수의 부활과 함께. 비로소 그와 함께 죄와 죽음의 지배가 결정적으로 부서지고 하느님 백성의 해방이 완성되었다.

2. 성서의 신은 하늘과 땅에 대한 지배권을 자유로운 선택의 행위들 안에서 행사하는 신이다

a) 그러한 선택은 구원에 필수적이었는데,

– 왜냐하면 있는 그대로의 세계 안에서 거짓 신들에 대한 부역

은 오직 신 자신에 의해서 설정된 새로운 시작을 통해서만 분
쇄될 수 있는 규칙이기 때문이며,

- 왜냐하면 이 신적인 새로운 시작의 인간적인 기관들 역시 죄
를 지은 인간들이며, 이들은 심판하는 신이 그들의 장막을 용
서하시며 "지나감"을 통해서만 참된 신에 대한 봉사의 능력을
갖게 되었기 때문이다(그런 이유로 "파스카"로서의 해방의 축제 =
"주님의 지나감").

여기서부터 이스라엘에 특징적인 역사의 해석이 생겨났다: 그것
을 통해서 이스라엘이 노예살이 집으로 오게 된 바의 것은, 요셉
을 노예로서 팔아버린 형제들의 죄었다. 그리고 기아의 곤궁 앞에
서 "구원받은 이들의 큰 무리가 되도록"(요셉-이야기의 마지막, 창세
45,5-7) 구출을 위한 수단을 만든 것은 하느님의 무상의 은총이었
다. 자신의 형제들에게 한 요셉의 언사는 *이스라엘의 역사를 선취한*
*요약*과도 같다.

b) 신의 선택은 어떻게 구원의 효력을 발하는가?

- 죄를 짓게 된 인간 역시 신의 신의로부터 벗어나지 않는다는
것을 통해서,
- 신의 "분노" 역시 그분의 상처받은 사랑의 표현으로서 이해해
도 좋다는 것을 통해서,
- 신의 분노 안에서 여전히 효력을 발하는 사랑이 희망의 근거
가 된다는 것을 통해서.

결론: 이러한 희망을 다른 민족들에게도 약속하는 것은 타당하
다 - 이스라엘의 역사 안에서 비로소 늦게 의식하게 된 과제(참고.

성전을 향한 민족들의 순례에 관한 예언, 미카 4,2).

c) 신의 선택에 대해서 요구된 인간적 응답

신이 여러 민족들로부터 한 민족을 선택한 것은 모든 신들로부터 이 신을 선택할 것을 인간적인 응답으로서 요구한다("어떤 신들을 섬길 것인지 너희는 선택하여라. 나와 내 집안은 주님을 섬기겠다", 여호 24,15). 해방의 신에 대한 대안은 혈족과 농경지의("혈연과 대지"의) 신들이거나, 혹은 현대적으로 말하자면, 그 원세포가 혈족인 바로서의 사회와 그 원형식이 농업인 바로서의 경제이다. 이러한 선택의 결연함은 이 신을 "마음을 다하고, 목숨을 다하고, 힘을 다하여" 사랑하기 위한 전제이다. 이때 이러한 "전체성"은 오직 "한 분"에 대한 분리되지 않은 헌신을 통해서만 도달된다("율법 안에서 커다란 계명", 신명 6,5).

신적인 선택은 신이 인간에게 믿고 맡긴 위탁들(계명들) 안에서 구체화된다: "어떤 민족들에게도 이같이 하지 않으셨으니 그들은 계명을 알지 못한다"(시편 147,20). 이러한 위탁들에 속하는 것은 무엇보다도 이웃사랑의 계명이다(레위 19,18). 신에 대한 인간적인 사랑은 그러한 위탁들을 유지했다는 기쁨 안에서 구체화되고("이행된 위탁에 대한 보수는 새로운 위탁이다", 선조들의 잠언) 그런 이유로 "율법에 대한 기쁨" 안에서 구체화된다(유대교의 연력 안에서의 고유한 축제의 내용, 참고. 바오로에게서도 로마 7,22).

3. 시간 한가운데서의 시작은 모든 시간에 앞선 시작의 보도를 통한 해석을 요구한다

a) 맥락:

"데리고 나옴"은 자유로운 선택의 성격을 갖는다. 이 자유로운 선택이 전제하는 것은, 모든 민족들이 선택하는 분에게 선택되도록 서 있다는 것인데, 왜냐하면 그분은 "온 세상의 주님이시기"(탈출 19,5) 때문이며, 그 선택의 결과는, 선택받은 자로부터 응답하는 자유로운 결정이 요구된다는 것이다. 이것이 잊히게 되면, 그때는 계약의 신은 다시금 비역사적으로 다산성과 왕권의 신으로서 오해받게 되는데, 그 신의 고대 근동에서의 관례적인 상징이 "금송아지"이다. "금송아지"에 관한 설화는 역사로부터 신화로의 이러한 퇴행에 대해서 말하고 있다.

b) 해석:

선택의 신은 "온 세상의 주인"인데, 왜냐하면 그분이 그들의 창조주이기 때문이다. 그런 이유로 그는 자신의 도래하는 해방행위의 흔적을 모든 피조물에게 주입하였다: 행성들의 운행을 통해서 고지된 "우주적인 안식일"은, 그 안에서 "역사적인 안식일" – 이집트로부터 이끌어 냄 – 그리고 예배적으로 거행된 안식일이 그들의 자리를 발견하는 바로서의 맥락의 밑그림을 포함한다. 그런데 동시에 이러한 "우주개벽설적인 설화Aitiologie"를 통해서 부여받은 해방을"하인과 하녀에게" 그리고 심지어 "황소와 당나귀에게" 전달하는 이스라엘의 소명이 분명해진다. 그렇게 해서 창조보도는 **해방보도의 그리고 신에 의해서 해방된 자들에 대한 해방위탁의 "시원론적인"** 주해가 된다. 이로부터 안식일–계명의 중심적인 자리가 생겨나는데, 바로 "계약의 신의"의 표현으로서 그리고 그것의 입증으로서의 "억압받은 자들을 위한 선택"의 표현으로서 말이다.

4. 성서의 신: 무상의 은총 안에서 죄인들에게 회심의 길을 열어주는 역사의 신

a) 역사의 신에 대한 성서의 진술들

선택하는 신은 선택된 이들을 계약으로 묶는 사랑하는 신이다. "나는 너희 하느님이 되고, – 너희는 내 백성이 될 것이다"(탈출 6,7; 예레 7,23).

사랑하는 신은 자신의 사랑을 통해서 **상처받는** 신이며, 진노하고 (마치 사랑하는 자만이 분노할 수 있듯이) 상처받은 사랑 안에서 **심판한다.**

진노하는 신은 상처받은 사랑 안에서도 사랑하는 분으로 남으며, 그렇기에 "자신의 진노로부터 돌아서는"(요엘 2,12; 요나 3,9) 분이다.

b) 이 신과 인간의 역사

늘 재귀하는 역사의 국면들은, 그 역사의 주인은 성서의 신인데, 다음과 같다: 선택과 위탁, 죄와 심판, 신으로부터 선사받은 회심의 은사 그리고 "자신의 진노로부터의 신의 회심"의 결과로서의 이 은사.

c) 이 역사의 "시원론적인 해석"

홍수의 설화. 홍수가 시작된 것은 신이 "인간을 만든 것을 후회했기" 때문이다. 그러나 그 홍수는 결코 더 이상 반복되지 않을 것인데, 이는 신이 자신의 이러한 후회를 후회했기 때문이다. 표징으로서의 무지개는 신 자신이 홍수의 심판을 다시는 반복하지 않겠다는 것을 상기시킬 것이다(창세 9,14 이하). "모든 살덩어리"와의 이 계약은 아브라함과 그 후손들과 맺은 계약을 가능하게 만드는 전제이다.

d) 이 역사의 결정적인 위기

성전과 왕국의 몰락과 다음의 물음: 아시리아와 바빌론의 왕신들은 이스라엘의 신보다 더 강력한가? "제2이사야"에서의 유배예언자들의 대답: 민족들의 왕들은 신의 손안에 있는 심판의 도구들이며, 그들의 승리는 그들의 신들이 아니라, 이스라엘의 신 덕분이다("주님께서 휘파람을 부시어 아시리아 땅에 있는 벌들을 불러오시리라", 이사 7,18). 그런데 그들이 자신들의 승리를 그들 자신에게 혹은 그들의 신들에게 귀속시키기 때문에, 그들 자신이 다가오는 심판에 떨어진다: "도끼가 도끼질 하는 사람에게 뽐낼 수 있느냐?"(이사 10,15)

결론: *민족들의 신들은 결코 실제의 신들이 아니다.* 그들은, 신이 그들을 자신의 계획들을 위해서 이용하지 않는다면, 아무것도 할 수 없다. 그들은, 인간이 그들 자신을 마치 혈연과 향토의 "신들"처럼 자신의 신들로 만들었지 않다면, 인간에 대해서 어떠한 권세도 갖지 못한다. 그들은 "인간의 손으로 만들어진 것들"이다. 그런데 마지막으로 그들이 인식하게 될 것은, 그들이 집행한 이스라엘에 대한

신의 심판은 그들과 그들의 민족들에게도 구원에 기여하는데, 왜냐하면 "매를 맞은 자"가 또한 "그들의 죄들을 짊어졌기" 때문이다(수난당하는 하느님의 종의 노래, 이사 53-54).

e) 역사를 지배하는 신의 통치에 대한 새로운 해석

신은 "감추어진 뜻"을 통해서, 이 세상의 권력자들은 자신들이 원함이 없이 혹은 단지 알지도 못하면서 그것에 봉사하는데, 역사의 - 이스라엘뿐만 아니라, 모든 제국들의 역사의 - 주인이다. 신은 이 뜻을 자신을 섬기는 이들에게 드러내며, 반면에 그 뜻은 이 세상의 현자들에게는 감추어진 채 남아 있다: "임금님께서 물으신 신비는 어떠한 현인도 주술사도 요술사도 점술사도 임금님께 밝혀 드릴 수 없는 것입니다. 그러나 하늘에는 신비를 드러내시는 하느님께서 계십니다. 그분께서 뒷날 무슨 일이 일어날지 임금님께 알려 주셨습니다"(다니 2,27 이하). 이때 그와 같은 계시(apokálypsis)의 봉사자의 등장 자체가 종말이 가까이 왔다는 것에 대한 표징이다.

역사에 대한 이러한 이해와 함께 **예언으로부터 묵시록에로의 이행**이 실행되었으며, 그 핵심어들인 "약속"과 "실현"은 새로운 의미를 보유한다. 오직 역사의 주인만이 결코 예견할 수 없는 그 역사의 운행을 자신의 종들에게 드러낼 수 있었다. "그것에 대한 시험"은 신이 다른 민족들의 선지자들과 벌이는 "시합"이다: "너희가 신이라는 것을 우리가 알 수 있도록 다가올 일들을 알려 보아라"(이사 41,23). "보라, 예전에 알려 준 일들은 이루어졌고 새로 일어날 일들은 이제 내가 알려 준다. 싹이 트기도 전에 내가 너희에게 들려준다"(이사 42,9).

5. 그것은 철학자들이 말하는 그 신인가? 공통점들과 차이들

a) 첫째 보기: 신의 유일성에 대해서 말하는 철학적인 그리고 성서적인 방식들

철학적인 **유일신론**은 알려진 것으로서 전제된 모든 것을 포괄하는 세계질서의 단일성으로부터 그것의 첫째 원인의 단일성을 추론한다. 고전적인 경우: 아리스토텔레스는 천체-운행의 모든 것을 규정하는 질서로부터 여덟 개의 "부동의 동자들" 가운데 첫 번째를 추론한다. 혹은 그는 - 통찰된 것으로 전제된 - 세계사건의 목적론으로부터 전지하고 전능한 창립자를 추론한다.

세계의 단일성과 목적질서를 전제할 수 있다고 철학자들이 생각하는 곳에서, 신앙은 세계의 단일성과 목적질서가 경험 안에서 우리에게 주어져 있지 않다는 그 경험을 외면하지 않는다. 이 신앙은 세계의 인과적이고 목적적인 단일성에 대한 신뢰를 희망으로부터 획득하는데, 이 희망은 우리의 세계경험에 직면해서 늘 재차 "어리석은" 것으로서 나타난다.

성서적인 "유일신숭배"(외래의 신들을 섬기는 것의 거부)는 자유로운 결단으로서, 그것은 신적인 선택의 자유로운 행위에 응답하는 것이며, 이 선택의 자유 안에서 이 신이, 그가 "하늘과 땅을 만들었기" 때문에, 전 세계의 주인이라는 것에 대한 징후를 보는 것이다. 이러한 신뢰는 현존하는 대로의 세계가 마치 그 운행을 규정하는 것이 전혀 다른 신들인 것처럼 그렇게 보이는 경험에 맞서서 늘 재차 관철되어야만 한다. 비로소 이 신뢰의 힘으로 신앙인은 세계의 단일성을 확신한다.

성서적인 "유일신론"(외래의 "신들"은 전혀 참된 신들이 아니라는 신념)
은 곤경 속에서 확증된 희망의 표현으로서, 그것은 세계운행이, 그
안에서 전적으로 다른 신들이 지배하는 것처럼 보이는데, 하나의
"결의"를 따르고 있으며, 그것을 통해서 신이 자신의 구원의도를 완
성에 이르게 한다는 것이다. 비로소 이런 신뢰 안에서 신앙인은 세
계운행의 목적론을 확신한다.

b) 둘째 보기: "입법자"로서의 신에 대해서 말하는 철학적인
그리고 성서적인 방식들

(많은) 철학자들은 입증된 것으로 전제된 세계의 인과적이고 목적
적인 질서 안에서 신적인 입법자의 흔적을 발견할 수 있다고 생각한
다. (그 점에 "자연법칙"에 대한 언사의 본래 종교철학적인 의미가 존립한
다.) 이런 전제하에서 인간의 과제는, 신에 의해서 질서 지어진 자연
안에서 그의 특별한 지위에 상응하는 것처럼 그렇게 행동하는 것이
다. (그 점에 "자연적인 윤리법칙"에 대한 언사의 마찬가지로 본래의 종교
철학적인 의미가, 가령 스토아 철학 안에서처럼, 존립한다.)

성서적인 "율법에 대한 기쁨"은 "세계가 악마 안에 놓여 있다"는
경험, 다시 말해서 그 안에서는 악이 선보다 더 우세하게 나타난다
는 경험에서 벗어나지 않는다. 이러한 경험에 직면해서 율법은 선택
의 표현이며("그분은 모든 민족들에게 그렇게 하지 않으셨다"), 위탁들
("계명들") 안에서 구체화되고, 이를 통해서 선택된 자들은 신적인
새로운 시작을 위해서 봉사하게 된다: 이 새로운 시작은 "이집트의
신들에 대한 심판" 안에서 그 첫 번째 현상형태를 획득했고, "종말

론적인 안식일"에 완성될 것이다.

마찬가지로 성서적인 "율법에 대한 기쁨"은 위탁을 받은 자들 자신이 "불순하며" 신의 심판 아래 서 있다는 경험에서 벗어나지 않는다. (참고. 부르심을 받았을 때의 예언자 이사야의 외침 "큰일났구나. 나는 이제 망하였다. 나는 입술이 더러운 사람이며 입술이 더러운 백성 가운데 살고 있다", 이사 6,5, 혹은 사도 베드로의 외침 "주님, 저에게서 떠나 주십시오. 저는 죄 많은 사람입니다", 루카 5,9). 이러한 경험에 직면해서 율법은 늘 우선은 선택된 자들 자신을 향한 회심에로의 부름이며, 비로소 이차적으로 그들의 설교의 수취인들을 향한 독촉이다. 회심에로의 이러한 부름이 전제하는 것은, 심판하는 신이 용서하면서 "히브리인들의 천막을 지나갔다"는 것이며 늘 새롭게, 용서하는 은총 속에서, 선택된 자들에게 회심의 길을 열어주신다는 것이다. (여기서부터 유대교의 축제력 안에 있는 화해일의 중심적인 의미가 이해되며, 또한 예수의 선포 안에서의 속죄 외침과 복음의 단일성이 이해된다: "회개하고 복음을 믿어라", 마르 1,15).

철학은 단지 늦게 그리고 또한 단지 주저하면서 이러한 의미에서 "우리의 의무들을 신적인 계명들로서 이해함"에 도달하였다. 다시 말해서 철학은 우리의 의무들을 신이 죄를 지은 인간들에게 죄로 물든 세상 안에서 믿고 맡긴 바로서의, 그리고 그분이 모든 것에도 불구하고 인간이 그것을 이행할 것을 "신뢰하는" 바로서의 위탁들의 충만으로서 발견했다.

B 시간 한가운데서의 "시간들의 충만"
  – 그리스도교의 전유물

1. "충만" – 그리스도교 선포의 핵심어

a) 보기들

– "**때**가 차서 하느님의 나라가 가까이 왔다" – 마르코복음에 따른 예수의 설교의 시작(마르 1,15), 참고. "때가 차자 하느님께서 당신의 아드님을 보내셨다"(갈라 4,4).

– 신약성서 설교의 이 프로그램어는 "종말론적인 시간고지"를 내포하는데, 이것은 많은 주석가들이 생각하는 것처럼 한갓 "유대교적 사유에로의 순응"을 의미하는 것이 아니라, 반대로 유대인들의 귀에는 "어리석게" 들리는 것이다. 왜냐하면 시간과 역사는 예수의 죽음 이후에도 명백히 계속되었고, 그것이 이미 그 충만에 도달했다는 그 어떤 가시적인 흔적도 보이지 않았기 때문이다.

– 때가 찼다는 것은 **성서말씀**이 그 충만에 도달했다는 것에서 제시된다: "오늘 이 성경말씀이 너희가 듣는 가운데에서 이루어졌다" – 루카복음에 따른 예수의 "시작설교"(루카 4,21), "이사야 예언자를 통하여 하신 말씀이 이루어지려고 그리된 것이다"(마태 4,14).

– 성서말씀의 실현은 "**율법**의 실현을 포함하지, 그것의 폐지는 아니다"(마태 5,17).

– "실현"의 이 모든 형식들이 가능한 것은 오로지, "그분[그리스도] 안에서 온전히 충만한 **신성**이 육체를 가진 형태로 머무르

고 있기 때문이다"(콜로 2,9).

- 그리고 구원론적으로 그로부터 귀결되는 것은: "*여러분도* 그분
안에서 충만하게 되었습니다"(같은 곳).

b) 약속과 실현의 관계에 대한 주해

시간의 "충만" 혹은 성서말씀에 대한 언사가 전제하는 것은, 시
간 안에서의 사건들 내지는 신적인 작용에 대한 현존하는 증언들
이 약속의 잉여를 내포하고 있다는 것이며, 이것이 도래하는 실현에
대한 희망을 근거 짓는다. 그렇게 이해된 약속은, 전령이 이해할 필
요가 없는, 미래의 수취인을 위해 봉인된 편지가 아니라, 희망의 증
인이 되어야 할 현재의 청자들에게 보내는 **현재의 말 건넴**이다. 약속
은 또한 아직 존재하지 않는 것에 대한 한갓 언어적인 예보가 아니
라, **현재적인 구원작용**인데, 이것이 미래개방적인 희망의 근거가 되는
한에서 그렇다. 그러나 실재적으로 일으켜진 구원은, 그것이 **희망
의 잉여**를 내포할 때에만, 실제적인 구원이다. 그렇지 않을 경우 "투
덜대는 민족"이 정당할 것이다: "너희는 우리를 사막에서 죽게 하려
고 이집트에서 이끌어내었느냐?" 혹은 비슷하게: 너희는 아시리아인
들과 바빌로니아이들 — 혹은 로마인들이 — 우리를 새로운 노예살
이 집으로 이끌도록 우리를 약속의 땅으로 인도했느냐? 오직 희망
의 잉여만이 각각의 현재적인 경험을, 그 안에서 신의 작용이 해독
될 수 있는 바로서의 구원의 경험으로 만든다.

발생하는 모든 것을 동시에 그 실현이 아직은 오지 않은 바로서
의 약속으로 만드는 **신적인 "결의"**는, 시간 내에서의 모든 사건이 그
것에 수단으로서 기여하는 바로서의 "최종목적"을 정의하는 것이

아니라, 역사의 모든 국면들을 선취형태들로서 만드는데, 그것들 안에서 그렇게 선취된 "충만"은 잠정적이기는 하나 실재적인 현재를 획득한다. 그런 이유로 일으켜진 구원은 동시에 **과제**의 승인을 내포하는데, 그것은 수령자에 의해서 그때마다 현재에 실현되어야 하며, 그럼에도 "결코 끝까지 행해질 수 없는" 것이다. 이러한 위탁의 크기에 대한 의식은 체념의 동기가 될 수 있다: "이것으로 충분합니다; 저는 제 조상들보다 나을 것이 없습니다"(싸리나무 아래에서의 엘리야). 하지만 위로의 말은 다음과 같다: "나의 길은 너의 길보다 높다"(이사 55,8). 신의 위탁이 인간을 그리로 보내는 길은 신 자신의 길이며, 이 것은 늘 인간들이 자신의 힘으로 일으킬 수 있는 것보다 더 크다.

2. 이 "충만"의 현상형태는 십자가상에서의 아들의 "비움"이다

a) 율법과 예언자들은 **예수의 십자가 안에서** "실현된다". 변모의 산에서 모세와 엘리야는 예수님과 "예루살렘에서 이루실 일"(루카 9,31)에 대해서 말하고 있다.

b) 종말론적인 "지금"은 "반대의 외양 아래서sub contrario" 현재가 된다: 발생하는 것과 맞서 있는 것으로 나타나는 형태 안에서:
– "이제 이 세상은 심판을 받는다. 이제 이 세상의 우두머리가 밖으로 쫓겨날 것이다"(요한 12,31) – 그러나 세상과 그 우두머리들에 대한 심판은 "세상"이 예수에게 선고한 사형판결 안에서 발생한다.

- "저는 이때를 위하여 온 것입니다. 아버지, 아버지의 이름을 영광스럽게 하십시오"(요한 12,28) - 하지만 "이름"은, 다시 말해서 하느님에 의해서 허락된 그분과의 인격적인 관계 안으로 들어서는 가능성은, 예수가 십자가상에서 아버지에 의해서 "버림받았다"고 느끼는 그곳에서 "영광스럽게" 되고 있다.

- 결론: "충만"은, "비움"(Kenose)안에서 나타나는 것으로, 자신 편에서 **약속으로 가득 차 있다**. 그런 이유로 그리스도의 첫 번째 오심과 두 번째 오심 사이의 차이와 맥락: 예수의 승천 시에 천사의 보도: "그분께서는 너희가 보는 앞에서 하늘로 올라가신 모습 그대로 다시 오실 것이다"(사도 1,11).

c) "충만"의 이 역설적인 형태의 **구원론적인 의미**는 약속으로 풍만한 그리스도와의 "형태공동체"(Συμμορφία)이다.[22]

"하느님의 모습(Morphé)을 지니셨지만" 이제 "종의 모습(Morphé) 안에서 만나질 수 있는"(필리 2,6) 아드님과 종의 동일형태화는 종과 아드님의 동일형태화를 위한 길이다: "그분께서는 만물을 당신께 복종시키실 수도 있는 그 권능으로, 우리의 비천한 몸을 당신의 영광스러운 몸과 같은 모습으로 변화시켜 주실 것입니다"(필리 3,10 이하. 그리고 21). 그렇기에 "우리를 부끄럽게 하지 않는 희망"은 "환난, 인내, 수양, 희망"의 열 안에서 마지막 지체이다(로마 5,3-5).

주해: **구원론은 그리스도론의 근원이자 척도이다** - 그리고, 그것을 통해 중재된 삼위일체론의 근원이자 척도이다. 그리스도 안의 두 개

---

22 참조: 필리피 신자들에게 보낸 서간 2장 안의 송가.

의 본성들(Morphai)에 대한 가르침은 그분의 비천함과 영광 안에서 그분과의 이중의 "공형태들Symmorphía"의 조건을 명명한다. 그리스도의 인격 안에 있는 신적인 그리고 인간적인 본성에 대한 이 가르침은 자기편에서 신학사적으로는 하느님의 하나의 본성 안에서의 다수의 위격들에 대한 가르침의 근원이다. "모든 시간에 앞선" 아들의 탄생에 대한 가르침은 그분의 "시간 안에서의 탄생"(육신이 됨Sarx egéneto)의 "시원론적인 조건"을 명명한다.

"구원론"(구원에 대한 가르침)은, 만일에 실체, 본성 그리고 예수의 인격에 대한 "형이상학적인" 진술들이 신학적으로 "공허한 말들의 사용" (kenophonía)이 되지 말아야 한다면, 상실되어서는 안 되는 맥락이다.[23]

3. 그리스도교 공동체는 예수 그리스도의 아버지로서의 신에 대해서 어떻게 말하는가?

이 자리에서는 단지 유일한 보기만을 든다: 에페소 신자들에게 보낸 서간의 송가(에페 1,1-14)

다음의 주석들은 중요─동사들: "찬미함", "선택함", "사랑함", "상속자로 지정함" 그리고 두 개의 명사들 "은총"과 "충만"에 국한된다.

"우리 주 예수 그리스도의 아버지 하느님께서 *찬미받으시기를* 빕니다"(참고. 즈카르야의 송가 안에 있는 "주 이스라엘의 하느님께서는 찬미받으소서", 루카 1,68 이하, "우리를 저 높은 하늘에서(ἐν τοῖς ἐπουραν)

---

23   Vgl. R. Schaeffler, Philosophische Einübung in die Theologie, Band 3.

그리스도 안에서의 모든 영적인 축복과 함께 축복한 분"[24],

"세상 창조 이전에 우리를 *선택하신* 것처럼"(참고. 모든 시간에 앞선 선택의 현상으로서의 시간 한복판에서의 이스라엘의 선택) "그 은총의 영광을 찬양하게 하려고".

"하느님께서는 이 은총을 *당신이 사랑하신 사람 안에서* 우리에게 넘치도록 베푸셨습니다. 당신의 지혜와 통찰력을 다하시어 그리스도 안에서 미리 세우신 당신 선의에 따라 우리에게 당신 뜻의 신비를 알려주셨습니다. 그것은 *때가 차면* 하늘과 땅에 있는 만물을 *그리스도 안에서 그분을 머리로 하여 한데 모으는* 계획입니다.

만물을 당신의 결정과 뜻대로 이루시는 분의 의향에 따라 미리 정해진 우리도 그리스도 안에서 *한몫을 얻게* 되었습니다. *여러분도* 그리스도 안에서 진리의 말씀, 곧 여러분을 위한 구원의 복음을 듣고 그리스도 안에서 믿게 되었을 때, 약속된 성령의 인장을 받았습니다. 이 성령께서 우리가 받을 상속의 보증이 되어 주십니다."

이 본문의 핵심어들의 첫 번째 그룹은 구약성서의 하느님선포와

---

24 참조: 회당에서 통용된 선창자의 기도-요청: "하느님은 찬미받으소서 Baruch hameborach": "축복이 가득한 분은 찬미 받으소서" – 신적인 축복-근원으로 축복을 되돌리는 것으로서의 기도 그리고 안식일 전야 전례의 끝: "드높은 곳에서 평화를 만드시는 분, 우리와 온 이스라엘에도 평화를 주시는 분", 개혁유대교의 공동체에서는 다음의 첨가문을 통해서 보완됨: "그리고 모든 아담의 자녀들에게". "기도와 논증Das Gebet und das Argument"이라는 저서에서 나는 다른 보기들을 선택하였다: 신약성서의 송가들, 루카복음에 따른 예수의 유년사의 송가들로부터 또한 우리와 온 이스라엘 그리고 모든 아담의 자녀들에 대한 묵시록의 송가들에 이르기까지.

접속되고 있다: "축복" 그리고 축복을 그 근원에로 되돌려줌(참고. 전례적인 외침 "축복이 가득한 분은 찬미 받으소서"), 시간 한복판에서의 선택 안에서 드러나는 모든 시간에 앞선 "선택", 하느님의 "사랑"이 그 안에서 나타나는 바로서의 "은총".

핵심어 "충만"은, 그 안에서 "시간들의 관리Oikonomia"가 그 목적에 이르게 되는데, 구약성서의 묵시록으로부터 신약성서의 "종말론적인 시간고지"에 이르는 다리를 놓는다. "그리스도 안에서"라는 핵심어는 **그리스도교 보도의 전유물**을 내포하며, 동시에 구약성서의 선포들의 핵심어들을 해석한다: 그에게서 모든 축복이 유래하며 그에게 그 축복이 되돌려져야 하는 신은, "우리의 주님인 예수 그리스도의 하느님이자 아버지"이다. 이분이 당신의 사람들을 고르는 그 **선택**은 그들을 **사랑** 안으로 통합하는 것이다. 이 사랑으로 하느님은 아드님을 사랑했고, 이제는 또한 사람들에게 **은총을 베풀었다**. 그런 이유로 "시간들의 관리"가 향해져 있는 그 충만은, 선택받은 이들이 "성령의 인장"을 통해서 아드님과 공동상속인으로 지정되는 "보증"을 얻었다는 점에 존립한다. 그것은 축복, 선택 그리고 은총을 종래의 이방인들에게도 전해주는 것을 가능하게 한다: 그에 대한 언어적인 표현은 인용된 본문의 마지막 절에 있는, 선포자인 "우리"로부터 청자인 "여러분도"에로의 이행이다.

4. 그것은 철학자들 또한 그에 대해서 말할 수 있는 그 신인가?

a) 이 신에 대해서 말하기를 원하는 철학은 역사철학이어야 한다

종교의 현상학

역사철학의 근본물음들은 다음과 같다:

- 개인이나 그룹의 삶 안에서 어떤 방식으로 하나의 결정이 필수적이거나 또한 가능한, 위기의 상황이 등장하는가? ("지금"은 어떻게 시간 안으로 들어오는가?)

- 개인적인 결정들의 다양으로부터 어떻게 정합적인 역사로서 이야기될 수 있는 초개인적인 맥락이 생겨나는가?

- 세계운행이 자신의 정합성을 잃어버림이 없이 자유를 위한 공간을 허용한다는 것이 이해되어야 한다면, 현실적인 것은 전체적으로 어떻게 생각되어야 하는가? ("돌발사건들", – 행운τύχαι, 아리스토텔레스에 있어서처럼 "달 아래에" 존재하는 – 을 위한 공간뿐만 아니라, 현실적인 것의 전체에 대해서 본질적인 방식 안에서.)

- 역사 안에서 악의 역할은 어떤 것인가?

이 물음들이 제기되고 그 의미가 해명되었다면, 그때는 계속되는 물음이 제기될 수 있다: 사람들이 이 물음들에 대답하고자 한다면, 신에 대해서 말해져야만 한다는 것에 대해서 찬성하는 철학적인 근거들이 존재하는가?

b) 성서의 신에 대해서 말하길 원하는 역사철학은 희망의 철학이어야 한다

그와 같은 희망의 철학은 칸트적인 요청이론의 계속적인 발전을 통해서 얻어진다.

α) 요청이론이 도달하는 확신은, 죄로 물든 세상 안에서 죄인에게도 하느님의 위탁들을 경험하고 실현하는 것이 가능하게 남

아 있다는 점이다. 그와 함께 윤리적인 행위들 역시, 우리 심
정의 모든 애매함과 그 작용의 모든 빈곤에도 불구하고, 그것
들의 고유한 품위를 되돌려받는다. 왜냐하면, 윤리적인 과제
는 적합한 수단을 통해서 세계운행을 신적인 목적에 근접시키
는 데 존립하는 것이 아니라, 신의 작용을 상기, 재현 그리고
선취의 표징들을 통해서 효력 있게 증언하는데 존립하기 때문
이다 - 그로부터 참된 "신의 왕국"으로서의 "도덕적인 세계질
서"를 기대해도 좋은 바로서의 신적인 작용(Vgl. Kant, Streit der
Fakultäten, Akad. Ausg Bd. VII,84).

β) **역사철학에로 확장되는** 요청이론이 갖는 과제는,

- 세계운행이 늘 재차 다음의 상황들을 초래함을 보여주는 것이
다. 곧 그 상황들 안에서 구원을 "만드는" 것이 아니라 효력 있게
증언하는 "재현의 표징들"을 설정하는 윤리적 과제가 제기된다.
- 윤리적 실천의 그와 같은 보기들의 경험으로부터, 과거의 인간
의 행위들 안에서 "회상의 표징들"을 해독하는 것을 배우는 것
이다. 현재의 윤리적 행위는 그것들에 접해서 방향설정을 할
수 있다.
- 그러한 표징들을 되돌아보면서, 그것들이 동시에 "선취의 표징
들"로서 도래하는 완성의 약속(실재적인 선취!)을 자체 내에 포
함하고 있다고 그렇게 해석하는 것이다.

C 십자가의 어리석음에 대한 보도 – 신에 대한 모든 철학적 언사의 끝인가 혹은 철학에 대한 새로운 도전인가?

그리스도교가 선포하는 신은 역사의 주인이며, 어리석음이 그의 지혜이고, 약함이 그의 힘이다. "하느님의 어리석음이 사람보다 더 지혜롭고 하느님의 약함이 사람보다 더 강하기 때문입니다"(1코린 1,25). 죄를 지은 인간도 "버리지 않는" 사랑의 어리석음 안에서, 그리고 이 사랑이 인간들의 악의에 넘겨져 있는 약함 안에서, "그분의 이름의 영광"이 빛난다. 그런 이유로 예수는 자신의 수난 전날에 아버지께 말할 수 있었다: "아버지, 아버지의 이름을 영광스럽게 하십시오"; 그리고 그는 아버지의 대답을 듣는다: "나는 그를 영광스럽게 하였고 또다시 영광스럽게 하겠다"(요한 12,28). 그렇게 해서 비로소, 사람들이 이 신의 이름을 부를 때, 그들이 들어서는 관계가 어떤 종류의 것인지가 분명해진다. 그들은 신의 영광의 저 "빛남"의 증인이 된다. 그 빛남은 도래하는 세상의 영광을 그 반대의 외양 아래서 선취한다. 그 안에서, 옛 계약 안에 있는 기도자가 하느님의 이름을 부를 때마다 고백하는 것이 충만에 이른다: "이 시대로부터 다가오는 시대 안으로 (잘 알려진 번역인 "영원에서 영원으로"보다 더 낫다) 당신의 왕권을 빛내는 그 이름은 찬미 받으소서."

이로부터 다음의 물음이 생겨난다: "이 세상의 현자들의 어리석음"에 떨어짐이 없이, 사람들은 이 신에 대해서 철학적으로 말할 수 있는가? 혹은 인간의 도덕적인 과제와 그의 역사적인 책임을 적절히 파악하기 위해서, 바로 이 신에 대해서 말하는 순전히 철학적인 근거들이 존재하는가? 그리고 철학자는, 만일 그가 이것을 시도한다면, 그와 함께 그리스도인에게도, 그가 "유대인들과 그리스인들"

과도 그것에 대해서 이해할 수 있게 말할 수 있도록, 그렇게 자신의 신앙을 이해하도록 도움을 줄 수 있는가?

1. 신의 "어리석음"과 "약함"에 대한 보도 — 철학자에게도 시사하는 것이 많음

철학자가 신의 "어리석음"과 "약함"에 대한 보도에 어떤 방식으로 답해야 하는지에 대한 물음이 대답 될 수 있기 이전에, 그가 바로 철학자로서 이 보도로부터 무엇을 듣게 되는지가 설명되어야 한다. 이에 대해서 다음과 같이 대답해야 한다: 그는 "이 세상의 지혜"에 대해서 무엇인가를 듣게 되며, 이를 통해서 자기 자신의 지혜가 어떤 종류의 것인지를 그 안에서 보게 되는 바로서의 거울을 자신 앞에 둘 수 있다. 이 세상의 지혜는, 그것에게 신의 힘은 "약함"으로서 그리고 신의 지혜는 "어리석음"으로서 나타나는데, 자기 자신을 목적과 수단의 영리한 계산의 능력으로서 이해한다. 그러한 영리함은 최소한으로 소모된 수단으로 최대의 의도된 작용에 도달할 수 있다. 이러한 척도로 재었을 때, 죄인에게도 당신의 증여를 빼앗지 않는 신의 결정은 최상의 정도로 어리석은 것으로 나타날 수밖에 없다. 왜냐하면, 신이 죄인 때문에 소모하는 모든 "진력"에 대해서 죄인은 늘 재차 신의 의도를 거슬리는 행태로 대답하기 때문이다. 똑같은 "이 세상의 지혜"가 "힘"이란 말로 이해하는 것은, 각각의 저항의 부숨을 통해서 자신의 의도들을 관철하는 능력이다. 이러한 척도로 재었을 때, 죄인이 신의 의도를 거슬릴지라도 죄인에게 당신의 작용을 방해하지 않겠다는 신의 결정은 약함의 표현으로서 나타날 수밖에 없다. 이 세상의 지혜는 그와 같은 방식 안에서 신의 "어리석음"과 "약함"에 대해서 전혀 달리 판단할 수가 없다.

이러한 "거울"을 응시하는 철학자가 자문해야 할 것은, 그 자신도 그렇게 판단하도록 강요받고 있는지, 혹은 힘과 지혜에 대한 또 다른 이해를 발전시키는 대안을 그가 보고 있는지 하는 것이다. 이때 신앙의 선포가 그와 같은 대안을 상기시켜줄 수 있는데, 그 대안을 발견하고 발전시키는 것이 진정한 철학적 과제들에 속하는 것이기는 하나, 그것은 철학에 의해서 그 발전과정 안에서 자기 자신에게 해가 되도록 잊히게 되었다.

신앙의 선포가 말하는 신은, 자신의 힘을 권능을 주는 힘으로서 행사하는 신이다. 이 힘은 그 작용의 대상들을 자기존재의 자립에로 놓아준다. 그리고 그 신은 자신의 자유를 해방시키는 자유로서 실현하며, 이 자유는 피조물들이 자유로운 자기규정의 능력을 갖게 해준다. 이러한 종류의 신-선포는 철학에게 인과성과 실체의 개념들에 새로운 의미를 부여하는 과제를 상기시킬 수 있다.

요구된 "인과성"과 "실체"의 새로운 이해는 다음의 방식으로 기술된다: 한 원인의 작용은 오직, 마치 개울이 그 원천에서 발원하듯이, 일으켜진 것이 원인으로부터 "발원할" 때에만, 곧 "그것에서 떨어지는" 때에만, 작용에 이르게 된다. 그렇게 되면 일으켜진 것은 "저항적인 자립" 안에서 자신의 원인과 마주해 등장할 것이다. 그에 대한 가장 분명한 보기는 새로운, 유한한 실체의 산출이다. 그런데 유한한 존재자의 실체성은 "응답하는 자기형성"에로의 능력으로서 이해되어야 한다. 존재 안에서의 자립은, 유한한 실체가 그것에 자신이 복속되어 있는 바로서의 저마다의 외래의 작용을 자기 삶의 수행의 계기로서 습득하는 데서 제시된다. 그와 같은 작용력이 있는 원인의 힘은 권능을 주는 힘이다. 그리고 다음이 제시된다: 권능의 부여가 결여된 힘은, 자기 자신을 기만하여 중요한 점들에서 그 작용의 효력을 빼앗는다. 그것은 대상을 스스로 수행된 현존재의 새로운 방식에로 불러내는 대신에, 그 대상을 파괴한다.

작용으로부터 작용결과로의 이행은 그렇기에, 원인이 작용결과의 자립에 공간을 주기 위해서 자기의 고유한 관철능력을 제한하는 것을 전제로 한다. 그것은 "약함"의 인상을 일깨우지만, 효력의 조건이다. 신의 "약함"에 대한 선포는, 하지만 그 약함은 모든 현세적인 힘보다 더 강한 것인데, "성서를 읽는 철학자"를 위해서 그에 의해서 종종 잊힌 모든 인과적인 "실효성"의 조건을 명명한다.[25]

그런데 존재 안에서의 자립은 행위 안에서의 고유법칙성을 결과로 갖기 때문에, 원인의 권능을 주는 힘은 늘 재차 "해방하는 자유"로서도 효력을 발하게 될 것이다. 그것은 불가피하게도 "해방된 자유"가 그 해방자의 의도에 저항하는 위험을 내포한다. 자녀와 학생들에게 판단과 실천적인 결단의 자유를 함양하려는 부모와 교사들은 이 가슴 아픈 경험을 늘 재차 해왔다. 그러나 해방하는 자유의 계기가 결여될 가르침 내지 양육은 그 목적을 필연적으로 그르치게 될 것이다. 그리고 인간들의 지혜보다도 더 현명한 신의 "어리석음"에 대한 성서의 선포는 "성서를 읽는 철학자들"에게, 그와 같은 경험들에 직면해서 윤리적인 체념에 빠지지 않기 위해서는 어떤 종류의

---

25 이를 위해서는 R. Schaeffler, Erkennen als antwortendes Gestalten – Oder: Wie baut sich vor unseren Augen die Welt der Gegenstände auf?, Freiburg 2014 참조. [국문 번역서: 『셰플러의 인식론』, 이종진 옮김, 하우 2021]. 특별히 인과성과 실체에 대한 절.

"지혜"가 필수적인지를 상기시킬 수 있다.

요구된 것은, 소모된 수단을 최소화하고 이를 통해서 도달된 자기 목적의 실현을 최대화할 능력이 있는 "이 세상의 지혜"가 아니다. 그와 같은 목적-수단-셈법은 행위의 대상들을 행위자가 자신의 목적 달성을 위해서 이용하는 한갓 수단들로 격하시키게 될 것이다.

이러한 위험은 이미 언급한 부모들 혹은 교사들의 보기에서 분명해진다. 이들이 자녀들 내지는 학생들의 안녕을 위해서 그들의 목적을 최선의 의도로 설정했다 하더라도, 한갓 목적-합리성을 따르는 양육 내지 가르침은 그들이 원했던 것을 달성하지 못할 것이다. 요구된 것은 오히려, 자녀들 혹은 학생들의 자기규정을 줄이지 않는, 그리고 자유를 남용하는 경우에는 늘 새로운 진로-수정의 길들을 발견하는 지혜이다 - 성서적으로 말하자면: 신적인 위탁에로의 귀환의 길들 - 그리고 자녀들 혹은 학생들이 그러한 길들을 걷도록 능력을 부여하는 지혜이다.

부모들과 교사들이 경험하듯이, 늘 재차 등장하는 실망들에 직면해서, 자기규정을 위한 해방의 칭찬할만한 의도를 고수하는 것, 자녀들 혹은 학생들의 잘못된 결정들을 감수하는 것 그리고 이들에게 회심의 길들을 열어주는 것은 "어리석게" 보일 수 있다. 그 "어리석음"이 이 세상의 지혜보다도 더 지혜로운 신에 관한 선포는 "성서를 읽는 철학자들"에게, "길잃은 자들"에게 회심의 길들을 보여주는 과제를 처음부터 환상적인 것으로서 판단하지 않도록 보호해 준다.

물론 우리가 벗어날 수 없는 과제들이 존재한다는 사실이, 아직은 이 과제들을 이행할 우리의 능력들이 충분하다는 보증을 내포하지는 못한다. 우리가 사물이나 인격에 고유공간을 열어주는, 우리의 영향력의 저 자기제약을 통해서(우리의 자발적인 "무력"), 사물들과 사람들이 이 공간을 그들의 자립과 자립활동성을 통해서 "채우는" 것에 실제로 도달하는지는 열린 물음이다. 우리가 우리의 삼감을 통해서 단지 그들을 예측할 수 없는 외래의 영향력들의 우연성에 넘기는 일 또한 발생할 수 있다. 그리고 우리가 길 잃은 사람에 대한 우리의 신뢰의 "어리석음"을 통해서 그에게 진실로 회심의 길들을 열어주는지는 열린 물음이다; 우리가 그에게 단지 잘못된 안심을 은연 중 불어 넣어주는 일 또한 발생할 수 있는데, 왜냐하면, 우리가 그를 지지하는 한, "모든 것이 그렇게 나쁘게 될 수는 없기"에 말이다.

그에 비하여 그리스도교의 선포는 철학자에게 이러한 과제들의 실현가능성에 대한 신뢰를 얻는 길을 보여준다. 왜냐하면, 신앙의 전령들의 진술, 곧 신의 "무력"은 이 세상의 모든 권세들보다 더 강력하다는 것과 그의 "어리석음"은 모든 인간의 지혜보다 더 현명하다는 것은, 시험에 든 인간의 윤리적인 자기신뢰를 새롭게 정초할 수 있기 때문이다. 그것이 성공하는 것은 물론 오로지, 우리가 우리의 피할 수 없는 과제들을 신의 "계명들"로서, 다시 말해서 그가 그 것들의 이행을 우리에게 믿고 맡기며 그런 이유로 우리를 "믿는" 바로서의 위탁들(Mandata)로서, 파악해도 좋다는 것을 받아들일 때이다. 이 신적인 믿음에 대한 신뢰가, 우리는 "우리가 해야만 하는 것을 할 수 있다"는 희망을 정당화한다. 그것은, 신에 대한 신뢰가 우리의 한계를 잊게 한다는 것을 의미하는 것이 아니라, 우리가 우리의 작용을 새로운 방식으로 이해해도 좋다는 것을 의미한다: 우리의 의무에 대한 의식이 신적인 위탁의 현상형태이듯이, 우리가 이 위탁을 이행하는 행위는 신적인 작용의 현상형태인데, 이 작용은 권능을 주는 힘과 해방하는 자유의 방식 안에서 자신의 대상들이 존재 안에서의 자립과 행위 안에서의 자기규정에 이르도록 능력을 부여한다.

그것이 의미하는 바는 이렇다: "성서를 읽는 철학자"는 신의 강한 무력과 현명한 어리석음에 대한 보도를 요청의 의미에서 자신의 것으로 만들 수 있으며, 이로부터 자신의 인식과 작용의 모든 파편성 안에서 신의 지혜와 힘을 모사적으로 그리고 바로 그런 이유로 효력 있게 경험할 수 있도록 만든다는 확신을 얻는다. 탈선하고 길잃은 자에 대한 인간적인 증여의 어리석음과 무력 안에서 사랑하는 신의 강한 무력과 현명한 어리석음이 효력을 발하는 현재에 이르게 된다.

2. 철학적으로 습득된 신의 "어리석음"과 "약함"에 대한 보도와 철학의 새로운 과제

그와 같은 방식으로 습득된 보도는, 철학자가 자기편에서 신앙의 전령과 그의 청자들에게 의미 있는 말을 하도록 능력을 부여한다. 철학자가 신의 강한 "무력"과 현명한 "어리석음"에 대한 보도에 부여해야 할 대답은 우선은, 이 보도가 때때로 잃어버릴 위험에 처한 세속적인 맥락을 이 보도에 되돌려주는 데에 존립한다. 하지만 바로 포괄적인 세속적 맥락 안으로의 이 같은 통합을 통해서 동시에 이 보도의 혼동될 수 없음이 분명해질 수 있다.

a) 신앙보도에 "세속적인" 맥락을 부여하기

성서적인 선포는 일회적이고 혼동될 수 없는 사건에 대한 일별 안에서 신의 어리석게 보이는 지혜와 무력하게 보이는 힘에 대해서 말한다: 십자가상에서의 신의 아들의 죽음. 여기서 신이 자기 아들에게 내려진 사형판결이 집행되도록 감수한 무력과 자기의 아들보다는 오히려 죄인을 죽음에서 구하려는 어리석음이 드러났다. 새롭게 구상된 요청이론이 보여줄 수 있는 것은 이렇다: 인간의 작용 또한 그러한 어리석음과 약함이 없이는 그 목적에 도달하지 못한다. 하지만 이러한 인간적인 어리석음과 약함 역시 참된 윤리적 지혜와 작용능력을 함축하고 있다는 신뢰는, 우리가 양심의 판결을 신적인 위탁의 현상형태로서뿐만 아니라, 윤리적인 행위 역시 신적인 구원작용의 현상형태로서 파악해도 좋을 때에만 정당화된다. 신앙의 보도가 신에 대해서 말하는 것은, 그렇게 이해된 신요청을 통해서, 인간의 전체적인 도덕적 행위를 포괄하는 보편적인 연관을 획득한다.

b) 신앙보도의 혼동될 수 없음을 분명하게 만들기

신앙보도가 그에 대해서 말하는 바로서의 신의 저 "어리석음"과 "무력"은, 인간적인 사랑의 어리석음과 무력이 신의 강한 무력과 현명한 어리석음의 모사로서 이해되어도 좋을 때에만 체념으로부터 보호된다는 점을 통해서, 혼동될 수 없는 것이 된다. 그런 이유로 우리는 늘, 우리에 의해서 산출된 현재형태들과 현상형태들을 신 자신의 원형적인 지혜 그리고 힘과 혼동하고, 우리의 선한 의지가 우리의 무력을 강하게 그리고 우리의 어리석음을 현명하게 만들 것이라는 점을 우리가 보증할 수 있다고 우리 자신을 위해서 주장하는 위험에 처해 있다. 그렇게 되면 우리는 우리가 도움을 제공하는 사람들에게서, 그들이 자유의 권능을 갖도록 우리가 의도한 곳에서, 새로운 종속을 만들어내며, 그들에게 회심의 길들을 우리가 제시하려 했던 곳에서, 그들을 새로운 오류의 길로 이끌게 된다.

그런 이유로 충고와 도움을 주려는 우리의 제안들에 속하는 것은 늘, 우리가 동료인간들에게 추천하는 것을 그들이 비판적으로 시험하게 하는 요구이다. 우리가 말과 행위로 제안할 수 있는 것은, 신의 "어리석음"과 "무력"이 구원을 일으키는 효력을 발하는 방식의 현재형태이며 현상형태이다. 우리의 언사와 행동으로부터 이러한 구원을 일으키는 효력을 우리 자신에게 귀속시키려는 유혹이 생기는 곳에서, 우리가 제공하는 도움은 또 다른 불행의 원인이 된다. 인간적인 지혜와 작용력의 한 표지는, 그것이 도움을 받는 자에게 이러한 제안에 대해서 비판적인 판단을 할 수 있게 만드는 것이다.

D   신의 구원작용과 그의 피조물들의 자유

다른 자리에서 주체와 객체의 관계에 대해서 말해진 것, 특히 이념들과 개념들에 대해서 거기에서 말해진 것은, 특징적인 변화와 함께 인식하는 주체가 신적인 창조의지 그리고 구원의지에 대해서 갖는 관계에 대해서도 타당하다. 그것에 대해서 말해질 수 있는 모든 것은, 질서 지어진 맥락 안에서 자리를 발견해야만 하는데, 그렇지 않다면 경험은 한갓 주관적인 의견과 구별되지 않을 것이다. 이 맥락을 우리 자신이 우리의 직관형식들, 이념들 그리고 개념들을 통해서 구축한다. 그런 한에서 주관성은 대상들에다 그들의 가능성의 조건들을 지정한다. 더 정확히 보자면 우리는 대상들의 가능성의 조건들을 가지며, 그들의 현실성의 성취는 아니다. 경험이 이루어진 다는 것은, 주체의 본성을 통해서도 대상의 본성을 통해서도 강요 되지 않은, 우연적인 사실로 남는다. 이러한 우연성 안에서 경험은 그것의 유일하게 충분한 조건으로서 신적인 자유를 지시한다. 경험 은 우리의 직관과 사유의 변화를 요구한다. 그것은 우리에게 부과 되는 것이 아니라, 응답하는 형성의 행위 안에서 우리 자신에 의해 서 만들어진다. 바로 특별히 인간적인 인식과 신적인 구원의도의 맥 락 안에서 새로운 의미를 갖는 것은, 그렇지 않으면 쉽게 잊히는 계 기인데, 말하자면 구원의도가 우리에게 제시되는 방식 역시 응답하 는 자기형성의 그때마다의 결과이다. 응답하는 형성은 여기서 피조 물들과 그들의 창조주 간의 특별한 종류의 대화를 의미하며, 사람 들은 다음을 덧붙일 수 있다: 인간과 그의 경험세계 간의 저마다의 또 다른 대화의 형식은 단지 그림이며, 창조주와 그의 피조물들 사 이의 대화의 경험가능한 현재형태이다.

피조물은 신적인 말로부터 생성되었으며, 신적인 의식의 내적인 계기로 남는 것이 아니라, 특유한 방식으로, 고유성으로부터, 신적 인 의식과 마주해 선다. 이를 위해서 성서 안에서 통용되는 표현이 있다. 신의 호명으로부터 인간은 "히네니Hineni"[* 역자주 : '제가 여 기 있습니다'라는 뜻의 히브리어]라고, 라틴어로는 "나를 보라Ecce Ego"로 가장 잘 번역되는데, 응답한다. 보통의 번역은 말해진 것과 정확히 적중되지 않는다: 그리스도인은, 피조물은, 이 경우에는 신 적인 창조주와 맞서는 이성적인 존재자는, "나"라고 말한다. 따라서 이것은 오직 이성적인 존재자가 자신으로부터 사용할 수 있는 말이지, 자신으로부터가 아닌 누구에 의해서도 그리고 그 자신과는 다른 누구에 의해서도 아니다. 이러한 자기관련성은, 주관성의 표지인데, 더 이상 신의 의식 안에 있는 내적인 계기가 아니며, 그리고 신의 의식 안에 있는 어떤 계기도 아닌 것이 신의 말로부터 산출된다는 이 놀라운 사실, 이 불가사의한 사실이 "보라Ecce"라는 어휘로 지칭되고 있다.

이성적인 피조물의 이러한 자립으로부터 자유가 생겨나는데, 이것은 물론 유한한 존재자에게 귀속되는 자유이며, 결함이 있는, 오류능력이 있는 자유이다. 그리고 이제 사람들이 신적인 구원의지에 대한 반대라고 명명할 수도 있을 무엇인가가 생겨난다: 피조물은 신이 그것에 자신의 구원위탁을 믿고 맡겼을 때, 그것이 생각되었던 대로 그렇지가 않았다. 이것은 반대와도 같은, 반론과도 같은 것이며, 신 자신이 자기의 구원작용의 방식을 교정하도록 강제한다. 이것은 세 개의 행보들 안에서 행해진다.

첫 번째 행보: "주님께서는 세상에 사람을 만드신 것을 후회하셨다"(창세 6,6).

두 번째 행보: 그분은 자신의 후회를 후회하게 되며, 너무도 후회해서, 구름 사이에 무지개를 둠을 통해서 두 번째 홍수를 일으키지 않겠다는 것을, 두 번째로 자신의 창조를 후회하지 않겠다는 것을 자기 자신에게 상기시킨다. 사람들은 이렇게 말할 수도 있다: 그분은 자신의 후회를 후회하게 된다. "내가 땅 위로 구름을 모아들일 때 무지개가 구름 사이에 나타나면, 나는 나와 너희 사이에, 그리고 온갖 몸을 지닌 모든 생물 사이에 세워진 내 계약을 기억하고, 다시는 물이 홍수가 되어 모든 살덩어리들을 파멸시키지 못하게 하

겠다. 무지개가 구름 사이로 드러나면, 나는 그것을 보고 하느님과 땅 위에 사는, 온갖 몸을 지닌 모든 생물 사이에 세워진 영원한 계약을 기억하겠다"(창세 9,14-16).

이제 세 번째 행보에서 신의 구원의도는 죄 많은 세상으로부터 죄 있는 인간들의 선택의 성격을 획득한다: "너희는 주 너희 하느님 앞에서 이렇게 말해야 한다. '저희 조상은 떠돌아다니는 아람인이었습니다. 그는 몇 안되는 사람들과 이집트로 내려가 이방인으로 살았습니다'(신명 26,5). 의미된 것은 아브라함이다. 이 사람은 죄 많은 세상의 죄인이었고, 그럼에도 수많은 민족들에게 축복이 되기 위해서 불림을 받고 선택된다. 신의 구원의도는 새로운 시작을 설정하고, 이를 위해서 사람들 가운데에서 도구를 선택하고, 그로써 인간들이 자기편에서 새로운 시작을 설정할 능력을 부여하는 그의 의지를 의미한다. 신의 이러한 구원작용 역시 사람들은 응답하는 형성이라 지칭할 수 있다. 그것은 죄의 경험에 대해서 응답하며, 선택된 종을 통해서 세상을 새롭게 형성한다.

전망: 계속 발전된 요청이론 그리고 종교와 현세적인
        이성 간의 대화의 새로운 방식 – 강령형식의 프로그램

1. 테제:

경험방식들과 경험세계들의 다양은 종교의 절대성주장과 마주해
서 현세적인 이성에게 권리를 부여한다. 이론과 실천의 모든 대안들
을 종교적인 논변들로써 결정하려는 것은 사안에 적합하지 않다.
"모든 것을 종교로 만들기를 원하는" 종교는 이성적인 동의에 기댈 수 없다.
(이런 의미에서 바티칸공의회는 "문화영역들의 자율성"에 대해서 말했다.)

2. 테제:

상이한 경험방식들과 경험세계들이 하나의 포괄적인 체계 안으
로 운반될 수도 없고, 또 서로에게서 분리될 수도 없다는 사실은,
각각의 이성사용의 방식이 자기 자신을 해체할 위험에 처해 있다는
변증법을 귀결시킨다.
결론: 현세적인 이성은 과학적인 경험지식 이외의 다른 어떤 경험
에도 객관적인 타당성을 귀속시키지 않는 과학의 독단주의에 이르
거나, 혹은 각기의 타당성주장의 종류를 여러 가능한 관점들 가운
데 하나를 자의적으로 선택한 것으로 천명하는 회의주의에 이른다.

3. 테제:

이러한 변증법은 이성요청들을 통해서만 지양될 수 있다. 이성요
청들은 저마다의 개별적인 경험의 객관적인 타당성 안에서, 그것과

함께 신이 우리에게 자신의 위탁들("계명들")을 믿고 맡기는 바로서의 하나의 요구Anspruch의 현상형태들을 발견한다(범례적인 경우: 칸트의 "신적인 계명들로서의 우리의 의무들의 인식").

결론: *요청들이 없이는* 현세적인säkulare 이성은 자기 자신을 폐지하며, *요청들과 함께* 그것은 재차 세속적인profane 이성으로 변화한다. 세속적인 이성은 경험의 모든 영역들에서 종교들이 말하는 신을 재인식한다. 그런 한에서 요청이론은 "모든 것 안에서 신을 인식하기를 원하는" 종교에게 현세적인 이성과 마주해서 권리를 부여한다. 현세적인 이성은 신에 대한 신앙을 현세적인 세계인식의 모든 형식들에 더해진 성과없는 "주관적인 첨가물"로 간주한다.

4. 테제:

요청들은 지식도 아니요 한갓 주관적인 의견도 아닌, *선험적인 관점에서 필수적인 희망*을 표현한다: 이성이 자신의 변증법을 거쳐 가면서 변화된 형태로 복구되리라는 희망, 이러한 종류의 복구가 선천적인 원리들로부터 연역될 수 있다는 것을 배제하는 희망.

결론: 요청이론을 통해서 권리가 부여되는 저 종교 역시 다른 모든 지식의 형식들보다 우월한 지식이 아니며, 한갓 주관적인 의견도 아닌, 전적으로 신약성서의 의미에서, "우리가 바라는 것들의 보증이며, 보이지 않는 실체들의 확증이다"(히브 11,1).

종교적 경험이 없는 요청들은 공허하다(한갓 사유의 구성물들이다). 종교적 경험은 요청을 한갓 소망하는 사유의 표현이라는 의혹에서 해방시킨다. 그러한 사유는 자신의 좌초를 받아들이려 하지 않는 이

성의 자기주장의지에서 비롯된다.

요청들이 없는 종교적 경험은 맹목적이다(그것의 보편적인 의미에 대한 의식이 없는 그리고 그와 함께 입증시험이 없는). 이성요청은 종교적인 경험에다 그것의 보편적인 의미를 확보해주며, "사회 내 특수한 그룹"의 "종교적인 특수세계"의 구축에 기여한다는 의혹으로부터 그것을 안전하게 한다. *"종교 이외의 아무것도 아닌"* 종교는 종교로서도 결함이 있을 것이다.

결론:

가능한 대화상대자들은 오직 자기비판적이 (회의적이지 않은) 된 이성과 자기비판적이 (상대주의적이지 않은) 된 종교이다. 철학의 과제는 양자를 이러한 종류의 자기비판이 되도록 격려하는 것이고, 이를 통해서 양자 사이의 대화를 중재하는 것이다.

참고 문헌

종교의 현상학

종교 언어의 성서 밖 본문 보기들

유대교 전례의 18개 찬미가들 (Siddur Sfat Emet)

이집트 창조신 프타에 대한 송가 (Papyrus 3048 des Berliner Museums)

이집트 신 레아에 대한 송가 (Papyrus Boulaq 117)

바커스 송가(Sophokles, Antigone Vers 1115-1153)

부활찬송: 새벽이 빛으로 붉어지네Aurora lucis rutilat

문헌들

Abravanel, Jehuda ben Isaak (Leone Ebreo), Dialoghi d'amore, Venedig 1541.

Augustinus, Aurelius, De vera religione, Paderborn 2007.

Austin, J.L., How to do things with words, Oxford 1962.

Barth, Karl, Nein! Antwort an Emil Brunner, München 1934.

Bloch, Ernst, Der Geist der Utopie, München 1918, Werke Bd. 14.

Cassirer, Ernst, Philosophie der symbolischen Formen, 3 Bde., Berlin 1923-1929.

Cohen, Hermann, Die Philosophie der Vernunft aus den Quellen des
    Judentums, Wiesbach 1978.

Dalfert, Ingolf U., Sprachlogik des Glaubens, München 1984.

Danto, Arthur C., Analytical philosophy of historz, Cambridge 1965.
    dt. Analytische Philosophie der Geschichte, Frankfurt 1977.

Descartes, René, Meditationes de prima philosophia, Amsterdam 1641,

Dunin-Borkowski, Stanisluas v., Spinoza, Münster 1910.

Eliade, Mircea, Le mythe de l'éternel retour, Paris 1949.

Eliade, Mircea, Traité d'histoire des religions, Paris 1949,
    dt. Die Religion und das Heilige, Salzburg 1954.

Eliade, Mircea, (Hrsg.) La naissance du monde,
    dt. Quellen des Alten Orients Bd. 1, die Schöpfungsmythen, Einseideln
    1964.

Freud, Sigmund, Die Zukunft einer Illusion, Werke Bd. XIV.

Hegel, Georg Friedrich Wilhelm, Phänomenologie des Geistes, Jena 1927,

Ausg. Glockner Bd. 2.

Heidegger, Martin, Erläuterungen zu Hölderlins Dichtung, Frankfurt a.M. 1951.

Heiler, Friedrich, Das Gebet, München 1918.

Heraklit, zit. nach Diels, Fragmente der Vorsokratiker, Berlin 1903.

Humbolt, Wilhelm v., Über die Verschiedenheiten des menschlichen Sprachbaues, Berlin 1836.

Husserl, Edmund, Ideen I, Halle 1913, Werke Bd. 3.

Kant, Immanuel, Die Religion innerhalb der Grenzen der bloßen Vernunft, Königsberg 1793.

Kant, Immanuel, Kritik der reinen Vernunft, Riga 1781,

Kant, Immanuel, Kritik der praktischen Vernunft, Riga 1788.

Kant, Immanuel, Opus postumum, Akademieausgabe Bd. 21 u. 22.

Kant, Immanuel, Der Streit der Fakultäten, Königsberg 1798, Akademieausgabe Bd. 7.

Kerenyi, Karl, Die antike Religion, Amsterdam 1940.

Leibniz, Gottfried Wilhelm, Monadologie, Philosophische Schriften ed. C. I. Gerhardt, Bd. 6, Berlin 1885.

Leibniz, Gottfried Wilhelm, De rerum originatione radicali, in: Philosophische Schriften ed. C. I. Gerhardt, Bd. 6, Berlin 1885.

Luther, Martin, Vorlesung über den Brief an die Galater, Göttingen 1987.

Luther, Martin, Thesen gegen die scholastische Theologie 1519, Weimarer Ausgabe, Bd. 1.

Maréchal, Joseph, Le point de départ de la métaphysique, 5 Bde., Bruges 1922.

Marx, Karl, Zur Kritik der hegelschen Rechtsphilosophie MEW I, Berlin 1976.

Möller, Josef (Hrsg.), Der Streit um den Gott der Philosophen, Düsseldorf 1987.

Morris, C. W., Foundations of a theorz of signs, Chicago 1938.

Numenios von Apamea, in: Fragmenta philosophorum graecorum, Bd. 3 ed. Mullach, Paris 1981.

Otto, Rudolf, Das Heilige, Breslau 1917.

Pascal, Blaise, Mémorial, 1654.

Phillips, D. Z., Religious beliefs and language games, in: Ratio 12 (1960).

Phillips, D. Z., The concept of prayer, London 1965.

Pius X., Enzyklika Pascendi, Rom 1907.

Plotin, Über die Vorsehung - Peri pronoiaj - Enneade III, 3.

Rahner, Karl, Grundkurs des Glaubens, Freiburg 1976.

Rahner, Karl, Hörer des Wortes, München 1941.

Ricken, Friedo, Sind Sätze über Gott sinnlos? In: Stimmen der Zeit 193 (1973).

Saussure, Ferdinand de, Cours de linguistique générale, Lausanne/Paris 1016,
    dt. Grundlagen der allgemeinen Sprachwissenschaft, Berlin 21967.

Schaeffler, Richard, Das Gebet und das Argument, Düsseldorf 1989.

Schaeffler, Richard, Die kopernikanische Wendung der Wissenschaft und die
    philosophische Frage nach der Subjektivität, in: Paul Gilbert, L'uomo
    moderno e la chiesa, Rom 2012.

Schaeffler, Richard, Kleine Sprachlehre des Gebets, Einsiedeln und Trier 1988.

Schaeffler, Richard, Kritik und Neubegründung der Religion bei Kant, in: Th.
    Brose (Hrsg.), Religionsphilosophie europäischer Denker, Würzburg
    1989.

Schaeffler, Richard, Selbstkritik und Innovation als innere Momente der
    Religion,   in: W. Kluxen (Hrsg.), Tradition und Innovation, Hamburg
    1988.

Schaeffler, Richard, Religion und kritisches Bewußtsein, Freiburg 1973.

Schaeffler, Richard, Religionsimmanente Gründe religiöser Krisen, in: H. Zinser
    (Hrsg.), Der Untergang von Religionen, Berlin 1986.

Schaeffler, Richard, Wie kommt Gott in die Religion? In: Markus Enders (Hrsg.),
    Phänomenologie der Religion, Freiburg 2004.

Schaeffler, Richard, Erkennen als antwortendes Gestalten, Freiburg 2014.

Scheler, Max, Das Ewige im Menschen, Leipzig 1920, Werke Bd. 5.

Searle, J. R., Speech Acts, Cambridge 1969.

Spinoza, Benedictus de, Kurzer Traktat von Gott, dem Menschen und seinem Glück, Sämtliche Werke Bd. 1, Hamburg 2014.

Usener, Hermann, Götternamen, Bonn 1996.